W0040362

Titel der Originalausgabe:
Tantric Love Letters, O Books, UK

1. Auflage 2011
Umschlaggestaltung: Silke Watermeier, www.watermeier.net
Wir danken der Malerin Anna Amrhein. Sie hat freundschaftlicherweise
ein Bild aus ihrer Serie „Gayatri" für die Umschlaggestaltung zur
Verfügung gestellt. www.anna-amrhein.de
Übersetzung: Pavitra Wolf
Copyright© der deutschen Ausgabe, Innenwelt Verlag GmbH, Köln
Alle Rechte vorbehalten
Nachdruck und fotomechanische Wiedergabe, auch auszugsweise,
nur mit Genehmigung des Verlags
www.innenwelt-verlag.de

Druck: Westermann Druck Zwickau GmbH, Zwickau
Printed in Germany
ISBN 978-942502-06-1

DIANA RICHARDSON
ZEIT FÜR OFFENHEIT

Briefe über Sex und Liebe

innenwelt verlag

INHALT

III. EMOTIONALE ASPEKTE   111

IV. SEXUELLE THEMEN 163

V. BESONDERE THEMEN 204

Anmerkung:

Alle Namen und Einzelheiten der Briefe, die zur Identifikation der Person führen könnten, wurden geändert, um die Privatsphäre der Einzelnen zu schützen. Sollten zwischen einem zufällig gewählten Namen und den persönlichen Umständen eines Menschen Ähnlichkeiten bestehen, ist dies rein zufällig.

In Erinnerung an den geliebten Shai –
Dein Duft verbreitet sich im Klang Deiner Musik

Danksagungen

Ein herzliches Dankeschön allen, die mir jemals schrieben, Fragen stellten oder mir ihre Beobachtungen, Erfahrungen und Einsichten mitteilten.

Mein besonderer Dank gilt den Menschen, die die Briefe geschrieben haben, die in diesem Buch zu lesen sind, und die mir die Erlaubnis gegeben haben, sie abzudrucken.

Mein tief empfundener Dank geht an Ela – für Deine Großzügigkeit, und Deine Hilfe beim Archivieren und Sortieren der Briefe.

Mein Dank geht an Simone – mit Deiner Hilfe konnte dieses Buchprojekt seinen Anfang finden.

Herzlichen Dank Anna, dafür, dass Du Deine Liebe in Form des wunderschönen Bildes auf dem Einband ausdrückst.

Und mein nie endender Dank gilt Raja – für Deinen unschätzbaren Anteil an „der Arbeit" und Deine stetige Inspiration, für Deine Liebe und Deine Leichtigkeit des Seins.

VORWORT

ZEIT FÜR OFFENHEIT – BRIEFE ÜBER SEX UND LIEBE ist eine einzigartige, interessante und informative Sammlung authentischer Schreiben von Menschen, die begonnen haben, das Thema Sex aus einer „neuen" Perspektive anzugehen und ihre Art des Liebemachens verändert haben. Diese persönlichen Briefe werden hier veröffentlicht, um diejenigen zu ermutigen und zu unterstützen, die bereits auf einer Entdeckungsreise in Sachen Sex unterwegs sind. Andere sollen sich inspiriert oder motiviert fühlen, damit anzufangen, den Sex näher zu erforschen.

Oberflächlich betrachtet scheint das Reich der Sexualität etwas ganz Persönliches und Individuelles zu sein. Da kann die Frage aufkommen: „Inwiefern hat das Sexleben anderer etwas mit meinem zu tun?" Die Realität ist, dass wir uns ähnlicher sind als wir es uns vorstellen oder wünschen. Das ist eine Tatsache die mir im Laufe meiner langjährigen Erfahrung immer klarer und ersichtlicher wurde. Das heißt, wir können ohne Weiteres davon ausgehen, dass wir aus den Erfahrungen anderer lernen können, um in Liebe und Bewusstheit zu wachsen.

Sex ist uns nicht als planlose oder zufällige Kraft gegeben, die unseren Launen, Zielen, Erwartungen oder Fantasien unterliegt. In Wahrheit liegt in den Wurzeln unserer Sexualität eine hohe Intelligenz, die das Potenzial hat, weit über die Funktion von Reproduktion und Unterhaltung hinauszuwachsen – Sex ist ein Tor, das zu einem Entwicklungsschritt der Menschheit führen kann und nicht nur zur biologischen Reproduktion.

Im Gegensatz zu dem üblichen „Was geht" beim Sex, bedeutet

es einen echten Quantensprung, wenn wir das „Wie" ändern. Sex mit größerer „Bewusstheit" zu machen, hat einen direkten, positiven und bleibenden Effekt auf unser Wohlergehen und unsere persönliche Entwicklung.

Sex ‚richtig' angewandt ist eine ermächtigende Kraft, die uns Selbstsicherheit und Klarheit bringt, Stimmungsschwankungen ausgleicht, unsere Kreativität fördert und die Schwingungen der Liebe in uns und um uns herum deutlich erhöht. Nebenprodukt dieser Neuorientierung ist, dass sexuelle Schwierigkeiten, Beziehungsprobleme, persönliche Unsicherheit und der Leistungsdruck, der häufig mit Sex einhergeht, sich in Luft auflösen. Es kann keine besseren Gründe dafür geben, die Herangehensweise an Sex zu ändern.

DIE BRIEFE

Die hier ausgewählten Briefe oder E-Mails, wurden einem Archiv von mehreren hundert Briefen entnommen, die ich im Laufe der Jahre aus allen Ecken der Welt bekommen habe.

Jede/r Schreiber/in drückt auf seine/ihre Art aus, welche positiven Effekte es mit sich bringt, Sex aus einer neuen Perspektive heraus zu praktizieren. Die Briefe zeigen die unterschiedlichsten positiven Auswirkungen und die Heilung, die durch einen veränderten Sex-Stil ausgelöst werden können. Seit 1993, als ich anfing, mit Paaren zu arbeiten, und noch stärker seit 1999, als mein erstes Buch erschien, hat es eine stetig wachsende Welle der Zustimmung gegeben. Sie hält bis heute an und bekräftigt auch meine persönliche Erfahrung. Mir erscheint dieses widerhallende „Ja" der anderen, das kristallklare Echo der Natur zu reflektieren, das besagt, ja, das ist der Weg der Natur und die Natur möchte es so.

Meine früher veröffentlichten Bücher sind als Handbuch zum Thema Sex zu verstehen. *Zeit für Offenheit – Briefe über Sex und*

Liebe eher nicht, auch wenn Sex und Ratschläge in Sachen Sex das Hauptthema der Briefwechsel ausmachen. Es sei nochmals darauf hingewiesen, dass alle Namen und Einzelheiten, die zur Identifikation der Person führen könnten, geändert wurden, um die Privatsphäre der Einzelnen zu schützen.

DIE KAPITEL

Die Briefe wurden in fünf Kapitel, unter eine der folgenden Über-schriften einsortiert und gesammelt: Positive Rückmeldungen; Beziehungsthemen; Emotionale Aspekte; Sexuelle Themen; Besondere Themen. Manchmal wird das Thema eines Briefes auch in einer Frage in einem anderen Brief unter anderer Über-schrift auftauchen. Diese Art der Überschneidung war nicht zu vermeiden.

Die meisten Briefe enthalten meine Antwort, aber in einigen Fällen, wenn der Inhalt eher ein persönlicher Bericht ist oder eine persönliche Meinung widergibt, und nicht jemand eine Frage stellt oder einen Rat erbittet, habe ich meine Antwort gestrichen. Dies gilt insbesondere für das erste Kapitel. In einigen Fällen habe ich meine Antwort leicht verändert, um sie für Leser ver-ständlicher zu machen, die vielleicht mit der Herangehensweise nicht so vertraut sind.

DIE ABSENDER

Einige Menschen, die mir geschrieben haben, habe ich persön-lich kennengelernt, sie haben an den einwöchigen *Making Love Retreats* teilgenommen, die ich gemeinsam mit meinem Partner Michael seit fast 20 Jahren anbiete. Andere haben meine Bücher gelesen und die Theorie in die Praxis umgesetzt, indem sie einige der darin gemachten Vorschläge ausprobiert haben; und dann haben sie mir anschließend über ihre Erfahrungen geschrieben.

Einige sind Leser, die, selbst ohne über praktische Erfahrung zu verfügen, ihrer Wertschätzung Ausdruck verleihen, da der Inhalt meiner Bücher etwas in ihnen zum Schwingen gebracht hat und ihnen wahrhaftig erscheint; etwas spricht zu einer tieferen Schicht in ihnen, und sie waren fähig, dies wahrzunehmen. Manchmal schreiben mir auch Menschen auf Anraten eines Dritten, etwa eines Therapeuten oder Lebensberaters. Und einige Menschen mit sexuellen Problemen suchen im Internet, stoßen auf meine Webseite und schreiben mir dann und bitten um Rat. In zwei Fällen habe ich mir die Freiheit genommen, wunderschöne Berichte über persönliche Erfahrungen, die in einem amerikanischen Internetforum veröffentlicht waren, in Briefform umzuändern.

In den meisten meiner bisher veröffentlichten Bücher habe ich auch persönliche Aussagen und Erfahrungen anderer publiziert, um die neue Vision der Sexualität sichtbarer zu machen. Die hier in zusammengestellte Korrespondenz wird, mit Ausnahme eines einzigen Briefes, zum ersten Mal veröffentlicht.

DIE HERANGEHENSWEISE

Der menschliche Körper besitzt ein ausgeklügeltes inneres Design, und es ist sehr hilfreich, es zu kennen. Wenn man es einmal kennengelernt hat, beginnt man es zu ehren. Jeder einzelne menschliche Körper wurde auf „magnetischem" Wege empfangen. Denn jedes Individuum trägt etwas in sich, das man am besten als eingebauten „inneren Magneten" beschreiben könnte, mit zwei energetisch entgegengesetzten Polen, einem in den Genitalien und dem anderen im Herzen. Zwischen diesen beiden Polen unterschiedlicher Polarität kann Energie im Kreis fließen, strömen und sich ausbreiten. Männliche und weibliche Körper unterscheiden sich jedoch grundsätzlich auf dieser feinen Ebene. Sie sind gleichwertige, aber entgegengesetzt wirkende Kräfte.

Generell ist das Männliche eine dynamische Kraft, während das Weibliche eine empfangende ist. Es ist diese große Ungleichheit (fehlende Ähnlichkeit) in unserer Bauweise, die bewirkt, dass wir uns sehr gut ergänzen.

Genau wie beim Aufeinandertreffen zweier gegensätzliche Pole eines Magneten, entstehen Anziehungskraft und ein natürlicher Energiefluss in und zwischen ihnen, ohne dass irgendetwas dafür getan werden müsste. Das Gleiche passiert zwischen zwei menschlichen Körpern und innerhalb des eigenen Körpers. Unsere spezifischen „magnetischen" und Polaritätsunterschiede zu integrieren und uns nach ihnen auszurichten, ermöglicht es unseren Körpern, ekstatische und glückselige Zustände zu schaffen. Alles, was es dazu braucht, ist unsere Zusammenarbeit mit dem Körper, indem wir eine bestimmte Atmosphäre dafür schaffen. Es kommt also darauf an, Zugang zur richtigen Information zu bekommen, und auf die Bereitschaft, den sexuellen Horizont erweitern und erforschen zu wollen.

Es sind insbesondere zwei Arten von Rückmeldungen, die ich über die Jahre unzählige Male immer wieder gehört habe, und Worte, die mich besonders berühren. Die eine ist, dass jemand die Herangehensweise bereits „intuitiv kannte", sich aber selbst nicht genug vertraut hat, um in diese Richtung weiterzugehen. Die andere ist das grundlegende Gefühl, zu sich nach Hause gekommen zu sein. Ein Gefühl innerer Einheit, wo vorher Dualität oder eine Trennung oder Anspannung war. Allein diese beiden Beispiele sind überzeugend genug, weil sie zeigen, dass das Wissen in unseren Körpern vorhanden ist, und dass Sex eine integrierende und ermächtigende Wirkung hat.

In *Zeit für Offenheit – Briefe über Sex und Liebe* werden sehr unterschiedliche persönliche Erfahrungen sichtbar, die als Ermutigung dienen sollen, um mit dem Erforschen der eigenen Sexualität zu beginnen oder sie zu vertiefen. Das kann ein Leben von Grund auf verändern.

BISHER VERÖFFENTLICHTE BÜCHER

Mein erstes Buch heißt *Zeit für Liebe* und bietet eine Einführung in die sexuelle Reorientierung; es ist ein Grundlagenbuch in dem die „Schlüssel zur Liebe" ausführlich erläutert werden. Später habe ich weitere Bücher geschrieben, darunter zwei zusammen mit meinem Partner Michael.

Aber meine grundlegende Sichtweise von Sex hat sich nicht verändert und läuft wie ein roter Faden durch alle Bücher. Dennoch gibt es unterschiedliche Perspektiven, von denen aus man sexuelle Erfahrung betrachten kann, und jede von ihnen ist einzigartig und hat ihren Platz.

Zeit für Weiblichkeit informiert Frauen über ihr höheres Potenzial, das in der Kraft der Empfänglichkeit und ihrer Weiblichkeit liegt. Entsprechend das Gegenstück, *Zeit für Männlichkeit*: Es informiert Männer über ihr innewohnendes Potenzial, das in ihrer männlichen Autorität liegt, die entsteht, wenn der Mann beim Sex präsent ist.

Neben der Wichtigkeit viel über Sex zu wissen, ist eine der Grundvoraussetzungen für eine harmonische Liebesbeziehung, dass es ein gemeinsames Verständnis über die wesentlichen Unterschiede zwischen „Gefühlen" und „Emotionen" gibt. Diese Begriffe werden locker durcheinander geschmissen, aber in der Realität erleben wir sie physisch und psychisch als ausgesprochen unterschiedliche Erfahrungen. Kennen wir den Unterschied, und übernehmen wir dafür Verantwortung, dann ist das *die* Kraft, um unsere Liebe und unsere Beziehung zu „retten". In jedem Buch ist diesem wichtigen Thema ein Kapitel gewidmet. Da dieser Aspekt jedoch in jeder Form menschlicher Beziehung (Freunde, Kollegen, Eltern, Geschwister, Fremde, Nationen etc.) vorkommt, wurde das Material aus dem sexuellen Kontext herausgenommen, und wir haben ein gesondertes Buch darüber geschrieben: *Zeit für Gefühle – Die Krux mit den Emotionen in der Partnerschaft*.

Mein neues Buch *Slow Sex* beleuchtet Sex als die mächtige, universale, organische Kraft, die er sein kann, wenn bestimmte Qualitäten einbezogen werden. Sex wird durch den Blickwinkel des Yoga gesehen und durch die Existenz kraftvoller innerer Stoffwechselprozesse. Allein schon mehr Bewusstheit kann Sex von selbst in Richtung einer höheren Form der Liebe bewegen.

All meine Bücher sprechen davon, dass es eine sexuelle Kommunion zwischen Mann und Frau gibt, die einfach, süß, spirituell, unschuldig und erfüllend ist; und es ist ein Weg, um Liebe entstehen zu lassen. Dies ist uns Menschen in die Wiege gelegt, egal, ob wir es wissen oder nicht und ob wir danach handeln oder nicht.

Wenn wir unser sexuelles Selbst verstehen, gehen wir verantwortlicher mit unserem Leben um, sind entspannter, zentrierter, selbstsicherer. Die Liebe liegt in unserer Hand, weil wir bewusst Liebe schaffen, Liebe nähren und erhalten können.

Sex, der auf „Intelligenz" beruht, hat die Kraft, unser Leben auf eine höhere Ebene der Liebe zu heben und zu transformieren – und das aus seinen tiefsten Wurzeln heraus.

VERZEICHNIS DER VERWENDETEN BEGRIFFE

Dies ist ein Verzeichnis der Begriffe, die in den hier veröffentlichten Briefen vorkommen. Die Erklärungen sind kurz und
knapp gehalten und sollen Lesern, die bisher nicht so mit dem
Thema vertraut sind, eine kleine Grundlage geben. Das Verzeichnis bietet keine ausführlichen Erläuterungen, und wer die Prinzipien und Empfehlungen eingehender kennenlernen möchte, sei
auf meine/unsere weiterführenden Bücher verwiesen.

Herkömmlicher Sex: Traditionelle Art, Sex zu haben, bei dem
die Energie gewohnheitsmäßig zu einem Höhepunkt kommt.
Tendiert wegen des hohen Erregungslevels dazu, von kurzer
Dauer zu sein.
Zielorientiert, orgasmusorientiert: Wenn eine Person ein bisschen oder sehr weit weg vom jetzigen Moment ist, mehr fokus-
siert auf die nächste Penetration, statt auf die, die gerade stattfindet. Die grundsätzliche Ausrichtung und Absicht geht darum,
zum Ende zu kommen, zu „kommen" oder „fertig" zu werden.
Stimulation und Erregung: Die Grundvoraussetzung, um Energie
aufzubauen und zum Höhepunk zu kommen, normalerweise
durch Reibung der Genitalien, Anstrengung und Anspannung.
Mechanisch: Wenn sich die Bewegungen beim Sex wie bei einer
Maschine immer wiederholen, unbewusst sind.
Entladung von Energie: Der abwärts gerichtete Energiefluss,
der auf den Höhepunkt folgt. Energie geht verloren und wird
nicht dem Körper erhalten.
Heißer Sex: Sex, bei dem es heiß hergeht, um den Höhepunkt

zu erreichen. Stimulation und Erregung werden benutzt, um dorthin zu gelangen.

Sexuelle Konditionierung: Die ererbten Muster, die unbewusst von der Gesellschaft übernommen werden, die unsere Art, Sex zu haben, prägen. Sie sorgen dafür, dass wir es so und nicht anders tun, siehe „Herkömmlicher Sex".

Sexuelle Dekonditionierung: Ein Prozess, bei dem man bewusst die ererbten sexuellen Gewohnheiten hinterfragt, die die Lebens- bzw. Sexenergie unterdrücken.

Tantra/tantrischer Sex: Stil des Liebemachens, bei dem es nicht um ein bestimmtes Ergebnis oder den Höhepunkt geht. Kann sich über viele Stunden hinziehen. Der Höhepunkt ist optional. Die Energie kann ‚bewahrt' werden; aus Gewohnheit zum Höhepunkt zu gelangen ist kaum oder garnicht beabsichtigt.

Cool Sex: Eine Form des Sex, bei dem die Erregung niedrig gehalten wird, sodass die Person präsenter, mehr im Hier und Jetzt bleibt. Bewusster Sex.

Bewusstheit: Die Grundlage von tantrischem Sex – bewusster zu sein und die Aufmerksamkeit auf das lenken, was man tut, während man es tut. Vermeidet mechanisch oder automatisiert zu agieren. Verändert das „Wie" beim Sex.

Präsent sein: Die Aufmerksamkeit ist auf den Augenblick gerichtet, entspannt, hier und jetzt, während sich etwas ereignet.

Sensation, Sinneseindruck: Wenn der Stimulus mehr von außen kommt oder von der Oberfäche des Körpers, um Erregung zu erzeugen. Zuviel davon reduziert die Sensibilität.

Sensitivität: Wenn der Stimulus mehr von innen kommt. Rezeptivität und Wahrnehmung der feinen zellulären Bewegungen unseres Körpergewebes.

Empfänglich: Die Fähigkeit anzunehmen, aufzunehmen, zu bewahren, zu eigen machen, zu nähren.

Dynamisch: Die Fähigkeit voranzutreiben, zu fließen, zu bewegen, zu kanalisieren, zu strahlen, Leben zu geben.

Energie bewahren/nicht ejakulieren: Wenn die Ejakulation weder kontrolliert noch unterdrückt, die sexuelle Temperatur auf kühlerem Niveau belassen wird. Durch die geringe Stimulation ist Ejakulation kein Thema.

Magnetische Intelligenz/Qualitäten: Der menschliche Körper ist ähnlich gebaut wie ein Magnet, mit zwei Polen, einer in den Genitalien und einer im Herzen. Dadurch hat der Körper die innewohnende Fähigkeit, feinstoffliche Energien in sich und zwischen sich und einem anderen Körper zirkulieren zu lassen.

Positiver Pol: Stelle an der sich die Energie erhöht oder von der aus sie erwacht. Bei der Frau die Brüste und Brustwarzen, beim Mann das Perineum.

Negativer Pol: Stelle, an denen Energie empfangen wird, bei der Frau die Vagina, beim Mann das Herz.

Perineum: Kleine, münzgroße Stelle, beim Mann direkt vor dem Anus, bei der Frau zwischen Anus und Vagina.

Weiche Penetration: Hineingleiten in die Frau, ohne dass eine Erektion dazu notwendig ist.

Tiefe Penetration: Während einer Erektion tief in der Vagina zu bleiben, statt sich hin- und herzubewegen.

Feuchtigkeit: Durch Mandelöl z. B., kann man immer benutzen.

Scherenposition/Seitenlage: Eine Position, bei der der Mann auf der Seite liegt und die Frau auf dem Rücken; die Beine liegen über Kreuz – wie bei einer Schere.

Heilung/Reinigung: Durch Bewusstheit und Entspannung beim Sex kann der Körper viele alte Schmerzen oder Erinnerungen spontan loslassen. Das geschieht auf unterschiedliche Art und Weise.

Gefühle: Traurigkeit, Wut, Freude etc. können Gefühle sein, die spontan auftauchen, und sollten mitgeteilt und gezeigt werden.

Emotionen/Emotionalität: Gefühle, die nicht erlaubt waren und zurückgehalten/unterdrückt wurden; werden als Gifte im Körper gespeichert und verwandeln sich dann in Negativität.

Anzeichen für Emotionen: Anzeichen dafür, dass es sich um Emotionen handelt, z.B., dass man dem andern nicht in die Augen sehen kann, Vorwürfe macht, nörgelt, sich beschwert.

Leicht emotional: Wie eine leichte Infektion, wenn sich jemand immer ein bisschen getrennt fühlt, ein bisschen traurig oder leicht depressiv.

Das „Hinterher" ist der Lehrer: Wahrnehmen, wie man sich nach dem Sex fühlt, und wie das in Zusammenhang mit der Art des Sexaktes steht, und sich von den Erkenntnissen daraus leiten lassen.

Meditation: Wenn man sich hier und jetzt entspannt, in genitaler Verbindung bleibt, als zentralem Punkt der Aufmerksamkeit.

Glückseligkeit/Ekstase: Ein Zustand, in dem man sich als reine, vitale Energie fühlt, in dem sich Grenzen und Zeit auflösen und sich unglaublicher Frieden und Harmonie einstellen.

Chakra: Energiezentrum oder Energierad im Körper.

Kundalini: Energie/Vitalität/Lebenskraft die zusammengerollt am unteren Ende der Wirbelsäule liegt, und dafür gemacht ist energetisch aufzusteigen.

Schlüssel zur Liebe: Ratschläge, um die Bewusstheit im Körper und im Augenblick zu erhöhen.

Ratschläge statt Regeln: Tantrischer Sex ist keine Technik, die man nach Regeln praktiziert. Es gibt Ratschläge, nach denen man sich richten und mit denen man experimentieren kann, um das bisher Unbewusste, bewusst zu machen.

Osho: Spiritueller Meister und Mystiker aus Indien. Besonders in den frühen 70er Jahren hielt er Vorlesungen über Tantra und die Transformation von Sexenergie in meditative Energie.

Barry Long: Spiritueller Meister aus Australien, der in den frühen 80er Jahren Vorträge über den körperlichen Liebesakt als Weg zu Gott unter dem Titel „Making Love" veröffentlichte.

1. Kapitel

POSITIVE RÜCKMELDUNGEN UND REAKTIONEN

Die Briefe und E-Mails in diesem Kapitel zeugen von sehr unterschiedlichen positiven Auswirkungen, die Menschen dadurch erfahren haben, dass sie ihre Sexualität mit größerer Bewusstheit leben: Heilung, Integrität und eine allgemeine Verbesserung ihrer Lebensumstände sind die Folge.

1. Euer Konzept ist das i-Tüpfelchen in unserem Leben

Liebe Diana,

was wir von Euch bekommen haben, ermöglicht es uns heute, so zusammenzuleben, wie ich es mir immer gewünscht habe. Ich hatte keine Ahnung von dem Konzept und was ich als Mann würde ändern müssen, aber ich fühlte häufig, dass die Essenz eines inneren Lebens für uns möglich wäre, und das war die „Vision", die mich zu Eurem Konzept und Eurem Retreat geführt hat. Es ist keine lineare Entwicklung – weder als Paar noch als Individuum – aber wir haben das Gefühl, dass der Weg, den wir nun gehen, außerordentlich und sehr beglückend ist. Euer Konzept ist wie das Tüpfelchen überm „i" im Vergleich zu allem, was ich bisher erlebt habe. Jetzt sehen wir, wie eingeschränkt die herkömmliche Sexualität ist und wie schwierig es deswegen in vielerlei Hinsicht ist. Während Spiritualität ohne eine liebevolle Sexualität einfach nicht der richtige Weg für mich ist – ist die Kombination von Liebe und Spiritualität für uns beide wirklich erfüllend. Die Heilung, die wir miteinander und gegenseitig erleben, basiert auf Eurem Konzept und kreiert etwas Wunderbares in uns, das als Individuum sehr schwer oder schier unmöglich zu entwickeln ist. Das ist das Besondere, das ein Paar ausmacht.

Herzlich, Ralph

2. Endlich gut leben!

Liebe Diana,

ich bin sicher, Du und Dein Partner Michael haben Millionen von E-Mails erhalten, in denen Menschen Euch einfach nur dafür danken wollen, dass Ihr diejenigen, die ein Leben voller Liebe und Meditation leben möchten, auf wunderbare und unvergleichliche Weise unterstützt. Ich kann nicht widerstehen, Euch ebenfalls zu danken, denn Ihr habt meine Lebensqualität wirklich verbessert und Ihr habt mir einen Weg gezeigt, wie ich ein gutes Leben leben kann. Also, ich danke Euch beiden herzlich, ich werde mich immer an Euch erinnern.

Herzlich, Alexandro

Lieber Alexandro,

wir haben uns sehr über Deine warme und enthusiastische Nachricht gefreut und danken Dir, dass Du Dir die Zeit genommen hast, uns zu schreiben. Es ist sehr ermutigend für uns zu hören, dass unser Ansatz, wie wir ihn in unseren Büchern beschreiben, Dir beim Leben und Lieben hilft und Dir Unterstützung bietet. Es berührt uns ganz besonders, dass Du dank Deiner aufrichtigen Suche und innewohnenden Intelligenz in der Lage bist, Worte Wirklichkeit werden zu lassen.

Jeder Mensch, der ein wenig bewusster mit Sex umgeht, tut
auf seine Weise etwas, um unseren Planeten Erde zu heilen.
Wir wünschen Dir alles Gute auf Deinem Weg.
Herzlich, Diana

3. Ich bin Tantra!

Liebe Diana,

wahrscheinlich bekommst Du reihenweise solche E-Mails wie
ich sie gerade an Dich schreibe, aber meine Leidenschaft zwingt
mich, diese E-Mail trotzdem zu schreiben. Ich habe Dein Buch
Zeit für Liebe gelesen und gleichzeitig begann ich mit meinem
Freund, Tantra auszuprobieren. Die Türen haben sich geöffnet,
und ich weiß, dass Tantra mein Weg ist. Es mag sich merkwürdig anhören, aber eigentlich wäre es richtiger, einfach zu sagen:
Ich bin Tantra!
Herzlich Sylvia

Liebe Sylvia,

danke, dass Du mir geschrieben hast. Es ist wunderschön zu
hören, dass Du solch tiefe Resonanz mit Tantra spürst und
Deine Einsicht, dass Du Tantra bist, ist sehr berührend. Es ist
tatsächlich die Wahrheit: Jeder Mensch wird tantrisch geboren,
und es ist ein Segen, dass Du Deine Essenz erkennen kannst.
Meine besten Wünsche und alles Gute.
Herzlich, Diana

4. Mein Penis ist intelligent!

Liebe Diana,

im Dezember 2007 schlug ich meiner langjährigen Partnerin
vor, Dein Buch *Zeit für Liebe* zu lesen. Wir hatten seit 20 Jahren

keinen Sex mehr miteinander gehabt. Keine Ekstase mehr, tot, tot, tot... Ganz natürlich und mühelos haben wir angefangen, den Anweisungen im Buch zu folgen und etwas darin hat uns inspiriert und getragen, etwas Neues, Liebevolles, eine Energie, eine Weisheit, die aus den Buchseiten strömte. Und siehe da, wir verbrachten die nächsten zwei Wochen fünf bis neun Stunden am Stück in sexueller Vereinigung und haben dabei so wunderschöne Zustände erreicht, dass ich für immer da bleiben wollte. **Ich hatte vorher nie verstanden, warum die Leute Sex „Liebe machen" nennen, aber nun entstand in uns selbst und zwischen uns eine deutlich spürbare Liebesenergie.** Mein intelligenter Penis wusste, wann ihre Vagina offen war. Er verstand es, ruhig zu bleiben, in diesem empfänglichen Zustand, in dem er mich führen konnte, er wusste, wann er reingleiten sollte und wie. Mein Herz war voller Freude, mein ganzer Körper fühlte sich von ihrer Vagina berührt, stundenlang sind wir in diesem „glühenden Zustand" geblieben, wir verloren jedes Zeitgefühl. Ein paar Mal habe ich gespürt, wie ihr Herz meinen Penis von ganz tief aus der Vagina berührte. Meine Partnerin war seit Jahrzehnten nicht mehr von selbst feucht geworden, hatte den Kontakt zu ihrer Vagina verloren gehabt, jetzt wurde ihre Vagina wieder lebendig. Irgendwann sagte sie in diesem Glühen und voller Dankbarkeit und Liebe: „Ich fühle mich zum ersten Mal in meinem Leben als Frau." Ich schreibe Dir aus Dankbarkeit über diese lebenserweckende Erfahrung.

Herzlich, Joseph

5. Den Sex zu ändern hat unser Leben verändert

Liebe Diana,

wir wünschen Euch fürs Neue Jahr alles Liebe und Gute. Außerdem möchten wir Euch gern von unseren reichhaltigen

Erfahrungen seit Eurem Kurs im Juni berichten. Dass wir an Eurem Kurs teilnehmen konnten, erfüllt uns mit tiefer Dankbarkeit.

Ich, Anna, erlebe mit meinen 52 Jahren die Sexualität ganz neu. Bis zu diesem Zeitpunkt konnte ich nur intuitiv erahnen, wie sich eine erfüllende Sexualität anfühlen könnte. Heute erlebe ich eine Zärtlichkeit und Einfühlsamkeit meines Mannes, die mir eine nährende Geborgenheit in der Sexualität wie auch im Alltag schenkt. Ich fand die Kraft, Erwartungen ganz loszulassen und für das Liebesspiel wirklich Zeiträume zu vereinbaren, mich ganz dem jetzigen Moment hinzugeben, alles „sich selber ereignen zu lassen" und mit meinem Mann in das Zusammensein „hineinzufließen". Immer deutlicher bemerkte ich, wie das aufmerksame Bewusstsein im Augenblick mir half, ehrlich und offen zu empfangen. Das gelang mir auch deswegen, weil mein Mann lernte, mit langsamen Bewegungen nicht immer zu ejakulieren. Er entwickelte dabei ein ganz feines Empfinden im Moment... Alles beginnt, sich golden, lichterfüllt zu EINEM göttlichen Körper zu verweben... Eine wahrhaft göttliche Liebe! Es ist für mich, als ob ich endlich Leben dürfte. Ich darf Liebe geben und werde auch als liebendes Wesen angenommen. Ich kann spüren, wie mein Mann mit seinem Penis mich von Verhärtungen und alten Mustern heilen kann. **Meine „eingerostete Liebe", die nie hervortreten konnte, wird endlich befreit, was wiederum Felix' alte Wunden heilt und uns Kraft verleiht.** Es ist eindrücklich zu merken: Wenn wir keine Zeit zum Lieben haben, fallen wir in alte Muster zurück, verlieren schneller die Geduld, gehen merklich unsanfter miteinander um oder streiten sogar. Ich bin so dankbar, Euch zu kennen und durch Euch die Liebe auf eine neue Art erleben zu dürfen. Mit solch einer Liebe könnte sich unsere „kranke Welt" verändern... , denn liebevolle Menschen leben in Frieden und tragen Sorge für ihren Planeten.

Ich Felix, 54 Jahre jung, hatte recht große Mühe, mich von der Ejakulation zu trennen. Heute genieße ich es, zwanzig bis dreißig Stunden während drei oder sogar vier Wochen mich immer wieder mit meiner Frau zu vereinigen, ohne zu ejakulieren. Dabei habe ich gelernt, ganz feinfühlig und zart, ganz einfühlsam und ausgesprochen bewusst meinen Penis zu spüren, um nicht zu ejakulieren. Und genau das erfüllt meine Frau.

Zudem hat sich diese feine Bewusstheit irgendwie auch auf meinen täglichen Umgang mit meiner Frau ausgewirkt. Wir haben kaum mehr Streitereien miteinander. Sie fühlt sich akzeptiert und geliebt, sie blüht auf, sie ist meine wunderschöne, zärtliche Elfe geworden.

Was mir auch auffällt, ist eine unglaubliche Kraft und eine wundervolle Harmonie, die ich in meinem Körper spüre. Das zeigt sich zum Beispiel beim Tennisspielen. **Man könnte meinen, das Zeitrad habe sich 20 Jahre zurückgedreht.** Nicht mehr missen möchte ich auch die immer wiederkehrenden schönen Gefühle um und in meinem positiven Pol und das Wissen, dass ich mich immer wieder mit meiner Frau vereinigen kann. Dies gibt ein unglaubliches schönes Zusammengehörigkeitsgefühl. Ich spüre, wie sie mich gerne empfängt, weil ich ihr (und auch mir) gut tue und nicht nur, um meinen Ejakulationstrieb an ihr abzureagieren.

Als letztes möchte ich Euch noch zum Buch *Zeit für Männlichkeit* gratulieren. Insbesondere die Leserbriefe mit ihrer Vielzahl von Erfahrungen haben mich sehr beeindruckt. Auch ich habe das Gefühl, dass es mit dieser Art zu lieben nie langweilig wird. Immer wieder sind wir überrascht, was wir Neues erleben und spüren dürfen.

In tiefer Dankbarkeit und Liebe

Felix & Anna

6. Eine Hymne an die Seele!

Liebe Diana,

ich habe Deine Bücher *Zeit für Liebe* und *Zeit für Weiblichkeit* gelesen. Gott sei Dank!!!! Mein Mann und ich sind dieses Jahr fünfundzwanzig Jahre verheiratet. Im Juli werde ich fünfundvierzig Jahre alt. Aus purer Liebe zu ihm bin ich, jung und unschuldig, aber voller Liebe, in diese Verbindung eingetreten. Das körperliche Zusammensein war meist eine erfüllende Angelegenheit für mich. Ich liebte ihn! Wir spürten eine starke gegenseitige, sexuelle Anziehung. So haben wir uns immer weiter entwickelt, was die Techniken, Positionen und die Vertrautheit betraf. Ich war ein sehr emotionaler Typ und ich bestätige in diesem Absatz die Probleme, wie Du sie auch beschreibst.

Wir bauten ein Haus, die Kinder kamen – kurz der Alltag kehrte ein, Spannungen bauten sich auf. **Wir hatten Streit und... danach „Versöhnungssex". Hinterher waren die körperlichen und seelischen Spannungen weniger, dieses komische Gefühl von Unzufriedenheit blieb aber stets zurück und fing wieder an zu wachsen.** Wie bei den meisten Pflanzen, wenn Du sie zurückschneidest, treiben sie anschließend noch mehr aus. So mauserten sich unsere Problemchen zu Problemen. Bis es vor ca. sieben Jahren zu einer endgültigen und ernsten Trennungsabsicht kam. Eine Trennung, die ICH wollte, obwohl ich IHN liebte. Irgendwie haben wir uns dann aber zum hunderttausendsten Mal versöhnt.

Und dann begann unsere partnerschaftliche Erfolgsgeschichte: Es kam der Zeitpunkt, in dem ich durch Yoga, Meditation und Bücher (auch Osho) meine innere Ruhe fand. Yoga lehrte mich, „mich so zu akzeptieren, wie ich bin" und wie ich die Aufmerksamkeit in meinen Körper lenken konnte. Durch Meditation konnte ich meine Gedankenflut eindämmen. Ich lernte, gelassener, toleranter, neutraler zu werden. Und siehe da... alle

Beziehungen um mich herum verbesserten sich, selbstverständlich auch die zu meinem Partner. Plötzlich erkannte ich auch in seinem Verhalten eine andere Dimension. Was er sagte, welche Meinung er pflegte usw...

Vorher war er nur der Sündenbock für meine Emotionen – genau wie Du es beschreibst! Irgendwann experimentierten wir wieder mehr im Bett. Wir kamen an einen Punkt – und ich weiß nicht mehr, wer wen anleitete – **an dem wir einen superlangsamen Geschlechtsverkehr hatten. ZEITLUPE. Für einige kurze Momente konnten wir sogar in Bewegungslosigkeit verharren. Und wie wir hinterher feststellten, war DAS der schönste Sex, den wir je hatten...!** Wir waren beide mehr als zufrieden. Wir waren *befriedigt*! Ein altes Wort – eine neue Bedeutung. Bald darauf fuhr ich alleine in den Urlaub. Dort bin ich auf Dein erstes Buch gestoßen. Es hat mich voll in den Bann gezogen. Ich fand darin die Bestätigung, dass unsere Körper ganz von alleine begonnen hatten, Tantra zu machen – so wie Du es in Deinen Büchern so liebevoll anleitest! Toll, oder...? Ich kann Dich bestätigen und Du hast mich bestätigt. Tun und dann lesen, das ist viel besser als lesen und dann tun... Die meisten Bücher fallen einem ja zu. Dein Buch, Diana, ist mir bestimmt vom Himmel zugefallen?

Als ich vom Urlaub zurückkehrte, hat mich mein Mann vom Zug abgeholt, wir sind schön Essen gegangen und ich hab ihm gleich ein paar „verbale Leckerbissen" von Tantra serviert. Seitdem sind wir Übende. Wir sind noch lange nicht bei der „universellen Verschmelzung" – platzende Sternschnuppen oder ähnliches kann ich nicht sehen. Jedoch kann ich berichten, wie schön seither das körperliche Zusammensein für mich geworden ist. Mein derzeitiger Stand ist so: **Wenn wir es schaffen, vom herkömmlichen Rein-Raus-Sex wegzukommen, um in Bewegungslosigkeit zu sein und ich es auch noch schaffe, mit meinem Bewusstsein raus aus dem Kopf, rein in den Körper zu** kommen, dann stellt sich bei mir nach gewisser Zeit ein Pulsieren in den Genitalien ein. Es fühlt sich tatsächlich so an, als schlägt in meinem Unterleib ein „zweites Herz". Dieses Pulsieren kann ich aktuell nur im Unterleib und bis zu den Kniekehlen spüren. Im Buch sagst Du, dass „es" sich in den ganzen Körper ausdehnen kann. Soweit bin ich noch nicht. Trotzdem ist „es" jetzt schon wunderschön und sehr intensiv und nicht nur leise. Und das alles ohne Kraftanstrengung, einfach aus dem „Nichtbewegen" und aus der Entspannung heraus. Meine ganze Einstellung zur Sexualität hat sich seither noch mehr und noch schneller ins Positive gewendet. Durch die Tantra-Praktik ist es mir möglich, in der körperlichen, sexuellen Vereinigung nur Gutes, Natürliches, Gesundes, ja! Heiliges zu erkennen. „Es" ist von Gott gegeben und wir entstammen *alle* der körperlichen Vereinigung. „Es" verdient höchste Achtung und liebevolle Zuwendung.

Plötzlich eröffnen sich mir größere Zusammenhänge. Ja! Jetzt kann ich bedingungslos lieben und Frau sein. Jetzt kann ich mich öffnen und empfangen. Jetzt habe ich Freude am Sex, weil er mich mit Liebe und Energie füllt. Da wir ja erst im „ersten Lehrjahr" sind, verfallen wir hin und wieder mal der alten Praktik. Mein Kopf und mein Bauch jedoch haben gespeichert, wie schön Slow Sex ist. Wie leicht es ist, das Liebemachen mit Slow Sex zu beginnen, um dann später mit den Bewegungen ganz aufzuhören. Denn erst ab da kann sich das Pulsieren, das mir so gut gefällt, einstellen.

Gerade habe ich Dein zweites Buch *Zeit für Weiblichkeit* fertiggelesen. Ich werde es meiner 21-jährigen Tochter zu einem besonderen Anlass schenken. Ich wünsche ihr von ganzem Herzen, dass sie sich aus den zwanghaften Konditionierungen (die ich ihr anerzogen habe) wieder befreien kann. Und noch etwas möchte ich anmerken. Ich habe noch andere Bücher über Tantra gelesen. Die sind meist voll von Techniken und medizinischen

Erklärungen. Diana, **Du hast eine Hymne an die Seele geschrieben**. Und unserem irritierten Verstand leicht verständliche Kost vorgesetzt. Die besten Bücher sind für mich jene, von denen ich meine, selbst der Autor zu sein. Einige Kapitel könnten schon von mir sein. Bei den anderen lasse ich mich vertrauensvoll von Dir leiten.

Meinen herzlichsten Dank – für Deine Bücher, für Deine Offenheit, für Deine mutige Arbeit!

In tiefer Verbundenheit grüßt Dich Hillary

Liebe Hillary,

ich freue mich sehr, dass Du Dir die Zeit genommen hast, mir zu schreiben und Deine Erfahrungen und bedeutsamen Einsichten so wunderschön mitzuteilen. Vielen Dank dafür! Es berührt mich wirklich, dass sich alles aus Eurer eigenen inneren Forschungsreise entwickelt hat, ohne irgendein bestimmtes Ziel, und dass die Bestätigung Deiner Erfahrung erst später hinzukam. Meiner Erfahrung nach, und genauso beschreibst Du es auch, ist tantrische Kommunikation eine natürliche Sprache, wenn wir bewusst und mit Andacht im Körper sind. Und in diesem Sinne ist jeder Mensch tantrisch geboren, mit der eingebauten Fähigkeit, beim Sex bewusst zu sein.

Ich bin mit meinem Herzen bei Dir.

Herzlich, Diana

7. Du hast unser Leben von Grund auf verändert!

Liebe Diana,

Deine Bücher sind wirklich ein Segen, und ich kann gar nicht in Worte fassen, welche Veränderungen sie in unserem Leben und in unserer Beziehung bewirkt haben. Wir haben es beide gemerkt, sobald wir begonnen hatten, Deine Ratschläge in die Tat umzusetzen, und wir anfingen, die Veränderungen wahrzunehmen, die stattfinden, wenn man so Liebe macht statt auf herkömmliche Art und Weise. In dem Teil der Welt, aus dem wir kommen, besonders in Zentralamerika und der Karibik, leben Frauen immer noch sehr unterdrückt in einer Kultur, in der Machos das Sagen haben. Ich würde Dir gern so viel mehr mitteilen und Dich persönlich kennenlernen oder noch besser, an einem Deiner Retreats teilnehmen. Für heute lass mich Dir nur sagen, Du hast unser Leben von Grund auf verändert!

Herzlich, Lawrence

8. Die Körpersäfte fließen in Strömen

Liebe Diana,

vielen Dank für Dein Buch, *Zeit für Liebe*. Es hat mein Leben total verändert. Das andere Buch, das Du zusammen mit Deinem Mann Michael geschrieben hast, *Zeit für Männlichkeit,* ist genauso gut, wenn nicht besser. Ich habe es meinem Liebespartner gegeben, nachdem ich es gelesen hatte. Ich glaube, das Männerbuch hat mir so gut gefallen, weil ich mich fühlte, als könnte ich heimlich einen Einblick in einige Geheimnisse männlicher Sexualität gewinnen! Manchmal hat mich das sogar ein bisschen erregt!

Es gibt da ein Konzept in Deinem Buch, dass ich noch nicht kannte und von dem ich mein ganzes Leben noch nichts gehört, geschweige denn es ausprobiert hatte. Es geht darum, den gesamten Beckenboden zu entspannen, insbesondere wenn man Liebe macht. Als Frauen sind wir es gewohnt, die Scheidenwände beim Sex anzuspannen, weil wir glauben, dass es für den Mann aufregender ist, stärkere Reibung zu erleben (und weil es uns hilft, zum Orgasmus zu kommen). Und wenn wir uns entspannen, denken wir, wir werden uns für den Mann zu weit oder zu lasch anfühlen. Ich wusste nicht, dass ich mich auch entspannen kann. Aber ich habe es ausprobiert. Und, ach Du lieber Gott: Es ist das Göttlichste, was ich je erlebt habe. Es klingt einfach, ist es aber nicht. Ich muss mich bewusst darauf konzentrieren, damit ich nicht in alte Gewohnheiten zurückfalle. Ich wollte versuchen, den Unterschied zu beschreiben, wie ich ihn beim Liebemachen erlebe (und was mein Partner mir berichtet, wie es für ihn ist), aber ich kann es nicht in Worte fassen. Man muss es einfach selbst erlebt haben. Aber die Vagina öffnet sich so vollständig und wird so empfänglich, wenn man den Beckenboden entspannt, dass sie den Mann willkommen heißt und ihm das wunderbare Gefühl gibt, ganz und gar angenommen zu werden. Und wenn man das beim Liebesakt tut, zieht die Frau den Mann in sich hinein nach oben wie ein Magnet. Und wenn der Mann seinen Beckenboden entspannt, kann er dies durch die gesamte Länge seines Penis spüren. Der Penis bleibt steif, aber weich genug, um sich in Übereinstimmung mit der Vagina wie eine Schlange zu bewegen. Er scheint fast länger zu werden.

Und wenn wir bewegungslos bleiben, können wir wirklich richtig spüren, wie die Elektrizität zwischen uns fließt. Sie pulsiert einfach. Zeitweise brauchen wir uns überhaupt nicht zu bewegen. Und man geht in einen tranceähnlichen Zustand, in dem man einfach im Moment ist und spürt. Sobald man anfängt, an irgendetwas anderes zu denken als Hier und Jetzt, bringt man sich, sobald man das bemerkt, einfach wieder zurück in die Gegenwart. Und die Körpersäfte fließen in Strömen! **Hätte ich in der Vergangenheit versucht, zwei Stunden am Stück Verkehr zu haben, tja, das wäre schlicht und ergreifend unmöglich gewesen. Ich wäre trocken und meine Schleimhäute wären gereizt gewesen, und es wäre aus gewesen mit dem Sex.** Aber jetzt bin ich extrem feucht geblieben und das war sehr einladend und hatte eindeutig eine Wirkung auf seinen Penis. Ich bin ziemlich sicher, dass dies das erste Mal war, dass mein Partner so lange steif (in unterschiedlichen Graden) geblieben ist, ohne müde zu werden oder sich unter Druck gesetzt zu fühlen. Dies hat so viele verschiedene Seiten, den Aspekt der Heilung, den energetischen Aspekt, und es ist unheimlich entspannend, magisch und mystisch und gleichzeitig wahnsinnig aufregend. Ja, das mag nach Hokuspokus klingen, ist es aber nicht, denn es ist wirklich so.

Und ich habe noch etwas sehr Wichtiges gelernt, ich glaube, es ist aus beiden Büchern und auch aus dem anderen Buch *Zeit für Gefühle*. Es ist wirklich eine Entdeckung, dass Emotionen etwas anderes sind als Gefühle. Und was ich tun kann, wenn Emotionen in mir aufsteigen, die normalerweise zu etwas führen würden/könnten, was nicht so nett wäre. Wenn das passiert, sage ich einfach „Ich bin emotional" und übernehme sofort die Verantwortung dafür, im selben Moment. Nicht erst hinterher. Wenn man es sofort zugibt, akzeptiert man die Emotionen als seine eigenen und muss seinen Partner nicht dafür verantwortlich machen. Das hat mir letzte Woche wirklich sehr geholfen. Wir fingen gerade an, Liebe zu machen, und ich konnte nicht aufhören, mich schuldig für die Opfer zu fühlen, die er erbringt, um mich jede Woche zu treffen. Aber statt das alles in mir zu behalten und traurig zu sein und vielleicht auf ihn zu projizieren, sagte ich es einfach laut, und das fühlte sich so gut an. Ich konnte weinen, es aus mir rauslassen, während er mir sagen konnte, dass ich mich nicht schuldig fühlen sollte. Und dann ließen wir es hinter uns und machten wunderbar Liebe.

Also, das sind zwei wunderbare Bücher, und ich bin auch Marnia Robinson sehr dankbar, der Autorin von *Das Gift an Armors Pfeil*, in deren Internetforum ich von Deinem Buch erfahren habe, denn sonst hätte ich diese Erfahrung, die mein Leben von Grund auf verändert hat, nie machen können.

Allen alles Gute!

Herzlich, Kelly

9. Die wertvollste Lebenshilfe in den über achtzig Jahren meines Lebens

Liebe Diana,

es fällt mir nicht leicht, über die Dinge zu schreiben, die wir von Dir und Michael in der Retreat-Woche gehört und gelernt haben. Du weißt ja, dass meine Frau einige Zeit und Überredungskünste brauchte, um mich zur Teilnahme an dem Kurs zu bewegen. Aber ich kann ehrlich sagen, dass ich schon während des Kurses und später noch stärker davon überzeugt wurde, dass dieser Kurs zum Wertvollsten an Lebenshilfe gehört, was ich jemals in den über achtzig Jahren meines Lebens erfahren habe. Und ich habe in meinen über achtzig Jahren eine Menge Lebenshilfe bekommen!

Wie es mir in den fast zwölf Monaten ergangen ist, seit ich Dich getroffen habe? **Wir haben Dir von unserer Goldenen Hochzeit berichtet, die kurz nach dem Kurs war. Es war wirklich ein spiritueller und emotionaler Höhepunkt. Wir haben uns darauf vorbereitet, indem wir an Deinem Kurs teilgenommen haben, und das hat unsere Beziehung gestärkt.** Seitdem sind wir in der Lage gewesen, sie noch weiter zu vertiefen. Wir verbringen viel Zeit zusammen, ignorieren sogenannte „wichtige" Arbeit und fühlen uns hinterher sehr viel frischer und motivierter, wieder an die Arbeit zu gehen. Wir wechseln uns wochenweise ab, und einer von uns bestimmt, wann wir uns treffen und wie, und welche Elemente wir einbeziehen. Ist die Motivation groß genug, ist eine mittelharte Erektion möglich und dann funktioniert es mit weicher Penetration (so machen wir es meistens). Wir sind bis zu anderthalb Stunden zusammen. Häufig schlafe ich kurz ein. Dann verfolgen wir die innere Zirkulation wieder mit dem Atem. Das schafft eine sehr beruhigende und friedliche Atmosphäre. Auch geht es uns im Allgemeinen sehr gut. Wir haben seltener Kopfschmerzen, sind weniger angespannt, fühlen uns wärmer etc.. Wenn ich auf lange Wandertouren gehe, vereinbaren wir einen festen Zeitpunkt für den täglichen Kontakt. Dann legen wir uns jeweils hin und versuchen beide, den Atemrhythmus mit der Vorstellung von Nähe und Intimität zu verbinden.

Herzlich, Thomas, 82 Jahre,

Liebe Diana,

jetzt bin ich an der Reihe zu beschreiben, wie sich die Dinge für mich entwickelt haben. Zunächst möchte ich Euch beiden für all das Gute danken, das wir durch Euch erfahren und von Euch bekommen haben. Wie Ihr wisst, hat uns zuerst das Buch *Zeit für Liebe* inspiriert, an Eurem Seminar teilzunehmen. Bereits das Buch allein hat vieles für uns verändert. Und dann natürlich das Seminar, unsere sogenannte Hochzeitsreise vor unserer eigenen Goldenen Hochzeit. Um auf den Punkt zu kommen: Unsere Sexualität ist ruhig geworden, entspannt und voller Freude. Es hat uns eine enorme Vertiefung und Bereicherung gebracht – stell Dir vor, in unserem Alter! Das hat sehr positive Auswirkungen auf unseren Alltag.

Jetzt habe ich auch Dein Buch *Zeit für Weiblichkeit* mit großem Interesse gelesen und habe daraus wieder eine Menge mitgenommen. Ich werde versuchen, Dir meine Fragen, Probleme und Schwierigkeiten zu erklären. Da ist als Erstes das mit der Präsenz. Ich muss mich selbst wieder und wieder zurück ins Hier und Jetzt bringen und mir ist bewusst, dass ich spüre, wie die Energie fließt, wenn wir beide ganz und gar präsent sind. Es kommt auch vor, dass Thomas einschläft und ich plötzlich total präsent bin und mich fühle, als würde ich abheben. Dies ist in der Scherenposition der Fall, die wir wegen der weicheren Erektion am häufigsten benutzen. Weil die Erektion meistens weich ist, fällt es mir schwer, den Penis wirklich in mich einzuführen, und dann ist der Penis eigentlich direkt „ante portas". Trotzdem ist dieses Beisammensein für uns beide angenehm.

Heißt das, dass die Energie auch so fließt? Dann stelle ich mir vor, wie der Penis größer wird und mich tief penetriert. Das gibt mir auch ein gutes Gefühl. Ich würde für uns beide wünschen, dass es wahr wäre. Jetzt fühle ich auch meine Vagina sehr gut und meine Brüste werden lebendig. Wie schön! Die Schwierigkeiten mit der weichen Penetration liegen sicher auch an meiner leichten Gebärmuttersenkung. Sie braucht nicht operiert zu werden, aber es wäre besser, wenn ich drei Hände hätte. Obwohl wir immer noch sehr beweglich sind, ist es kaum möglich, mit der weichen Penetration den genitalen Kontakt aufrechtzuerhalten, während wir die Position wechseln. Natürlich hilft schon allein ein Verändern der Position dabei, präsent zu bleiben, auch wenn wir den genitalen Kontakt verlieren und den Penis erneut in die Vagina einführen müssen. Durch die „neue" Beziehung zu Thomas bin ich natürlich in sehr guter Stimmung. Dies gibt hoffentlich einen kleinen Einblick in unsere Freuden und Schwierigkeiten.

Herzlich, Manuela, 78 Jahre

Liebe Manuela und lieber Thomas,

*vielen Dank, dass Ihr Euch die Zeit genommen habt, zu schreiben und Eure Erfahrungen mitzuteilen. Ihr seid ein außergewöhnliches Paar, da Ihr in Eurem Alter beginnt, den Sex neu zu erkunden. Eure großen Schritte sind für uns enorm ermutigend und wir lernen viel daraus. Dafür danken wir Euch. **Eure Erfahrungen belegen die Tatsache, dass Sex im hohen Alter nicht aufhören muss, wie es ja häufig vorkommt.** Es ist auch wunderbar, dass Ihr entdeckt, dass die sexuelle Vereinigung mehr Liebe, Vitalität und Glück mit sich bringt, sowohl individuell als auch für Euch als Paar.*

Wie Ihr beobachtet habt, ist Präsenz ein Schlüssel, und an bestimmten Tagen wird es leichter sein als an anderen. Deswegen ist es gut, etwas Körperliches zu tun oder aktiv zu sein, bevor

Ihr Liebe macht, ein kurzer Tanz oder ein paar schnelle Übungen, die Euch individuell Energie geben. Wenn der Körper innerlich lebendig ist, ist es viel einfacher, bewusst im Körper zu sein, statt in Gedanken abzudriften. Wenn einer von Euch präsenter ist als der andere, könnt Ihr die Präsenz nutzen, um den anderen wieder zurückzuholen. Und wenn einer von Euch einschläft, macht das nicht so viel aus, weil Eure individuelle innere Sensitivität und Euer Genuss fortbesteht.

Um Deine Frage zu beantworten, ja, die Energie fließt, auch wenn der Kontakt zwischen Penis und Vagina nur leicht ist. Deine Vorstellungskraft zu benutzen, ist eine sehr gute Methode, um die Verbindung zu vertiefen, so wie Du es tust, und es freut mich zu hören, dass Du die befriedigende Wirkung dessen fühlst. Es ist verständlich, dass Ihr Euch beide eine stärkere Erektion wünscht, aber es ist ganz sicher besser, sich einfach mit dem zu entspannen, was ist und es zu akzeptieren. Diese unterstützende Haltung macht es der Energie möglich, frei zu fließen, wohin und wie sie möchte. Wenn man sich anspannt, weil etwas anders ist als man es gern hätte, wie z.B. bei einer schwächeren Erektion, dann wird die innere Verbindung unterbrochen. Es wird ein innerer Kampf daraus, was den Körper anspannt und unempfänglich macht. Es ist gut möglich, dass Ihr feststellen werdet, dass die Erektion an sich nach einiger Zeit an Bedeutung verliert. In vielen Fällen kommt der Fokus auf die Erektion vom gewohnten Stil, heißen Sex zu haben und dass wir davon geprägt sind. In Wahrheit kommt es nicht wirklich auf die Erektion an. Ihr werdet nicht mehr dran denken! So erging es mir jedenfalls, seit eine Penetration ohne Erektion, oder weiche Penetration, möglich geworden ist. Ich habe einfach nicht mehr an Erektion gedacht, der Gedanke kam mir schlicht und ergreifend nicht mehr. Wenn es eine Erektion gab, gab es eine, wenn nicht, dann nicht. Ich habe das nicht mehr innerlich ausgewertet. Aber diese Veränderung kommt mit der

Zeit, und ich bin sicher, dass es Euch auch so gehen wird, wenn Ihr über längere Zeit damit experimentiert.

Als Frau kannst Du eins machen, und zwar, Deine Brüste mehr ins Spiel zu bringen, mit Deiner Aufmerksamkeit mehr bei Deinen Brüsten und Brustwarzen zu sein als in Deiner Vagina. Das wird Deine körperliche Energie ausdehnen und auch ein Echo in Deiner Vagina hervorrufen und sie empfänglicher und vitaler machen. So kannst Du sensibler werden und für mehr Austausch sorgen, statt an Erektion zu denken. Dementsprechend lenkt der Mann seine Aufmerksamkeit auf seine Peniswurzel – die Gegend um das Perineum. Es ist auch hilfreich, bevor Ihr Liebe macht, Seite an Seite nebeneinander zu liegen, und dann lenkt die Frau ihre Aufmerksamkeit auf ihre Brüste/ Brustwarzen und der Mann seine auf sein Perineum. Das wird Eure Energien bereits aufeinander ausrichten und ist eine sehr gute Vorbereitung. Mir gefällt wirklich, wie Ihr beschlossen habt, dass ihr abwechselnd wochenweise die Führung übernehmt – das macht das Leben so einfach und entspannt es. Ich erinnere mich, dass ich mit einem Freund das Gleiche praktiziert habe, als ich Ende Zwanzig war, und es hat großartig funktioniert. Es hat uns eine Menge Zeit erspart und Diskussionen darüber, was wir wann und wie tun wollten. Und es ist gut, beide Erfahrungen zu machen, in der Rolle desjenigen zu sein, der entscheidet und auswählt und in der Rolle desjenigen, der akzeptiert, was der andere entschieden/gewählt hat und der sich fügt. Es ist, als würde man zwei unterschiedliche Qualitäten ausleben, einerseits dynamisch und andererseits empfänglich. Beide Qualitäten sind gleich wichtig.

Ich danke Euch, und meine Anerkennung für Eure ehrlichen, mutigen und neugierigen Herzen.

Herzlich, Diana

10. Du hast meine Liebe gerettet!

Liebe Diana,

im März waren mein Mann und ich beim *Making Love Retreat* in der Schweiz , und was wir dort gelernt und erfahren haben, hat unsere Liebe gerettet. Obwohl wir vorher nicht das Gefühl hatten, unsere Liebe sei in Gefahr gewesen. Im Nachhinein sehe ich aber, jetzt, wo mir der enorme Unterschied bewusst ist, wie trostlos unser Liebesleben vorher war. Wie lieblos wir gewesen sind und wie sehr wir uns gegenseitig gesucht haben. Ich bin sicher, unsere Liebe wäre erloschen und unsere Beziehung wäre auch schließlich daran zerbrochen. Nach einer Woche, in der wir bewusster Liebe gemacht haben, war es, als seien große Nebelbänke zwischen uns geklärt worden, und sehr überrascht sah ich meinen Mann vor mir stehen und mich zärtlich ansehen. Vorher war ich nicht mehr in der Lage gewesen, ihn zu sehen.

In den ersten drei Monaten hatte ich manchmal ein wenig Angst, dass wir in alte Gewohnheiten zurückfallen und uns wieder verlieren würden. Aber das kann nicht passieren. Wenn wir auch nur das kleinste bisschen bewusst sind, merken wir, was uns gut tut und was nicht. Du bekommst sicher eine Menge Briefe wie diesen von dankbaren Paaren, und sie schreiben Dir wahrscheinlich alle das Gleiche. Alle sagen bestimmt: Du hast mein Leben verändert! Du hast meine Liebe gerettet! Egal, auch wenn Du dies zum hundertsten Mal hörst, ich möchte Dir sagen, wie sehr sich Dinge für uns verändert haben, seit wir anders Liebe machen:

. Ich bin immer bereit, Liebe zu machen, sogar öfter als mein Mann.

. Ich liebe es, dass ich passiv sein darf, ich genieße es sehr, mich ihm völlig hinzugeben. Vorher hat mein Mann mein Passivsein als Desinteresse aufgefasst und war verletzt. Jetzt liebt er es so sehr wie ich, und manchmal „korrigiert" er mich, wenn ich zu „aktiv" werde. Auf diese Art und Weise habe ich auch gelernt, ihn so zu akzeptieren, wie er ist. Egal, ob er leidenschaftlich und heiß oder ruhig und bewegungslos ist, ich liebe es, ihn zu empfangen, für ihn da zu sein, ohne ihn zu kontrollieren oder ihn klein zu machen oder ihm Schuldgefühle zu machen.

. **Ich habe überhaupt keine Vagina-Entzündungen mehr gehabt. Früher hatte ich alle zwei bis drei Monate mit immer wiederkehrenden Entzündungen zu tun.**

. Ich habe immer noch Gipfelorgasmen, aber ab und zu habe ich kleine, völlig unerwartete Orgasmen, die manchmal aus völliger Stille entstehen, es fühlt sich an, als würden ein paar Zellen in meinen Genitalien explodieren.

. **Und manchmal fühle ich plötzlich, wie ich ganz weit werde, so als würde man in eine Kathedrale eintreten. Ich glaube, dass ist, was Du in Deinen Büchern als Talorgasmus beschreibst.**

. Liebe zu machen verbindet uns immer wieder neu. Wenn wir abends Liebe machen, würden wir am liebsten die ganze Nacht wachbleiben und kuscheln.

Herzlich, Kirstin

11. Die Schmerzen in meiner Vagina schmolzen dahin...

Liebe Diana,

mein Wunsch, mit einem Partner zu Deinem Retreat zu kommen, ging dieses Jahr im Juni in Erfüllung, als ich mit meinem neuen Freund dort war. Es war eine wunderbare Woche, vom Inhalt, vom Ambiente und von der tiefen Entspannung her, die wir erlebt haben. Bis dahin hatte ich jahrelang Schmerzen in meiner Vagina gehabt, wenn ich mit einem Mann schlief. Manchmal schrie ich plötzlich auf, weil es so weh tat. Mein

Gynäkologe hatte mir erklärt, es würde daran liegen, dass ein Muskelstrang in meiner Vagina angespannt sei. Dagegen könnte ich nichts tun. Diese Schmerzen verleideten mir die Freude am Sex. In der Woche im Juni während des Seminars mit Euch habe ich zweimal kräftig geweint, während wir Liebe machten. Alte Schmerzen schmolzen dahin.

Die Schmerzen in meiner Vagina haben sich in den zwei Wochen nach dem Seminar aufgelöst. Erst wurden sie schwächer, dann waren sie plötzlich weg. Was für eine Erleichterung! Ich hatte auch Bilder und bin in himmlischen Welten gewesen, in denen mir von himmlischen Wesen gezeigt wurde, was und wie die göttliche Essenz des Lebens ist. Das ist nicht einfach in Worte zu fassen. Diese Vision von der ‚göttlichen Essenz des Lebens' oder dem ‚Nektar des Lebens' hatte eine bestimmte Farbe und Konsistenz, die schwer zu beschreiben ist, es war eierschalenfarben bis beige; eine nebulöse, fließende Aura. In der Vision kam es aus einer Quelle geflossen und teilte sich in zwei Ströme. Inzwischen habe ich mehrfach dieses Fluidum dieser cremfarbenen/eierschalenfarbenen Aura gesehen, während wir Liebe machen. Es erscheint erst nach einer oder anderthalb Stunden Liebesakt, und ich glaube, es ist identisch mit der orgasmischen Energie.

Für meinen Freund und mich ist das Liebemachen zu etwas sehr Wichtigem geworden. Auch wenn ich eine viel stärkere Verbindung zu Euren Impulsen habe als er. Aber das macht nichts, selbst wenn er nicht „üben" möchte, haben wir eine Ebene gefunden, die uns nährt und die uns sehr glücklich macht. Ich verneige mich vor dieser Energie. **Ist es nicht wunderbar, dass ich über fünfzig Jahre alt bin und mich nie vorher in meinem Leben so sehr als Frau gefühlt habe, und das Liebemachen hat nie so viel Erfüllung mit sich gebracht wie es das jetzt tut.**

Herzlich, Jutta

Liebe Jutta,

vielen Dank für die liebevolle Dankbarkeit und für Deinen wunderschönen und tiefgehenden Erfahrungsbericht. Was für ein Segen, dass Du es wieder genießen kannst, Liebe zu machen. Es ist besonders beeindruckend, wie schnell die Schmerzen in Deiner Vagina weggegangen sind. Es freut und ermutigt uns sehr, nach dem Workshop von persönlichen Erfahrungen zu hören. Wie schon allein ein bewussterer Umgang mit dem Körper Heilung bedeutet und viele qualitative Veränderungen im Leben eines Menschen mit sich bringt. Ich freue mich, dass Du dafür so empfänglich bist und meine Worte und Herangehensweise in Dein Sein gelassen hast. Und dafür, dass Du durch viele Jahre der persönlichen Forschung den fruchtbaren Boden geschaffen hast, in dem jetzt die Samen Wurzeln schlagen und wachsen können. Ich wünsche Dir, dass Du jeden Tag die Freude erlebst, die die Liebe mit sich bringt.

Herzlich, Diana

12. Eine Verfeinerung auf allen Ebenen

Liebe Diana,

die sieben Tage mit Dir und Michael waren eine Verfeinerung auf allen Ebenen. Anschließend waren wir ein paar Tage in Berlin. Wir haben uns mehrmals am Tag auf unser Hotelzimmer zurückgezogen, um Liebe zu machen. Das hatte den Effekt, dass wir uns viel zentrierter und entspannter als sonst in der großen Stadt bewegt haben. Zu Hause angekommen haben wir das Buch *Zeit für Liebe* gekauft, das uns jetzt fast täglich inspiriert, uns Fragen beantwortet und kleinere Missverständnisse aus dem Weg räumt. Wir sind langsamer geworden, wenn wir Liebe machen, energetischer, weniger „sportlich". **Auch wenn ich vorher mit der herkömmlichen Art keine Probleme** hatte, habe ich oft gespürt, dass da eine energetische, emotionale Disharmonie bestand, vor, während und nach dem Sex. Das hat auch zu „merkwürdigen Launen" geführt. Seitdem wir jetzt langsamer und bewusster Liebe machen, fühle ich mich innerlich entschieden besser in Balance. Immer häufiger bin ich entspannt und im Fluss, und gleichzeitig fühle ich eine Stärke in mir, nach der ich mich immer gesehnt habe, die ich aber nirgendwo anders auf einfache und natürliche Weise finden konnte. Mein Partner und ich haben eine tiefere Verbindung und auch eine sanftere Herzensverbindung, während wir uns auf der Persönlichkeitsebene gegenseitig mehr Raum geben, was wiederum die Emotionalität reduziert. Dies ist unser kurzes Feedback vier Wochen nach dem Retreat. Wir werden diese spannende Forschungsreise auf jeden Fall fortsetzen, und wir möchten Euch nochmals für Eure ganz entscheidenden Anregungen herzlich danken!

Herzlich, Martina

Liebe Martina,

vielen Dank für Deinen wunderschönen Bericht und dafür, dass Du uns Deine Erfahrungen und Einsichten mitgeteilt hast, die Du nach dem Retreat mit uns hattest. Es bewegt uns sehr, wie tief Ihr die tantrische Botschaft in Euer Herz hereingelassen habt und dass Ihr so viele bekräftigende und positive Auswirkungen spürt. Ich wünsche Euch beiden einen liebevollen und wunderbaren Sommer.

Herzlich, Diana

13. Tief im Innern weiß ich: Jetzt kann ich heil werden

Liebe Diana,

in den letzten Tagen habe ich sehr häufig an Dich gedacht, weil ich angefangen habe, etwas zu tun, das Du allen Frau empfiehlst: regelmäßig auf ihre Brüste zu meditieren. Ich habe nie verstanden, wie wichtig das ist, obwohl Du es immer wieder sagst. Ich habe zur Unterstützung Eure angeleitete *MaLua Licht Meditation* gehört, und nun fühle ich endlich (ich bin so glücklich!), dass ich die Energie spüren kann, wie sie ganz sanft durch meinen Körper fließt und auch in meine Beine. Ich habe beinahe angefangen zu weinen, als ich es zum allerersten Mal spüren konnte! **Ich habe mir von Herzen gewünscht, meine Beine spüren zu können, mich in der Erde zu verwurzeln, wirklich in der Lage zu sein, hinzustehen, authentisch zu sein und meine Wahrheit mit Integrität auszusprechen.** Tief im Innern weiß ich: Jetzt kann ich heil werden, jetzt wird mein Nervensystem in Balance kommen. Ich hatte immer diese zitternden Beine (wie nach einem Schock), wenn ich wusste, jetzt muss ich etwas sagen und meine Wahrheit aussprechen. Ich kann so viel Energie und Kraft in meinem Körper spüren, und muss deshalb unbedingt gut geerdet sein. Das wird jetzt Realität in meinem Leben. Ich bin so froh und dankbar, dass ich Euch als meine Lehrer hatte und habe. Mögt Ihr und Eure Arbeit für immer mit Liebe und Fülle gesegnet sein.

Herzlich, Maria

14. Sex, der mich mit etwas Größerem verbindet und meine Arthritis heilte

Liebe Diana,

„Das ist Arthritis!", so lautete die Diagnose des Arztes vor ein paar Jahren, als er meine schmerzenden Fingergelenke untersuchte. Irgendetwas in mir hat sich stark dagegen gewehrt, diese endgültige Diagnose zu akzeptieren. Ich habe mich selbst gefragt: Das mag die Diagnose sein, aber was ist die Ursache? In meinen vielen Kursen in *Polarity, Focusing, Trauma, Rhythmus etc.* hatte ich gelernt, meine Aufmerksamkeit bewusst nach innen zu lenken. Ich hatte das Zusammenspiel von Introjektion und Projektion verstanden. Je mehr ich nach innen schaute, umso mehr wuchs mein Vertrauen in mich, mein Sein, meine Fähigkeiten. Ich fühlte den Unterschied zwischen verliebt sein und Liebe. Die Herzensverbindung zu meinem Partner wuchs. Trotz all des Wissens und der reichhaltigen Erfahrung entfernte ich mich mehr und mehr von meinem langjährigen Lebenspartner – körperlich und häufig auch auf allen anderen Ebenen. Ein langsamer Prozess begann. Es schien paradox zu sein: Ich fühlte tiefe Liebe zu ihm und den sehr intimen Wunsch nach Verbindung, und dennoch wurde meine Vagina trockener, wund und enger. Gleitmittel brachten keine Erleichterung. Gehört das zur Menopause? Aber warum haben einige Frauen dann bis ins hohe Alter ein erfülltes Sexleben? Es musste an mir liegen!

Ich konnte immer noch einen Orgasmus haben, wenn ich oral stimuliert wurde, aber ein großer Teil von mir fühlte sich vernachlässigt, und nach solchem Zusammensein fühlte ich mich oft leer, isoliert und traurig. Das konnte doch nicht alles gewesen sein. Ich wusste, dass es da mehr geben musste. Unser körperliches Beisammensein und unser Kontakt wurden immer seltener. Wir haben so vieles gemeinsam. Ich fühle seine Liebe – aber was ist los mit mir oder uns?

Warum bleibt meine Sinnlichkeit derart auf der Strecke? Wir befanden uns häufig in einem Wechselbad der Gefühle und sprachen sogar von Trennung.

Dann habe ich eines Tages mit einer Freundin Mittag gegessen. Sie erwähnte diese Tantra-Woche in der Schweiz, es war eine der schönsten Ferienwochen gewesen, die sie je mit ihrem Mann verlebt hatte! Ich hörte sehr aufmerksam zu und fragte sie nach der Adresse. Das konnte die Rettung sein, die wir brauchten! Wenn sie so glücklich darüber war und so viel Glück ausstrahlte, dann musste dieses Seminar ein nachhaltiges Erlebnis gewesen sein. Zunächst war mein Mann dagegen, meinem Wunsch zu folgen, aber nachdem wir ein paar Mal darüber gesprochen hatten, änderte er zum Glück seine Meinung und aus Skepsis wurde Akzeptanz.

Ich hatte gelernt, mit den Schmerzen in meinen Fingern zu leben. Wenn ich meine Grenzen schütze (körperlich und psychisch) und gut auf mich aufpasse, fühlen sich meine Hände gesund an, auch wenn sie deformiert sind. Ich habe in Eurem Tantra-Seminar gelernt, dass meine bisherige, konditionierte Sexualität sehr viel mit diesen Grenzen zu tun hat. Es geschah am zweiten Nachmittag. Wir lagen nebeneinander, meditativ und ohne irgendwelche Erwartungen zu haben. Wir waren wie zwei Anfänger, die ausprobierten, was man ihnen vorgeschlagen hatte. Ich fühlte die Wärme seines weichen Penis vor meiner Vagina. Die Wärme nahm zu und plötzlich schoss ein Energiestrom durch meinen Körper, von meinem Kopf bis in die Zehen. Vor allem dehnte sich die Energie in meinem Herzen und meinem gesamten Rumpf aus, meine Arme und Hände pulsierten, als seien sie an ein Stromnetz angeschlossen. Tränen der Freude und Dankbarkeit liefen mir übers Gesicht. Uns gelang eine weiche Penetration, und ich erlebte zwei wunderbare Stunden in unbeschreiblich angenehmer Verbindung mit mir, ihm und allem, das existiert. Die Energie wurde ruhiger und strömte gleichmäßig nach oben. Ich fühlte den elektrischen Kreislauf zwischen uns, und es war wunderbar, als mein Partner sagte, er fühlte, dass ihn etwas nach oben zog, tiefer in meine Vagina hinein. Ich hatte genau das gleiche Gefühl. Es war sehr sanft, zart und sehr erhebend. Das ist Heilung: Sex, der mich mit etwas Größerem verbindet, der mich nährt und der mich zum Leben erweckt. Ich fühlte sehr stark, dass es eine Verbindung zwischen meinen schmerzenden Fingern und meiner früheren Sexualität und auch verschiedenen Formen von Gewalt, Emotionen und Missbrauch gab. (Rheumatismus soll durch aufgestaute Feuer-Energie entstehen, und unsere Sexualität ist unser Lebensfeuer).

Der Aufbau der Tantra–Woche ist einzigartig und tiefgehend. Ich machte Erfahrungen, verstand etwas oder bekam eine Ahnung von etwas, und dann, am nächsten Tag, wurde meine eigene Wahrnehmung immer durch Deine Erklärungen oder im Austausch in der Gruppe bestätigt. **Vielen Dank für dieses einfühlsame Lernumfeld und Eure liebevolle Unterstützung. Durch Eure unglaubliche Präsenz, Euren Respekt und eine gute Portion Humor haben wir aus dem Seminar so viel mitgenommen. Euch als Paar und Tantra-Lehrer zu sehen, gibt einen enormen Heilungsimpuls.**

Mein Partner war zwischendurch an seine Verletzungen und auch an seine Grenzen gekommen und zweifelte. Er zog sogar in Erwägung, das Retreat abzubrechen. Es war einfach zu viel für ihn. Dann, am gleichen Abend, machten wir eine Übung, um den Solarplexus zu entspannen. Ich berührte meinen Partner, und schon begannen seine Tränen zu fließen, und er spürte, wie seine schmerzenden Stellen weicher wurden und sich wieder mehr zugehörig anfühlten. Das war für ihn der Schlüssel, um dranzubleiben. Als ich ihn nach dem Seminar fragte, ob er es noch einmal machen würde, kam sein Ja von Herzen, und wir haben uns sofort für das nächste Jahr wieder angemeldet!

Der Wechsel von überwältigenden Sinneseindrücken (wie Trommeln oder Tanzen z.B.) hin zu sehr feinen und langsamen Rhythmen ist immer wieder eine ziemliche Herausforderung für mich. Die Welt schreit so laut, dass ich aus meinem Takt komme. Mit Hilfe von Tantra geschieht diese Störung immer seltener, weil beide Pole wunderbar befriedigt sind. Die bewusste, sanfte und ziellose Art des Zusammenseins ist Seelennahrung und viel intensiver als alles, was wir bisher gekannt haben.

Oft löst unser Zusammensein auch Heilungsschmerz aus. Es ist, als kämen die Themen (zum Teil bekannt) aus den tiefsten Schichten der Zellen (nochmals) nach oben, um sich dann zu verabschieden. Besonders an einem Tag, als wir Liebe machten, fühlte ich, wie sich alles in mir zusammenzog und auch in meiner Vagina; ich sagte meinem Partner, dass ich mit Traurigkeit in Kontakt kam, aber ich wusste nicht, warum oder was es war. Ich bat ihn, wenn möglich, zu bleiben, wo er war, und seinen Penis ein paar Millimeter zurückzuziehen und da bewusst in mir drin zu bleiben. Die Tränen liefen mir runter, und dann meinte ich, ich spürte eine Ungeduld in meinem Partner hochkommen. Verständlich, weil wir immer noch nur weiche Penetration praktizieren und er hatte mir gesagt, dass er auch gern einmal wieder eine volle Erektion in mir spüren würde. Ängstlich fragte ich ihn: „Wirst Du ungeduldig?", und plötzlich wurde das ganze Thema sichtbar. Er sagte, „Nein, es ist nicht Ungeduld, im Moment weiß ich nicht, was es ist, es fühlt sich mehr wie Hilflosigkeit in der Situation an." Dann floss der ganze Schmerz aus mir raus. Ich konnte meine Traurigkeit, meine Angst und meinen Schmerz zeigen – was für eine Befreiung! Wir fühlten beide, wie die Vagina weich wurde und sich entspannte. Die Energie floss, und die Verbindung wurde lustvoll. Mein Liebster strahlte am nächsten Tag noch und sagte: „Ich hatte keinen Orgasmus, mein Penis war nicht voll erigiert und dennoch habe ich einen Energieschub wie nie zuvor bekommen. Unglaublich!" Für mich das schönste Feedback!

Für mich und immer öfter auch für meinen Partner ist dieses achtsame, präsente Liebemachen viel bereichernder als alles, was ich/wir jemals zuvor erlebt habe/n. Unsere Partnerschaft ist lebendiger geworden, es gibt eine neue Nähe, Offenheit und Tiefe, die wir nicht mal früher erlebt haben, als wir sehr verliebt waren. Unsere Dankbarkeit ist unermesslich.

Herzlich, Roxanne

15. Sex ohne Erregung geht tiefer als jede Erregung

Liebe Diana,

ich möchte Dir meinen herzlichen Dank für all die Türen, die Du geöffnet hast, aussprechen, für die wunderbaren Impulse und Tipps, die Du mir auf meinem Weg des Liebemachens gegeben hast. Mir geht es so gut beim Liebemachen mit meiner Freundin (und weit darüber hinaus, bis in meinen Alltag und meine Arbeit), wir sind berührt und so glücklich darüber, was ohne jegliche Erregung an Erfahrungen möglich ist. Wir genießen in vollen Zügen. Nicht so einfach zu beschreiben und dennoch bin ich sicher, dass Du es trotzdem verstehst. Heute haben wir Liebe gemacht, und für mich war es das allererste Mal ohne jegliche Erregung, null, nichts.

Auch wenn Du gesagt hast, dass Sex ohne Erregung möglich ist, konnte ich es mir nicht vorstellen, und dennoch ging die Erfahrung tiefer als jede Erregung mich jemals hätte führen können. Unglaublich. Ich ernte immer wieder die Früchte Deiner Worte, Du hast die Saat dazu in mein Wesen gelegt. Und ich bin sehr, sehr dankbar!

Herzlich, Felix

2. Kapitel

BEZIEHUNGSTHEMEN

1. Meine Sucht nach hartem Sex ist viel stärker als seine

Liebe Diana,

mir fällt es nicht leicht, meine alte sexuelle Konditionierung hinter mir zu lassen. Interessanterweise fällt es mir viel schwerer als meinem Mann, der überhaupt nicht sexbesessen ist. Mir ist viel mehr nach Sex als ihm, und ich habe sowohl den Wunsch, neue Reiche – „Sex in Liebe" – zu beschreiten und weiterhin „harten" Sex zu genießen – ja, ich genieße ihn! Ich kann das alles objektiv beobachten, aber das hilft auch nichts. **Es ist wirklich eine Sucht, und „ich" möchte nicht auf die Gefühle und Zustände, die dazugehören, verzichten. Es fällt mir schwer zu akzeptieren, dass meine Sucht nach „hartem Sex" viel stärker ist als die meines Partners.** Er freut sich, etwas Neues entdeckt zu haben, obwohl er auch immer noch mit seinen eigenen Ängsten zu tun hat, dass ohne ein bestimmtes Maß an Stimulation die Erektion ausbleiben könnte.

Ich schäme mich sehr und bin verletzt über seine Verurteilung des harten Sex, den wir früher hatten (und den wir genossen haben, aber ihm war es immer unangenehm, und er hat sich dafür geschämt), und ich habe das Gefühl, dass ich nicht weiß, wie ich ihm als „nur Frau" begegnen soll und nicht als Zicke, Sklavin und so weiter... Ich habe Angst, dass wir uns vielleicht trennen werden, weil unser Sexleben auseinanderbricht, dass er mich nicht länger anturnt, dass meine Lust vergeht, und dann wird mein Leben leer und bedeutungslos sein etc...

Ich sehe irgendwo in der Ferne ein Licht, und ich weiß, es ist höchste Zeit, mir meine Konditionierung noch tiefer anzuschauen, etwas Neues zu lernen und dafür zu gehen. Aber ich will auch immer noch heiß sein, nicht nur tun, was Du vorschlägst und heiligen Sex ohne Erregung und ohne Höhepunkt haben. Was soll ich tun?

Herzlich, Cynthia

Liebe Cynthia,

*danke, dass Du geschrieben und Deine Erfahrungen und Beobachtung mitgeteilt hast. Interessant, dass Du Deine Konditionierung, und wie stark sie uns in ihren Fängen hält, klar sehen kannst. Allein diese Erkenntnis bedeutet bereits eine Veränderung und zeigt, dass alte Gewohnheiten und Muster ihren Griff lockern. Die Dinge verändern sich nicht über Nacht, sondern eher in kleinen Schritten; es ist eine subtile Transformation, die Zeit in Anspruch nehmen wird und für die es notwendig ist, ganz viel Liebe zu machen. **Der Schlüssel ist, mit größerer Bewusstheit Liebe zu machen. Das ist alles. Du wirst merken, dass, wenn Du hart wirst, sich auch Dein Körper anspannt, was die Empfindungen und die Intensität auf einen kleinen Bereich beschränkt.** Wenn Du Dich anspannst und zusammenziehst, wirst Du weniger sensibel und fühlst weniger. Sei einfach bewusst und versuche, Deinen Körper entspannter und mit größerer Leichtigkeit zu bewegen, während Du Dich in Richtung Höhepunkt bewegst. Wenn sich die Dinge in Richtung harten Sex bewegen, dann „beobachte" Dich selbst dabei und geh innerlich einen Schritt zurück, sodass Du nicht so gänzlich mit der Situation identifiziert bist.*

Es ist auch wichtig, Dich nach dem Sex zu beobachten, wie Du

Dich fühlst, und wie es zwischen Euch als Paar ist. Normalerweise liegt der Fokus auf dem Orgasmus, und man achtet nicht
darauf, wie es einem nach dem Sex geht. Wenn Du anfängst
wahrzunehmen, dass sich die Qualität der Liebe verbessert und
dass die Harmonie zunimmt, wenn Du bewusster Liebe machst
oder wenn Du „in Liebe Sex" hast, wie Du es so schön ausdrückst, wird Dich das ermutigen, Deine Erkundungen in diese
Richtung fortzusetzen. Dieser Aspekt, wie es Dir „hinterher"
geht, ist an sich der beste Lehrer, den Du haben kannst. Du
fängst an, eins und eins zusammenzuzählen, und Du wirst
sehen, dass ein Zusammenhang zwischen dem besteht, was Du
tust, wie Du es tust und welche Folgen das hat. So habe ich es
mir selbst beigebracht. Und achte nicht nur kurz danach darauf.
Mit „hinterher" meine ich, beobachte Dich einige Tage, nicht nur
ein paar Stunden nach dem Sex. Nimm jede Veränderung
Deiner Stimmung wahr, ob Du „emotional" wirst und jemandem
Vorwürfe machst oder Dich beschwerst; beobachte, wie „liebevoll" Du Dir selbst gegenüber und/oder Deinem Partner gegenüber bist, wieviel Harmonie zwischen Euch besteht und Du in
Deinem Leben im allgemeinen erlebst.

Aus dem, was Du schreibst, höre ich heraus, dass Du Dir Deiner
Situation sehr bewusst bist, und Bewusstheit ist die Grundlage
für Transformation. Du bist also auf dem richtigen Weg. Es ist
ein stetiger Prozess, nicht etwas, was von einer Sekunde zur
nächsten oder von einem zum anderen Tag zu ändern ist. **Die
sexuelle Konditionierung sitzt sehr tief, in jeder Zelle des
Körpers und in der Psyche, und es dauert eine Weile, bis sie
ihre Kraft und ihre Macht über uns verliert und sich auflöst.
Deine Liebe zum Sex ist hierfür Dein bestes Kapital, und Deine
Suche kann darin bestehen, das Licht der Bewusstheit darauf
scheinen zu lassen – unabhängig davon, was Du tust. Die Art
des Liebemachens zu verändern, hat absolut nichts mit Regeln
zu tun, die sagen, was Du tun sollst und was nicht, was erlaubt**

ist und was nicht. Das wäre Technik, nicht Transformation. Bei unserem Ansatz dreht es sich um das „Wie", nicht das „Was".

Ja, in den meisten von uns gibt es eine tiefe Angst vor Leere; daher ist, was Du fühlst, verständlich. Ich kann nur sagen, es ist weiser, weiter ins Unbekannte vorzustoßen als zuzulassen, dass Dich die Angst in bestimmten Mustern gefangen hält. Du erinnerst Dich sicher, dass wir während des Retreats gesagt haben, „Angst ist in Wirklichkeit die Abwesenheit von Liebe", und das bedeutet, dass Du an der Liebe arbeiten musst und nicht mit der Angst oder der Abwesenheit. In diesem Sinne ist Liebe das Gegenmittel zu Angst – und je mehr Du Liebe machst und liebevoll bist, desto mehr wirst Du merken, wie die Angst nachlässt. Also gib Dir selbst das Versprechen, häufig Liebe zu machen, und beginne einfach mit der Absicht, so bewusst dabei zu bleiben wie möglich und so lange wie möglich – das ist alles. Auch wenn Du merkst, dass die Bewusstheit nachlässt, ist das bereits ein Akt der Bewusstheit.

Dies sind nur ein paar Worte, um Dich zu ermutigen, Deine Forschungsreise fortzusetzen, zu genießen und wachsam zu sein, verbunden mit meinen besten Wünschen.

Herzlich, Diana

2. Mein Partner ist es nicht gewohnt, einer Frau etwas zu geben

Liebe Diana,

gestern habe ich ein bisschen mit meinem Partner darüber gesprochen, was mir beim Liebemachen hochkam und welche Emotionen mich durchströmten: Oft werde ich wütend und bin verletzt, weil er nicht präsent ist, keine Erektion hat, oder wenn er eine hat, erregt ihn das und er fällt in das Muster zurück, meinen Körper und meine Vagina zu benutzen, um noch stärker erregt zu werden. Dann werde ich emotional und fühle mich zurückgewiesen, denn ich bekomme nicht die Berührung und Zärtlichkeit, die ich brauche und möchte. Und dann ist da natürlich die Angst, dass er mich nicht erregend findet. Genauso war es Sonntagnacht, als wir zusammen im Bett lagen, und zum ersten Mal ist es mir gelungen, Zeugin all dieser Emotionen zu sein und trotzdem empfänglich und präsent zu bleiben. Das war eine schöne Erfahrung, obwohl ich am nächsten Morgen wieder meine alten Candida-Symptome hatte. Diesmal bin ich damit entspannter als sonst, weil mir klar wird, dass es Teil des Reinigungsprozesses sein kann, dass ich alte Erinnerungen loslasse und dass es nicht wirklich eine Infektion ist. In unserem Gespräch gestern hat mein Partner sich das erste Mal selbst als jemanden bezeichnet, der nicht gewohnt ist zu geben, wenn er Liebe macht, und er sagte, dass es immer noch sehr neu und oft anstrengend für ihn ist, für mich und meine Bedürfnisse da zu sein. Er sagt, dass er immer noch nicht viel in seinem Penis fühlt, was eine Menge seiner Energie und Aufmerksamkeit beansprucht. Das macht mich traurig, ich sehe, dass ich diese Einsicht immer unterdrückt habe. Ich habe keinen Liebhaber, der sehr erfahren darin wäre, eine Frau zu erregen, damit sie genießt und nicht, damit er selbst genießt. Und dennoch weiß ich, dass diese Einsicht offensichtlich auch Teil des Weges, unseres Weges, ist. **Ich muss lernen, empfänglicher zu werden und nichts zu tun. Und nicht immer zu geben, wie ich es gewohnt war in meiner alten Rolle, in der ich immer für das Vergnügen der Männer gesorgt habe, statt meine eigenen Bedürfnisse zu fühlen. Unglaublich, wie sehr ich wirklich geglaubt habe, dass ich heißen und harten Sex wollte.** Das ist immer noch schwer zu verdauen – mein Körper reagiert mit dieser Reinigung (die Candida) darauf, und trotzdem beginnt eine leise, beunruhigende Stimme lauter und lauter zu fragen: Ist das wirklich wahr?

Herzlich, Abigail

Liebe Abigail,

es ist wertvoll, über Eure Beobachtungen und Einsichten zu sprechen, denn Ihr lernt Euch auf einer tieferen Ebene kennen. Aus meiner Sicht hat praktisch niemand gelernt, wie man liebt, wie man gibt, wie man teilt; deswegen scheinen einige Aspekte der Persönlichkeit oft sehr persönlich zu sein, obwohl sie es in Wirklichkeit gar nicht sind. Es sind kollektive Themen, oder Männer/Frauen-Themen, oder betreffen beide, und sie sind sämtlich das Ergebnis der Nicht-Erziehung in Sachen Liebe und Lieben. Du kannst also die Situation mit Deinem Partner benutzen, um Euch gegenseitig zu unterstützen und zu lieben und zu einer gesunden Balance von Geben und Nehmen zurückzukehren. Und auch, um zu nehmen durch Geben und zu geben durch Nehmen.

*Wenn Du als Frau empfänglicher wirst, macht es das dem Mann leichter zu geben. **Deine Empfänglichkeit schafft „Platz", damit seine Energie von seinem Sein aus fließen kann, er wird eingeladen und empfangen. In diesem Sinne hat die Frau viel Macht beim Sex.** Je mehr Du „bist" und je weniger Du aktiv „tust", desto stärker wird das Deine Umgebung und auch Dich transformieren. Dadurch, dass sie empfänglich wird, wird die Frau zu einer Kraft, die den Mann in ihre Richtung zieht. Da entsteht ein natürliches Fließen, das jenseits jeglicher Anstrengung spontan geschieht. Unser Einsatz besteht darin, eine empfängliche Situation zu kreieren, und alles andere wird von selbst geschehen. Ich würde Dir vorschlagen, weiterhin regelmäßig Liebe zu machen und Dich auf Deine Empfänglichkeit zu konzentrieren, das wird vieles erleichtern. Auch wenn Du fühlst, dass er nicht präsent ist, konzentriere Dich lieber auf Deine eigene Präsenz statt auf seine Unzulänglichkeiten. Es ist ziemlich normal für einen Mann, seinen Penis wenig zu spüren, wenn er beim Sex weniger aktiv wird. Aber je häufiger Ihr Liebe macht, desto größer ist die Wahrscheinlichkeit, dass Dein*

Partner seine Sensibilität zurückgewinnt. Dass er zugibt, dass er unfähig ist, einer Frau wirklich zu geben und dass er nichts fühlt, ist Teil seiner eigenen Transformation und der Weg, wie er als Mann seine eigene tiefere Autorität findet. Es wird also Geduld und Übung brauchen, und ich würde vorschlagen, Dich nicht von leisen Stimmen entmutigen zu lassen, die versuchen, Deine Erfahrung geringzuschätzen.

Ich wünsche Euch einen Sommer voller Liebe.

Herzlich, Diana

Liebe Diana,

ich bin im Moment sehr verwirrt, denn es scheint, dass ich mit einem Mann zusammen bin, dem einfach nicht so viel am Sex, oder eher am Liebemachen, liegt wie mir, und ich leide wirklich darunter. Aus meiner Sicht habe ich getan, was ich konnte, ich bemühe mich, zu nur ein- oder zweimal die Woche Ja zu sagen, ich beobachte ganz bewusst meine Muster und Programme rund ums Thema Sex, und trotzdem: Es bleibt dabei, dass ich mehr möchte, dass ich die Nähe vermisse, das Vergnügen, das Gefühl, gewollt zu sein, dass ich sehr oft wütend auf ihn bin, weil ich es langweilig finde, die meiste Zeit nur zu schmusen, wenn überhaupt. Wir haben so viel darüber geredet, und mein Partner fühlt sich sehr schnell nur noch unter Druck, während ich finde, ich bin wirklich für alles offen gewesen. Ich ermuntere ihn immer wieder, neue Türen zu öffnen und die feinen Gefühle in seinem Körper zu spüren und Sex auf neue, bewusstere Art zu erleben, aber er bleibt einfach dabei, dass er „es" nicht so häufig will wie ich. Natürlich muss ich das akzeptieren, weil ich ihn wirklich liebe, und ich will mich nicht trennen. Ich will mit ihm Liebe machen, und nicht mit irgendjemand anderem, aber ich fühle mich auch in meiner Lebendigkeit und meinem Genuss eingeschränkt. Meine sexuelle Energie will öfter fließen können. Und mit ihm.

Das wird wirklich immer ernster, ich habe sogar Probleme, ins Bett zu gehen, **weil es fast jede Nacht das Gleiche ist – er ist müde und ich sehne mich nach ihm. Ich zeige es nicht mehr, aber dann kann ich nicht schlafen, und meine Gedanken kreisen.** Wir sind in unseren Gefühlen festgefahren, Abweisung, Frustration, Unterdrückung und Wut auf meiner Seite und wahrscheinlich Druck und Mangel an Selbstwert als Mann auf seiner Seite. Was sollen wir tun?

Herzlich, Abigail

Liebe Abigail,

ich fühle mit Dir. Du liebst Deinen Mann und gleichzeitig erfüllt Dich die Beziehung auf körperlicher Ebene nicht. Da ist Sehnsucht und Enttäuschung... eine schwierige Situation. In solch einer Situation, ganz allgemein gesagt, verbrauchen der Stress und die Überlebensängste sehr viel von unserer Lebensenergie. Und das hat Auswirkungen auf unsere Kreativität und unser sexuelles Interesse. Als Menschen tendieren wir dazu, lauwarm in unseren Körpern zu leben, wir sind sehr mechanisch und sind uns unseres Körpers auf tieferer Ebene nur wenig bewusst. Es ist, als wäre ein inneres Feuer langsam ausgegangen, und wir sind ein bisschen tot, viel weniger sensibel und lebendig als wir sein könnten. Unseren Körper benutzen wir in der täglichen Routine kaum, viele sind in körperlicher Hinsicht relativ passiv. Unsere Sensibilität muss geweckt werden, und das kann durch regelmäßige Übungen geschehen und indem man die körperliche Bewusstheit bei den einfachen Dingen, die man tut, erhöht, wie man sitzt, wie steht, wie man Auto fährt etc. ist ein guter Anfang. Aber jeder muss für sich den Wunsch haben, tiefer zu gehen; es muss von innen kommen, man kann niemandem sagen, was er tun soll.

Statt sich auf ihn zu konzentrieren und darauf, was er tut, kannst Du eine Umgebung schaffen, die einladend für ihn ist und ihn ermutigt, bewusst zu sein. Ich würde vorschlagen, dass Du Deine Energie auf andere Art zu bewegen anfängst und den Fokus von Deinem Partner wegnimmst. Durch Übungen oder Tanz, zum Beispiel, kannst Du anfangen, die innere Erfüllung, die diese Aktivitäten bringen, zu fühlen. Du kannst also anfangen, an Deiner inneren Sensibilität zu arbeiten und beginnen, jeden Tag eine halbe Stunde auf Deine Brüste zu meditieren. Das wird Deine weiblichen Qualitäten stärken und beflügeln und Du kannst unabhängiger von Deinem Partner sein. Das bedeutet auch weniger Druck für ihn, wenn Ihr dann zusammenkommt, denn Du wirst erfüllter und zufriedener sein.

Bring den Fokus so weit wie möglich zurück zu Dir und Deinem Körper. Schmusen ist an sich eine wunderbare Gelegenheit, in Deine innere Welten einzutauchen, und vielleicht wirst Du entdecken, dass es manchmal eine spontane Reaktion in Deinem Partner hervorruft, wenn Du bei Dir bleibst. Dein innerer Fokus kann die Fähigkeit haben, ihn mehr mit seiner eigenen Lebendigkeit in Kontakt zu bringen. Wenn Ihr also beieinander liegt und schmust, dann denk nicht so viel an das, was Du nicht bekommst. Sonst wirst Du vielleicht auf einer unterschwelligen Ebene emotional und beklagst Dich innerlich. Finde stattdessen einen Weg, Dich selbst in der Situation, wie sie ist, besser kennenzulernen. Sich nach innen zu wenden, ist an sich schon nährend, gibt Dir Energie und wird Dich positiver stimmen. Und wenn Du mit Deinem eigenen inneren Universum und dem, was es Dir gibt, zufriedener bist, dann ist es auch wahrscheinlicher, dass sich Dein Partner Dir zuwendet. Zu viel Nörgelei und zu hohe Ansprüche werden ihn abstoßen. Wenn möglich, macht tagsüber oder morgens Liebe, dann ist Dein Partner wahrscheinlich frischer. Ich wünsche Euch beiden alles Gute.
Herzlich, Diana

3. Mein Mann hat sich in eine andere verliebt

Liebe Diana,

es fällt mir so schwer, Dir zu schreiben und zu erzählen, dass mein Mann sich in eine andere Frau verliebt hat. Ich bin völlig am Ende. Wir haben es so viele Jahre so gut miteinander gehabt, und die Dinge haben sich auch verbessert, besonders, seitdem wir die Art des Liebemachens verändert haben. Er kann sich nicht entschließen, seine Freundin zu verlassen, aber gleichzeitig will er anfangen, an unserer Beziehung zu arbeiten. Er sagt immer wieder, dass die Liebe entscheiden wird, wie es weitergeht. Ich werde so emotional, dass ich die Beziehung mit ihm einfach beenden will. Und ich will ganz sicher nicht Liebe mit ihm machen, auch wenn er will. Ich fragte ihn, wie es rein praktisch aussehen soll, wenn die Liebe entscheidet? Und er hat mir schriftlich wie folgt geantwortet: „Ich glaube, dass die Liebe entschieden haben wird, wenn wir beide ganz und gar Ja zu dieser Liebe und zu uns als freie Menschen sagen können, ohne Abhängigkeit von Erwartungen, Normen und Ängsten. Das ist ein hochgestecktes Ziel, ich weiß, aber zusammen können wir versuchen, es zu erreichen. Ich glaube, dass dieser Weg den Schmerz wert ist. Ich bin auch sehr verzweifelt, weil ich nicht weiß, wie es weitergeht, aber es gibt immer einen nächsten Schritt."
Wie soll ich mit dieser Situation umgehen? Macht es Sinn zu warten? Ich kann nicht in mir fühlen, was das Richtige ist. Ich fühle mich wirklich festgefahren, und es scheint keinen Ausweg zu geben. Woher weiß ich, wann es besser ist zu gehen? Ich hätte gern besseren Kontakt zu meiner inneren Stimme.
Herzlich, Irmgard

Liebe Irmgard,

es tut mir wirklich leid zu hören, dass Du diese Herausforderungen in Deiner Beziehung durchmachst, besonders nach all den Jahren, in denen Ihr Eure Liebe und wunderbare Erlebnisse geteilt habt. Es war ein echtes Vergnügen, Euch als Paar zu sehen, Ihr wart ja mehrfach in unserem Retreat. Das Leben hat Dich wirklich mit einer unerwarteten Wendung konfrontiert, aber solche Dinge passieren. Und es wird darauf ankommen, wie Du damit umgehst. Was Du sicher weißt, ist, dass Euch beide eine große Liebe verbindet. Und die Tatsache, dass Ihr jetzt mehrere Jahre Sex erforscht und transformiert habt, hat Eurer Beziehung eine völlig neue Basis und eine neue Grundlage gegeben. Es ist ja nicht so, dass es zu Hause keine sexuelle Befriedigung gibt und dass er sich deshalb umzusehen beginnt. Du musst also das würdigen und dem vertrauen, was Ihr gemeinsam aufgebaut habt. **Wenn Du nicht weißt, was Du „tun" sollst, dann tue nichts. Warte einfach und sei präsent in der Situation. Es ist besser, keine Entscheidung zu fällen, sondern zu warten und das Leben sich entfalten zu lassen. Dann wird der nächste Schritt deutlich werden.** Du wirst nichts entscheiden müssen, denn Du wirst wissen, was zu tun ist. Das wird Dir helfen, mit Deiner inneren Stimme in Kontakt zu kommen. Der Weg ist der, zu „akzeptieren", was geschieht, wie schmerzhaft und schwierig die Realität auch sein mag. **Zu akzeptieren, dass der Geliebte eine Affäre hat, gehört zu den herzzerreißendsten Erfahrungen, die man als Liebender machen kann.** Sexuelle Energie ist manchmal „magnetisch", und wenn es eine bestimmte Leichtigkeit, Bewusstheit und Präsenz gibt, kann daraus Anziehung entstehen. Was tun? Wenn er in der Lage ist, die Schlüssel zu benutzen, die er mit Dir geübt hat und bewusst mit der anderen Frau sein kann, dann kann dies für ihn eine stärkende und lehrreiche Erfahrung sein. Es kommt häufiger vor, dass der Mann in Liebe und Dankbarkeit zu seiner Frau zurückkehrt, als dass er sie verlässt.

Es stimmt, dieser Prozess ist selten einfach. Aber wir müssen dennoch unser Bestes tun, bewusst und offen zu bleiben und versuchen, Zeuge der Situation zu bleiben. Beobachte unbedingt Deinen Verstand, der ein Künstler darin ist, Dich in ein Drama zu verwickeln und einen Sturm von Emotionen zu kreieren, vielleicht Dich zu überzeugen, Rache zu nehmen, ihm zu sagen, dass er das Haus verlassen soll oder ihn irgendwie leiden zu lassen. Bleib bei Dir und lebe Dein Leben und verfolge Deine Projekte, so gut Du kannst, und fokussiere Dich auf Deinen Körper und Deine innere Welt.

Das Wichtigste ist, alle Gefühle von Trauer und Traurigkeit in Dir zu erlauben. Wenn sie hochkommen, begrabe oder vermeide sie nicht, vielleicht musst Du sogar jeden Tag ein paar Stunden weinen. Das wird Dich frisch, weich und offen sein lassen. Wenn Du das tust, wirst Du, wenn Du ihn von Angesicht zu Angesicht triffst, nicht mit den Spannungen unausgedrückter Gefühle (Emotionen) geladen sein, die leicht Negativität und Abgeschnittensein verursachen können. Du wirst präsenter, verletzlicher, sanft, offen und echt sein. Lass ihn in Liebe gehen, und sag ihm, er kann nach Hause kommen, wann immer er möchte. Sei eine offene Tür und ein offenes Herz.

Du musst Dich entscheiden: Emotionen oder Liebe in Deinem Leben haben zu wollen. In dieser Akzeptanz liegt die Chance (aber keine Garantie), dass er irgendwann zu Dir zurückkommt, dorthin, wo er sich wirklich zu Hause fühlt. Du wirst auf Deiner Seite den Raum als Frau halten müssen und keine vorschnellen Entscheidungen treffen und gleich alles aufgeben: Deinen Mann, Deine Ehe. Gib ihm ein bisschen Raum, lass ihn tun, was er tun muss, und warte. Jede Verletzlichkeit, die Du in dieser Situation zulässt, keine Vorwürfe zu machen (Akzeptieren) und dass Du Deine Unsicherheit da sein lässt, diese Qualitäten werden den Raum in Dir und um Dich herum und zwischen Euch transformieren.

Wenn Du in Reaktion gehst und ihm nicht erlaubst, nach Hause zu kommen oder „aus Prinzip" nicht willst, dass er mit Dir Liebe macht, weil er mit jemand anderem Liebe macht, dann wirst Du Dich in einer bestimmten „emotionalen" Haltung festfahren. Das kann Einfluss auf Deine Zukunft haben. Deine Emotionen werden eine Begegnung in der Gegenwart verhindern, weil die Vergangenheit (Emotion/unausgedrückte Gefühle) auf die Gegenwart einwirkt. Die Entscheidung, mit dieser Geschichte bewusst umzugehen, statt in emotionale Muster oder Dramen zu fallen, kann Eure Beziehung retten. Wenn wir unbewusst werden und in eine emotionale Reaktion gehen, kann das bedauerliche Konsequenzen haben. Ewas mit Bewusstheit und Liebe anzugehen, hat wahrscheinlich positive Auswirkungen, lässt uns innerlich wachsen und ist einfach aufbauend.

Was ich immer als hilfreich empfunden habe, ist, zu verstehen, dass wir den anderen nicht besitzen können. Jeder Mensch hat die Freiheit, sein eigenes Leben zu leben. Oft entsteht der Schmerz, den wir fühlen, aus der Eifersucht oder Besitzgier, nicht aus unserer Liebe.

Liebe bedeutet: riesengroße Einsicht, Klarheit, Sensitivität und Bewusstheit. Wenn wir jemanden wirklich lieben, dann wollen wir das Beste für ihn oder sie, ohne Bedingungen. Wenn die Erfahrung für Deinen Partner wertvoll ist, dann ist sie wichtig für sein Leben, seinen männlichen Ausdruck, sein Wachstum. Wenn Du Deinem Mann „erlaubst", eine andere Frau zu lieben, dann kehrt er, meiner Erfahrung nach, gestärkt zurück und ist eher in der Lage, Dich zu lieben.

Mein allererster tantrischer Liebhaber war einfach ein Frauenverehrer, und er konnte unsere Verabredungen, Liebe zu machen, nicht immer einhalten, weil manchmal „andere" Einladungen dazwischenkamen! Ich war wirklich enttäuscht und sauer, aber ich habe sehr klar gesehen, dass ich jedes Mal, wenn er wieder bei mir vor der Tür stand, die Wahl hatte. Die Frage, die ich mir in dem Augenblick immer gestellt habe, war: Will ich Krieg (sprich: Drama, und Wo bist Du gewesen?) oder

Liebe (sprich: Hallo, lass uns ohne weitere Worte Liebe machen!). Und ich kann nur sagen, dass es mich gerettet hat, jedes Mal die Liebe gewählt zu haben. Es hat mir geholfen, auf dem tantrischen Weg zu bleiben. Ich habe so viel gelernt und entdeckt, wenn ich mit ihm Liebe gemacht habe, dass ich eigentlich daran stärker interessiert war, als an den emotionalen Dramen (die ich mit früheren Liebhabern erlebt hatte, die „untreu" gewesen waren). Heute weiß ich: Wenn ich mir damals im Weg gestanden hätte, in diesem frühen Stadium meiner Experimente, dann wäre es mir nicht möglich gewesen, das Verständnis zu gewinnen, das ich heute habe.

Ich wünschte, ich könnte Dir etwas sagen, das Deinen Weg erleichtert; ich weiß aus eigener Erfahrung, dass es immer mit innerem Wachstum verbunden war. Die Gefahr ist einfach, dass Du ihn aus Deinem Herzen herausschneidest und ihm gegenüber hart wirst. Wenn Du das tust, wirst auch Du hart und verlierst die Verbindung zu Deiner Essenz, Deiner Liebe. Wenn Du jetzt bei der Liebe bleiben kannst, in Kontakt mit Deinem Herzen und Deiner Liebe zu ihm, trotz der Situation, wird das im Moment das Beste für Dich sein und auch für Deine Zukunft, denn die Zukunft entsteht aus der Gegenwart. Negative Emotionen und das Ego können die Liebe leicht verletzen, wenn Du Dir dessen nicht bewusst bist.

Meine Gedanken und mein Herz sind mit Euch beiden.

Herzlich, Diana

Liebe Diana,

vielen Dank für Deine unterstützenden Worte. Ich kann es wirklich fühlen, wie ich mich in meinen Emotionen verfange und wie das dann mein Herz verschließt und die Liebe zu ihm blockiert. Wenn ich ganz ehrlich bin, liebe ich ihn und will ihn in meinem Leben haben und ihn nicht unbewusst wegschieben. Du hast also recht, ich muss auf meine Gefühle achten, damit sie nicht zu Emotionen werden. Ich habe festgestellt, dass ich schon immer eine tiefsitzende Angst in mir hatte, meinen Mann zu verlieren, und ich glaube mal, dass das viele Frauen haben. Also ist das, was jetzt hochkommt, nicht neu. Es fühlt sich, auf befremdliche Art, heilsam an. Ich sehe, wie ich den Mann zum Mittelpunkt meines Lebens mache, statt mich selbst. Ich habe beobachtet, dass in den Momenten, wenn ich in meinem Mittelpunkt bin, er ganz selbstverständlich und liebevoll auf mich zukommt. Ich weiß, dass mich diese Erfahrung wachsen lässt, reifer werden lässt, mir helfen wird, mich selbst zu lieben. Manchmal erlebe ich mich nur halb als Frau, wenn mein Mann nicht bei mir ist. Jetzt ist es an der Zeit, mich ganz als Frau zu fühlen, unabhängig davon, ob ein Mann da ist oder nicht.

Ich spüre, dass das, was ich in diesen Jahren des bewussten Liebemachens gelernt habe, mir bei anderen Beziehungen oder Liebesbegegnungen zugutekommen wird. Durch das „Paar sein" habe ich Grundsätzliches für mich als Individuum gelernt. Das hat mir sozusagen zu neuem Werkzeug und Verständnis verholfen, das ich Tag für Tag benutzen kann.

Danke für Deine Hilfe.

Alles Liebe, Irmgard

4. Neue Liebe, neue Chance

Liebe Diana,

Anfang Dezember habe ich jemand Neues kennengelernt. Ein faszinierender Mann. Neben ihm fühle ich mich ruhig, harmonisch, einfach. Er hat noch nie etwas von Körperarbeit, Therapie oder so was gehört. Jetzt hätte ich gerne einen Tipp, wie wir weitermachen können.

Es ist schwierig für mich, ihm zu zeigen, wie ich meinen Sex leben will, wie ich berührt werden will. Ich will natürlich, dass er sich gut fühlt, er seinen Sex leben kann. Wir machen also auch konventionellen Sex. Es ist so schwierig für mich, ich verliere mich und verliere aus den Augen, was für mich gut ist. Und am vergangenen Wochenende hatte ich mein Drama perfekt: Das Kind, das Mangel hat, nicht gesehen wird, zu kurz kommt, hatte sich breit gemacht und ich war aus heutiger Sicht total emotional. Ich möchte mit ihm leben, weil das Gefühl stimmt. Nur manchmal verzweifle ich, und habe den Eindruck, wir leben in zwei Welten. Er würde gern mit zum Workshop kommen, weil er es verstehen möchte. Gibt es eine Möglichkeit, uns unterm Notfallaspekt noch in eine Gruppe reinzunehmen? Und/oder hast Du eine Idee für mich, wie ich ihm besser vermitteln kann, was ich brauche?

Wir waren jetzt bereits drei Mal miteinander verreist. Dann ist es für mich kein Problem, ich kann entspannt bleiben, ich weiß wir haben genug Zeit, sodass auch meine Bedürfnisse befriedigt werden. Es ist genug Zeit da, um Nähe aufzubauen etc.. **Im Alltag macht er sehr viel Schichtdienst, auch Nachtschicht, besonders an den Wochenenden. Wir sehen uns dann nur kurz. Und mir fehlt die Zeit, um das, was ich an Nähe brauche, aufzubauen.** Er hat einen langweiligen Sitzjob, und braucht in der Freizeit viel Aktivität, er will viel erleben, was für ihn bedeutet, etwas zu unternehmen, zu machen, zu tun, statt – wonach ich mich sehne –, in mir anzukommen. Abgesehen davon habe ich den Eindruck, dass wir zwei Sprachen sprechen; was er sagt, stimmt nicht mit dem überein, was ich fühle. Und das wird, wenn es um Sex geht, besonders schwierig für mich. Während ich Dir schreibe, denke ich, ich muss noch mehr bei mir bleiben. Kannst Du mir einen Tipp geben, wie ich es mit einem „normalen" Mann hinkriegen kann? Er hat Erektionsprobleme, wird dieses Jahr 40 und will darüber nicht reden. Mein Eindruck ist, dass da zwei Männer sind: Einer im Kopf und einer im Körper. Den im Körper mag er nicht so. Das Problem ist, dass ich den

Körper-Mann mag. Wenn ich mit ihm darüber spreche, geht er in den Kopf. **Er hasst Frauen, die beim Sex reden – es stört ihn. Während ich das schreibe, spüre ich viel Liebe für ihn – das hört sich verrückt an.** Ich wäre dankbar, wenn Du eine Idee hättest, wie wir die Zeit bis zum Seminar hinkriegen können.

Love Carolina

Liebe Carolina,

ich freue mich sehr zu hören, dass Du einen neuen Mann gefunden hast und eine neue Chance, in Liebe zu wachsen. Und ja, es kann eine Herausforderung sein, wenn Du einiges an tantrischer Erfahrung hast und Anleitung gehabt hast und Dein neuer Partner nicht. Und die Art, Liebe zu machen zu verändern, ist nichts, was Du jemandem aufzwingen kannst, Du musst warten, bis die Neugier oder das Interesse von innen erwachen. Es ist ziemlich normal, dass Männer keinen Impuls spüren, etwas daran zu verändern, wie sie Liebe machen, weil das alles ist, was sie bisher kennen. Was ein Mann wirklich braucht, um seine Sehnsucht oder seine Neugier zu wecken, ist, auf den Geschmack zu kommen, einen Hinweis auf etwas zu bekommen, das anders ist, als das, was er bisher kennt.

Das Gute ist, dass Du, da Du unsere Workshops besucht und Deine Erfahrungen mit Deinem vorigen Partner gemacht hast, jetzt die Bewusstheit und die Einsicht hast, im Augenblick zu sein, und dadurch kannst Du in Dir und um Dich herum eine tantrische Atmosphäre schaffen. Warte nicht darauf, dass der andere das Gleiche tut wie Du und erwarte nicht, dass er so ist wie Du. Beginne stattdessen, die Umgebung zu schaffen, durch Deine eigene Bewusstheit und Präsenz. Und der Mann wird ganz natürlich auf diese Einladung reagieren. Und das kann geschehen, ohne dass etwas mit Worten gesagt wird. Es ist besonders die Frau, die diese Atmosphäre schaffen kann, denn sie ist die empfangende Kraft, das Gefäß, der Raum. In Deine

Weiblichkeit hineinzuentspannen, hier zu sein und nicht in Richtung Erregung und Höhepunkt zu gehen, wird Dir wegen der Fähigkeit des Haltens, die die empfangende Kraft hat, größere Autorität und einen größeren Einfluss beim Sex geben. Denke daran, dass es nicht darum geht, was Du tust, sondern wie Du es tust.

Was wir während des Retreats und in den Büchern sagen, ist, dass Tantra eine individuelle Reise ist, nicht nur eine Reise als Paar. **Wenn Du mehr Entspannung und Bewusstheit willst, dann fang selbst damit an. Und durch eine besondere Alchemie wird Dein Partner anfangen zu fließen. Denn erst, wenn die Frau wirklich empfängt, kann die männliche Energie zu fließen beginnen!** In Deiner Situation und mit Deinem Hintergrund ist da also eine Menge Kreativität möglich, das sind Gebiete, auf denen Du wachsen und wo Du expandieren kannst. Ich schlage vor, wenn Du Liebe machst, dass Du anfängst, mit Deinen Brüsten zu verschmelzen, entspanne Dich, bleibe präsent, die Augen geöffnet, atme tief und langsam... Wenn Dein Mann Erregung aufbauen möchte, entspannst Du Dich, statt mitzumachen, wenn er einen Orgasmus haben möchte, entspann Dich und versuch nicht, auch einen zu bekommen. Du kannst es, Du weißt das. Je mehr Du durch Deinen Körper und Deine Bewusstheit eine neue Sprache kommunizieren kannst, desto besser. Erkläre so wenig wie möglich in Worten, tu es einfach!

Es ist wirklich schade, dass Ihr in den nächsten Monaten keinen Platz in dem Workshop bekommen könnt. Vielleicht könnt Ihr Euch die Bücher laut vorlesen, sodass Ihr anfangt, ein gemeinsames Verständnis und einen gemeinsamen Ansatz zu haben. Der Workshop ist hilfreich, wenn es darum geht, schnell an viel Information zu kommen, aber die eigentliche „Arbeit" beginnt, wenn man nach Hause kommt – regelmäßig Liebe zu machen! Und in diesem Sinne seid Ihr nicht benachteiligt. Denk daran, dass Deine Stärke darin besteht, „bewusst" zu sein, und dass

das den anderen in die Gegenwart bringt. Also, Du bist in einer Situation, in der Du eine neue Liebe hast und eine neue Chance bekommst. Du hältst den Schlüssel zu einem großen Abenteuer in Deinen Händen, nämlich, Deine weibliche Kraft zu erforschen, die Dich mehr zur Frau, zu Liebe und Licht machen wird. Und meditiere jeden Tag zwanzig Minuten auf Deine Brüste!
Ich wünsche Dir und Deinem Partner alles Gute.
Herzlich, Diana

Liebe Diana,

danke für Deine Worte. Ich weiß, dass ich entspannter sein sollte. Das ist etwas, das ich lernen möchte. Mir fällt auf, dass ich mich immer mehr darum sorge, wie es demjenigen neben mir geht. Und ich brauche auch den Mut zu zeigen, wer ich bin. Ich versuche, mich zu verstecken, damit vermeide ich, abgewiesen oder verletzt zu werden. Was Du über die Rolle des Mannes schreibst, hilft mir auch. Mir zu erlauben, ich selbst zu sein und bei mir zu bleiben, besonders, wenn ich mit meinem Partner zusammen bin, ist eine Herausforderung für mich. Mein Problem ist, dass ich, wenn ich denke „es gibt nur diesen Moment", möchte, dass dieser Moment perfekt ist. **Ich habe ein Bild davon in meinem Kopf, wie dieser perfekte Augenblick aussehen soll. Und das blockiert mich irgendwie.** Ich sehe ein, dass ich mich ändern und mir erlauben muss, Dinge auszuprobieren und zu experimentieren, und dass es viele zukünftige Augenblicke geben wird, in denen ich eine Menge Erfahrungen sammeln und aus denen ich lernen kann.

Das erfordert, dass ich dem Leben und der Liebe vertraue, was mir nicht so leicht fällt. Vertrauen zu haben, dass da genug Zeit sein wird, dass der Augenblick perfekt ist, so wie er ist, und dass ich nichts dafür tun muss, um ihn perfekt zu machen, und dass mein Partner, so wie er ist, okay ist. So zu sein ist viel leichter, wenn ich nicht emotional bin. Denn wenn ich emotional bin, will ich mich nicht ändern, also gibt es wichtige Dinge zu lernen.

Danke für Deine Antwort. Sie motiviert mich sehr, und ich fühle,
dass ich auf dem richtigen Weg bin.

Herzlich, Caroline

5. Ich möchte mehr experimentieren als mein Mann

Liebe Diana,

ich stecke in einem Loch und weiß nicht weiter: Wenn wir Liebe
machen, dauert das höchstens noch eine halbe Stunde und ich
bin danach gefrustet und fühle mich ausgenutzt. Ich glaube,
dass nur ich daran arbeite, um weiterzukommen und mein
Partner fällt zurück. Er macht überhaupt nichts dafür, seine
Emotionen abzubauen, weil er überzeugt ist, dass er keine hat.
Er will nur mit hartem Penis Liebe machen, sobald sein Penis
nicht mehr erigiert ist, ist das Liebe machen für ihn zu Ende und
er schweift mit seinen Gedanken ab. Mein Partner sagt, er ist
der Meinung, dass ich die Beckenbodenmuskeln zusammenzie-
hen müsse, weil es sonst für ihn nicht schön sei und er nichts
spürt. Ich kann während dem Liebe machen auch nicht mehr
bei mir sein. **Sobald ich versuche, mit ihm über solche Dinge zu
sprechen, fühlt er sich angegriffen und zieht sich zurück.**
Sprich: er wird emotional, was er jedoch nie zugeben wird.

Mein Partner ist pensioniert und wir hätten Zeit, um die Fünf
Tibeter oder Kundalini zu machen, aber er sagt, er braucht das
nicht. Ich habe das Gefühl, alles liegt an mir und alleine schaffe
ich das nicht. Ich habe manchmal auch das Gefühl, dass er beim
Liebemachen fordernd ist. Ich kann nicht mit ihm darüber sprechen, weil er sich sofort verletzt fühlt. Trotzdem sagt er, er sei
nicht emotional und brauche weder Tibeter noch Kundalini. Ich
jedoch denke, wenn er lernen würde, seine Emotionen abzubauen oder zumindest zu erkennen, kämen wir einen Schritt

weiter. Ich fühle mich hilflos und weiß nicht, wie dagegen anzukommen ist. Dadurch denke ich wieder, alles bleibt an mir hängen! Es liegt an mir, wie wir weiterkommen. Anstatt die Pension zu genießen, reiben wir uns gegenseitig auf.

Ich würde gerne hören, was Du meinst, und ob Du mir was empfehlen kannst.

Herzlich, Patrizia

Liebe Patrizia,

*es tut mir leid, von Deinen Schwierigkeiten zu hören. Ja, es kann sein, dass einer der Partner an persönlichem Wachstum und Transformation ernsthaft interessiert ist und der andere nicht wirklich. **Letztendlich ist das Beste, was Du tun kannst, zu verstehen, dass Du den anderen nicht ändern kannst – das ist unmöglich. Das Interesse an Transformation kann niemandem auferzwungen werden.** Der nächste Schritt in Richtung Veränderung ist, Dich auf subtile Weise zu verändern, zu sehen, was Du trotz der gegebenen Einschränkung tun kannst, um die Situation akzeptabler zu gestalten. Zum Beispiel wäre es möglich, alle Erwartungen und Wünsche, die Du hast, loszulassen, besonders wenn es darum geht, Liebe zu machen. Natürlich wird das eine Enttäuschung für Dich sein, aber unter diesen Umständen musst Du zu Dir selbst zurückkommen. Dein Fokus ist irgendwie mehr auf Deinen Partner gerichtet, darauf, was er tut. Wie Du selbst beobachtet hast, fällt es Dir schwer, präsent und bei Dir zu bleiben.*

Ich sage häufig, dass Tantra vor allem ein persönliches Versprechen ist, das man sich gibt, und nicht eine Verpflichtung, die man als Paar eingeht. *Das Individuum geht vor, und das Paar ist sekundär. Wenn Du also feststellst, dass Du in gewisser Hinsicht allein bist, dann gibt es viele Möglichkeiten, Dich allein zu erforschen: jeden Tag zwanzig Minuten Brust-Meditation (die Malua Licht Meditation gibt es jetzt auf CD), tägliche Übungen,*

Deine Vagina und Deinen Beckenboden am Tag immer wieder zu entspannen. Versuchen, bei allen Deinen täglichen Aktivitäten Dir Deines Körpers, Deines Atems etc. bewusst zu sein. Wenn Du gern Übungen machst, dann tu das, wenn Du gern tanzt, dann tanze. Warte nicht auf ihn. Wenn ich eine besondere Meditation empfehlen soll, wäre das die auf die Brüste. Aber gleichzeitig kannst Du aus allem, was Du tust, eine Meditation machen – indem Du es mit Bewusstheit tust. Das ist der tantrische Weg, das tantrische Leben. Es ist gut, Dir Deines emotionalen Zustandes bewusst zu sein. Und denk daran, dass es oft leichter ist, die Emotionen von jemand anderem zu erkennen als die eigenen. **Ganz sicher ist dies jetzt nicht das erste Mal, dass Du Dich beim Sex frustriert, enttäuscht und benutzt fühlst, das muss schon früher vorgekommen sein, und wie Du Dich jetzt fühlst, hängt auch mit Deinen früheren Erlebnissen zusammen.** Diese Sichtweise kann Dir helfen, mehr Distanz zu der Situation zu bekommen. Wenn Du merkst, dass Du Dich beschwerst und dem anderen Vorwürfe dafür machst, dass Du unglücklich bist, dann ist das oft ein Zeichen für Emotionen. Wenn das so ist, dann bemühe Dich darum, alle Emotionen und aufgestauten, unausgedrückten Gefühle auszudrücken. Du solltest Dich beobachten, zu Dir selbst zurückkommen und Wege zu Deinem inneren Glück finden. Du trägst bereits viel Glück in Dir – Du bist eine wunderbare, aufrichtige und intelligente Frau!

Solange Du Druck auf Deinen Mann ausübst, wird er sich revanchieren und so oder so Widerstand leisten. Wenn Du bei Dir bist, hat Dein Partner den Raum, sich auf Dich zuzubewegen; aber Du kannst das nicht erwarten. Und Du solltest Dir bewusst sein, dass „bei Dir sein" nicht heißt, Deinen Partner zu schneiden oder emotional mit ihm zu sein. Es bedeutet, ihn so zu akzeptieren, wie er ist und ihn dafür zu lieben.

Wenn Du anfängst, Dich selbst zu lieben, wird das nach außen

sichtbar und eine wunderbare Einladung sein. Ich hoffe, diese
wenigen Worte können Dich etwas unterstützen.
Herzlich, Diana

Liebe Diana,

danke für Deine Worte, sie haben mir geholfen, mich entspannter zu fühlen und mir selbst zu vertrauen. Ich bin ein bisschen
emotional gewesen, das stimmt, und ich habe daran in den letzten Wochen gearbeitet. Und ich fühle mich jetzt besser. Ich habe
mich auch auf mich und meinen eigenen Körper konzentriert,
und das ist sehr wohltuend gewesen. Ich bin viel zufriedener
und ruhe in mir. Ich fordere keine Liebe, sondern gebe Liebe.
**Das Wunder ist, dass mein Partner nach dieser Wendung vor-
schlug, wir sollten Liebe machen, und das haben wir seitdem
ziemlich häufig getan. Ich glaube, als ich ihn nicht mehr be-
drängt habe, hat er sich geöffnet, wie Du gesagt hast.** Ich kann
Dir nicht sagen, wie schön mein Mann aussieht, seit er entspannter Liebe macht. Alle Falten und Runzeln in seinem
Gesicht haben sich geglättet, und er sieht viel jünger aus und
strahlt. Es gibt so viel zu entdecken, sogar als Rentner, und wir
schätzen uns glücklich, dass wir eine neue Vision von Sex und
Liebe haben.

Herzlich, Patrizia

6. Meine Freundin ist ausgezogen und spricht
   nicht mehr mit mir

Liebe Diana,

ich war so zuversichtlich, dass wir eine solide Basis für uns und
unsere Zukunft gefunden hatten, aber meine Freundin begann,
sich über Dinge zu beklagen, die bereits lange so bestanden
haben: dass mein Sohn, der in den Zwanzigern ist, immer noch

bei uns wohnt, dass meine kleineren Kinder überall Chaos hinterlassen, wenn sie nach Hause zu ihrer Mutter zurückkehren.
Das Chaos ist nie so furchtbar groß gewesen, aber am Ende war
meine Freundin mit allem und jedem unzufrieden. All meine
Versuche, sie zu öffnen und herauszufinden, was schieflief,
waren vergebens. Sie ist aus unserer Wohnung ausgezogen, als
ich auf einer Geschäftsreise war, und als ich wiederkam, waren
unsere Zimmer leer. **Ich habe viele Male vergeblich versucht,
mit ihr in Kontakt zu kommen. Sie geht nicht ans Telefon und
wenn ich ihr eine E-Mail schicke, antwortet sie, dass es keinen
Sinn hat zu reden, weil wir einander nie verstanden haben, und
so würde es auch sein, wenn wir wieder reden würden.**

Ich bin total verwirrt und habe keine Ahnung, was passiert ist,
und ich wüsste gern, wie ich in dieser Situation am besten agieren soll. Natürlich fühle ich, dass es keinen Sinn hat, sie zu
drängen; sie wird Zeit brauchen, um sich zu sammeln und wie-
derzufinden. Auf der anderen Seite ist es hart für mich, nur auf
der energetischen Ebene zu arbeiten. Ich sende ihr jeden Tag
freundliche Gedanken mit der Einladung an sie, sich wieder zu
öffnen und eine Basis zu bilden für eine offene und respektvolle Kommunikation. Aber ich neige auch dazu, sie anzurufen und
sie zu drängen, obwohl ich nur zu gut weiß, dass dies kontraproduktiv sein kann.

Ich würde mich freuen, wenn Du einen Rat für mich hast, was
ich tun kann und wie ich es tun kann, und besonders, um die
Geduld zu haben, bis meine Freundin zu einem Gespräch bereit
ist. Mein Instinkt sagt mir, es wird ein paar Monate dauern, aber
das ist eine lange Wartezeit.

Herzlich, Rudolph

Lieber Rudolph,
   *es tut mir leid zu hören, dass Ihr Beziehungsprobleme habt und
   Euer Liebesfeld gestört ist. Es ist sehr schwer, wenn ein Part-*

ner die Kommunikation verweigert und sich im Prinzip emotional abschottet. Emotionen machen die Situation schwierig, und es ist normalerweise besser, demjenigen Raum zu geben und ihn seine Geschichte verdauen zu lassen statt darauf zu drängen, Kontakt zu haben. Das ist nicht einfach, und Du wirst geduldig sein müssen. Du kannst nur darauf hoffen, dass die Emotionen vorübergehen werden und dass Deine Partnerin sieht, dass sie sich in einem emotionalen Zustand befindet und mit offenem Herzen zurückkehrt. **Manchmal kann sich da in der Vergangenheit so viel an Emotionen aufgestaut haben, dass es schwerfällt, sich durch die Emotionen hindurchzuarbeiten und wieder zur Liebe in der Gegenwart zurückzukehren. Denk daran, dass es auch andere Männer in ihrer Vergangenheit gab, die die Quelle von Unzufriedenheit und Frustration gewesen sind. Was sie jetzt erlebt, hat also nicht nur mit Dir zu tun.** Ich schlage vor, dass Du in der Zwischenzeit liebevoll und sanft mit Dir umgehst und Wege findest, um Dich selbst zu nähren und Dir Liebe zu geben. Wenn Du Dich dazu entschließt, Kontakt mit ihr aufzunehmen, dann achte darauf, dass Du in keinster Weise emotional bist, wenn Du kommunizierst und Dich mitteilst. Damit meine ich, dass Du Dich nicht beschwerst oder ihr wegen der Situation Vorwürfe machst, was sogar im Ton Deiner Stimme hörbar sein kann. Wenn Du sie wieder in Dein Leben einladen willst und sie bittest, zurückzukehren, sollte diese Einladung aus Deinem tiefsten Wesen und aus tiefstem Herzen kommen, und ich bin sicher, dass es sich für Dich so anfühlt. Du wirst über Dich sprechen müssen und Deine Liebe und Deine Sehnsucht ausdrücken, und das wird es wahrscheinlicher machen, dass sie vom Herzen aus antwortet.

Wenn Du in Emotionen schwimmst und sie hört das indirekt oder direkt, dann ist es leicht möglich, dass Deine Einladung nicht als solche empfunden und gehört wird. Solltest Du unerlöste Themen auf der emotionalen Ebene haben, Gefühle, die

Du fühlen und loslassen musst, dann ist es bestimmt gut, damit zu arbeiten, bevor Du überhaupt Kontakt aufnimmst.
Ich kann Deine Aufrichtigkeit und Deine tiefe Liebe für Deine Frau spüren. Ich wünsche Dir alles Gute und hoffe, dass sich die Dinge so entwickeln, wie Dein Herz es sich wünscht.
Herzlich, Diana

Liebe Diana

ich bin zutiefst dankbar, dass Du Dir die Zeit genommen hast, meine E-Mail zu beantworten. Ich habe mich unterdessen entschlossen, meiner Partnerin den Raum zu geben, den sie braucht, obwohl es mir sehr schwerfällt, sie nicht anzurufen und sie nicht in ihrem Büro zu besuchen. Ich werde auf energetischer Ebene damit arbeiten und ihr Liebe und Frieden senden und dass sie willkommen ist und ich mich freuen würde, wenn sie darüber sprechen möchte, wieder zu mir zurückzukommen. Auch wenn wir nicht zusammen wohnen, kann ich mir vorstellen, die Beziehung fortzusetzen. Sie ist die Frau, mit der ich es am besten hatte, und alles war wirklich wunderbar. Ich weiß jetzt, dass ich dazu beigetragen habe, dass sie ausgezogen ist. In den letzten Wochen hatte sie sich darüber beschwert, dass ich sie nicht würdige. Und als ich sie fragte, was sie braucht, um sich gewürdigt zu fühlen, konnte sie mir keine klare Antwort geben. Ich nehme an, dass es da etwas gibt, dessen wir uns beide im Moment nicht bewusst sind. Ich bin sehr traurig, dass ich nicht mit ihr über ihre Entscheidung sprechen kann und dass ich mich auch nicht auf friedliche und respektvolle Weise von ihr verabschieden kann. Ich habe unterdessen angefangen, an einigen Kindheitsträumen zu arbeiten, die in einer Meditation hochkamen. Ich habe viele Freunde, die mich unterstützen und ich fühle mich nicht einsam, sondern genieße meine Wohnung, die inzwischen eine ganz andere, klare Energie hat.
Herzlich, Rudolph

Lieber Rudolph,

danke, dass Du noch einmal geschrieben hast. Es ist gut zu hören, dass Du durch Dein Netzwerk viel Unterstützung bekommst. Es ist ein gutes Zeichen, dass sich Kindheitsthemen von selbst lösen und mehr Platz für Licht und Liebe in Dir schaffen. Ich fühle, das Wichtigste in Deinem Prozess der letzten Monate ist, dass Du offen geblieben und nicht emotional geworden, in Reaktion gegangen bist und Dich abgewendet hast. Ich bin ganz sicher, dass das Gefühl Deiner Partnerin, nicht gewürdigt zu werden, ein sehr altes Gefühl für sie ist, und wahrscheinlich hat das bereits in ihrer Kindheit und mit ihren Eltern begonnen. Vielleicht mit ihrem Vater. Und vielleicht hatte sie ähnliche Gefühle mangelnder Anerkennung auch in früheren Beziehungen. Daher ist ihr Rückzug in diesem Sinne nicht wirklich persönlich gegen Dich gerichtet. Ja, vielleicht gab es Augenblicke, in denen Du sie nicht gewürdigt hast, aber ihre Wunde geht viel tiefer. Wenn nicht eine Wunde aus der Vergangenheit darunterliegen würde, wäre sie mit der Situation anders umgegangen und ihr Herz wäre leichter erreichbar gewesen. Deine Fähigkeit, präsent mit dem zu bleiben, was da ist, und in Deinem Herzen offen zu bleiben trotz der wiederholten Zurückweisungen, wird ganz sicher Deine männliche Autorität und Deine männliche Essenz stärken.

Herzlich, Diana

Liebe Diana,

es ist in den letzten sechs Monaten sehr anstrengend gewesen, und bis heute ist meine Freundin nicht gewillt, mit mir zu reden. **Ich habe jedoch vor einiger Zeit eine reife Frau mit Tiefgang getroffen, und es ist traumhaft, mit ihr Liebe zu machen. Und mir fällt es so leicht, auf tantrische Weise mit ihr Liebe zu machen, wir kommen so einfach in den Moment dabei.** Ich sehe und fühle auch, wie alle Frauen gleich sind in ihrer Essenz, die gleiche Süße, das gleiche Strahlen vor Liebe in ihren Augen. Wir leben in verschiedenen Ländern, also treffen wir uns für ein paar Tage und dann müssen wir uns wieder trennen und sehen uns tage- oder wochenlang nicht. Das ist sehr aufregend, denn unsere Sehnsucht nacheinander wächst ständig!

Danke für all Deine Unterstützung darin, Klarheit über meine Situation zu gewinnen.

Herzlich, Rudolph

7. Mein Mann und ich wollen besseren Sex als bisher

Liebe Diana,

ich lese gerade *Zeit für Weiblichkeit* und finde es äußerst faszinierend. Mein Mann und ich sind nächsten Monat zwanzig Jahre zusammen und besonders die letzten paar Jahre sind extrem schwierig gewesen. Es tut mir sehr weh, Diana, und **manchmal fällt es mir schwer, in Deinem Buch weiterzulesen, weil ich weiß und in meinem Herzen fühle, dass das, was ich lese, wahr ist.** Ich weiß, dass sowohl mein Mann als auch ich etwas Besseres wollen als das, was wir jetzt haben. Uns die Zeit zu nehmen, ist die Schwierigkeit. Mein Mann ist ein wunderbarer Mensch und von außen gesehen haben wir eine sehr gute Ehe. Was andere Menschen nicht sehen, ist, wie verstört ich innen drin bin. Beim Aufräumen von allerlei Kram habe ich ein Gedicht gefunden, dass ich vor ungefähr fünfzehn Jahren geschrieben habe und der Schmerz in diesem Gedicht ist der gleiche Schmerz, den ich heute fühle, aber jetzt weiß ich, was ich will und brauche, während ich es damals nicht auf den Punkt bringen konnte. Bin ich der Lehrer oder lernen wir gemeinsam? An welchem Punkt sagt man, genug ist genug, ich muss meinen eigenen Weg gehen? Ich fühle mich wie eine sehr vernachlässigte Frau und weiß, das sich das ändern muss.

Ich möchte wirklich, dass dies eine Reise ist, die ich gemeinsam mit meinem Mann mache. Ich möchte ihn heilen und energetisieren, aber zeitweise fühle ich solche starken Herzschmerzen, einfach nur, wenn ich in seiner körperlichen Nähe bin. Wir haben uns gerade ein paar Mal leidenschaftlich geküsst, und es war so wunderbar, ich fühle, da ist Energie zwischen uns.

Ich danke Dir für die Arbeit, die Du machst, und für diese Einsicht. Herzlich, Rachel

Liebe Rachel,

ich freue mich, dass mein Buch Dir etwas bedeutet, dass Du es in Deiner realen Lebenssituation nutzen kannst und es Dir Einsichten dazu schenkt. **Deine Worte, in denen Du Deinen Schmerz als vernachlässigte Frau ausdrückst, haben mich berührt – und ich bin sicher, sie würden zum Herzen und zur Seele sehr vieler Frauen sprechen. Es ist mir zunächst wichtig Dir zu sagen, dass der Schmerz, den Frauen häufig empfinden, nicht die „Schuld" des Mannes ist. Wie ich es sehe, ist es das Ergebnis eines kollektiven Informationsdefizits, und mangelndes Verständnis.** Als Individuen kennen wir unseren Körper und dessen Potenzial nicht, und noch weniger kennen wir das andere Geschlecht. Nur eine neue Sichtweise in Sachen Sex kann die Trennung, die zwischen den Geschlechtern herrscht, aufheben und heilen. Männer und Frauen sind eigenständige Wesen, aber sie sind auch so gebaut, dass sie zusammen eine Einheit bilden. Es ist jedoch schwierig, diese Einheit ohne eine „neue" Vision zum Thema Sex zu halten.

Ich bin mir sicher, dass Dein Ehemann der Mann und Partner für dich ist, um die Liebe zu erforschen. Nach fast zwanzig Jahren Erfahrung mit Paaren, weiß ich, dass viele Paare kurz vor der Trennung stehen, kaum Liebe machen und ihre Herzen weit voneinander entfernt sind, wenn sie in unseren Workshop kommen. Aber sobald sie mit der neuen Vision von Sex, die wir lehren, zu experimentieren beginnen, wird die Verbindung wiederhergestellt, und viele Paare erleben das wie ein neues Verliebtsein. Es ist wirklich so einfach, man muss nur die Perspektive in Sachen Sex verändern und die Bereitschaft haben, sich Zeit zu nehmen und Dinge zu erforschen und zu experimentieren. Für Männer kann das eine größere Herausforderung sein, da viele Männer mit der herkömmlichen Art, Sex zu haben und zu ejakulieren, stark identifiziert sind; dennoch ist die Belohnung, wenn man diese Muster ändert, enorm und unvorstellbar. Wenn Ihr beim Küssen diesen Funken spürt, ist dieser Funken ganz bestimmt in allen erdenklichen Situationen möglich.

Und Ja, manchmal kannst Du ihn führen, indem Du ihm sagst, wie Du Dich fühlst und von Deinem Herzen aus sagst, was sich für Deinen Körper richtig anfühlt. Wenn Du spürst, wie alte Schmerzen in Dir hochsteigen, lass das zu, lass sie sich aus Dir herausbewegen, unterdrücke sie nicht und versuche nicht, sie zu verstehen. Lass die Tränen einfach laufen und arbeite mit Deinem Körper zusammen. Dies ist Teil der tiefen Reinigung Deines Systems auf Zellebene. Ich schlage auch vor, dass Du jeden Tag eine halbe bis eine Stunde auf Deine Brüste meditierst, um diesen Heilungsprozess zu unterstützen. Wie in dem Buch erklärt ist, sind die Brüste die positiven Pole im Körper der Frau, die erwachen, und die Aufmerksamkeit darauf zu lenken (auch beim Sex), unterstützt weibliche Qualitäten.

Es hilft auch, wenn Ihr Euch gegenseitig aus dem Buch vorlest, dann könnt Ihr die Information gemeinsam hören, ohne dass Du ihm alles erzählen musst. Dann wählt ein paar Schlüssel aus, mit denen Ihr experimentieren wollt und beginnt, Verabredungen zum Liebemachen zu treffen. **Sex ist etwas, das Ihr zusammen tut, aber gleichzeitig ist es auch eine individuelle Sache. In diesem Sinne gibt es viel, das Du selbst „tun" kannst, um mithilfe Deiner eigenen Bewusstheit die Atmosphäre in Dir und**

um Dich herum zu verändern. Wenn Du entspannter, empfäng-
licher und femininer bist, kannst Du die Liebesqualität einla-
den und kreieren, nach der Du Dich sehnst. Das braucht keine
Techniken – es geht im Grunde nicht darum, was Du tust, son-
dern „wie" Du es tust. Und das Wie bewusster zu machen, das
transformiert die Erfahrung. Mein Tantra-Meister Osho sagt
„Tantra ist die Transformation von Sex in Liebe durch Bewusst-
heit". Das ist wunderschön; es geht davon aus, dass Bewusst-
heit selbst Liebe kreiert. Wie einfach und inspirierend. Und
dadurch, dass ich Paare unterrichte, sehe ich, wie wahr das ist.
Paare, die zwanzig, dreißig, vierzig Jahre zusammen sind, fin-
den einander auf eine frische und unschuldige Art und Weise
neu. Ich bin sicher, dass Du, sobald Du anfängst zu experimen-
tieren, feststellen wirst, dass Du die Dinge zu Deinen Gunsten
verändern kannst.
Ich wünsche Dir tägliche Freude in der Liebe.
Herzlich, Diana

8. Kann tantrischer Sex mir helfen, die Verbindung zu meiner Freundin wiederherzustellen?

Liebe Diana,

ich habe Dein Buch *Zeit für Liebe* gekauft und gerade angefangen es zu lesen, und ich finde es bisher großartig. Ich habe das
Buch zusammen mit vielen anderen gekauft, weil ich etwas erforschen wollte und versuchen, wieder mit meiner Freundin
Kontakt aufzunehmen. Ich interessiere mich wirklich für tantrischen Sex. Ich möchte Dir ein paar Fragen stellen. Nur um ein
bisschen zu erklären: Ich bin 26 Jahre alt und *date* ungefähr seit
einem Jahr ein Mädchen. Vor einigen Monaten begannen wir,
sexuelle Probleme zu haben, weil ich Versagensangst bekam.
Die hat eingesetzt, nachdem wir ein Problem hatten, denn ich

fühlte mich unsicher, weil ihre vorherige Beziehung nicht wirklich beendet zu sein schien (obwohl sie es war), sie hatten immer noch Kontakt. Unsere Beziehung begann mit einigen Schuldgefühlen, weil sie am Anfang noch in der anderen Beziehung war, obwohl ihr Freund bereits das Land verlassen hatte und nicht zurückkommen wollte. **Seit dem Tag, an dem ich Versagensangst hatte und keine Erektion bekam, war Sex mit Angst verbunden statt mit Vergnügen – besonders für mich –, denn jedes Mal, wenn ich Versagensangst hatte und keine Erektion bekommen konnte, kam es deswegen zum Streit, und ich fühlte mich furchtbar verletzlich (wahrscheinlich hauptsächlich wegen dieser fälschlichen Annahme, dass Männlichkeit daran gemessen wird, wie gut man(n) im Bett ist).** Wir haben nicht immer Probleme, wenn ich die Erektion verliere, obwohl ich glaube, dass daraus manchmal stille Streits werden. Ich brauche nicht zu sagen, dass dies nicht nur unser Sexleben beeinflusst hat, sondern auch unsere Beziehung insgesamt (ich für meinen Teil bekam solche Angst, dass ich viel Zeit damit vergeudete, das Problem „aus dem Weg" zu räumen, es hat also mein Leben beeinflusst). Die Emotionen änderten sich, die Dinge begannen sich zu einer echten Herausforderung auszuwachsen; ich glaube, ich fing an, Niederlagen zu sehen, wo ich in der Vergangenheit keine gesehen habe. Vielleicht begann ich, weniger von ihr angezogen zu sein, stärker zu reagieren etc. Ich habe vieles versucht, aber ich mag tantrischen Sex, weil es dabei darum geht, sich rund um den Sex zu entspannen.

Das ist meine Situation, und meine Frage lautet: Glaubst Du, dass tantrischer Sex mir dabei helfen könnte, wieder mit ihr (und hauptsächlich, mit mir) in Kontakt zu kommen? Wo ich jetzt stehe, habe ich bereits einen Weg gefunden, wieder mit mir in Kontakt zu kommen, ich habe durch die Beziehung viel gelernt; ich glaube, dass ich daran auch gewachsen bin, aber ich würde immer noch gern wieder mit meiner sexuellen

Energie in Kontakt kommen (besonders, weil ich dadurch immer so voller Energie war!). Bisher waren fast alle meine sexuellen Erfahrungen vor dieser Angstperiode, auch mit früheren Partnern, und natürlich mit meiner derzeitigen Freundin, richtig gut und positiv.

Vor ein paar Wochen habe ich versucht einfach Sex zu haben, absichtslos (Erektion hin oder her), aber statt dabei zu bleiben, sind wir doch wieder beim herkömmlichen Verkehr gelandet, und seitdem haben wir seltener Sex. Sie sagt, es liege daran, dass sie sich in ihrem Körper nicht so wohl fühlt, seit sie in den letzten Monaten ein paar Pfunde zugenommen hat. Und es stimmt, sie hat zugenommen, aber ich glaube, das ist eine oberflächliche Betrachtungsweise (obwohl wir sie wahrscheinlich beide haben), und ganz so schlimm ist es nun auch nicht – sie sieht immer noch gut aus! Sie ist kein Supermodel und ich auch nicht, wir sehen eigentlich beide normal aus, würde ich sagen, also sollte uns das nicht am Sex hindern.

Ich würde gern hören, was Du dazu meinst, vielleicht hast Du Tipps, wie wir diese neue Art, Sex zu haben, in unser Leben integrieren können. Und eine Verständnisfrage: In Deinem Buch sprichst Du von einem Mann, der zwei Sexpartnerinnen hatte und der bei der Frau geblieben ist, mit der der Sex befriedigender war. **Bedeutet das also, dass man nach einem anderen Partner suchen soll, wenn der Sex nicht befriedigend ist (ich finde das nicht, und ich frage nur, um Dich richtig zu verstehen). Und wenn dem nicht so ist, kann tantrischer Sex dazu führen, dass zwischen Dir und Deinem Partner eine gute Verbindung besteht, gute Energie und postitive Gefühle sind?** Vielen Dank! Herzlich Antonio

Lieber Antonio,

ich frage mich, wie es sich inzwischen mit Dir und Deiner Freundin entwickelt hat, es sind ein paar Wochen vergangen, seit Du mir geschrieben hast. Um Deine letzte Frage zuerst zu beantworten, zur Klarstellung, es ist im Grunde so, dass die Wahrscheinlichkeit, dass Paare zusammenbleiben, größer ist, wenn sie befriedigenden Sex haben. Die tantrische Art, Liebe zu machen, zu entdecken und zu erlernen, kann sehr gut für Euch sein, für Eure Beziehung und deren Bestand, und auch für Euer Leben generell. Und das liegt daran, dass die Bewusstheit, die normalerweise für und während des tantrischen Sex erforder-lich ist, Liebe, Respekt und Verbundenheit schafft. Während im Gegensatz dazu die konventionellere Art von Sex, in der es um Erregung und Orgasmus geht, in vielen Fällen zu einer gewis-sen Unzufriedenheit, zu Abspaltung und/oder Trennung führt. Es tut mir leid zu hören, dass Du so unerwartet mit Leistungs-druck konfrontiert worden bist, nachdem Sex vorher für Dich so angenehm war und Du Dir in dieser Hinsicht vertraut hast. Diese Themen ergeben sich ganz sicher aus der konventionel-len Art, Sex zu haben, weswegen es so unglaublich wertvoll ist, sich aus diesem begrenzten Rahmen herauszubewegen und Deine Sexualität nach tantrischen Prinzipien zu entdecken und neu zu definieren. Also Ja, um Deine grundlegende Frage zu beantworten, ich bin davon überzeugt, dass tantrischer Sex Dir in Deiner Situation helfen wird. Und tantrischer Sex wird ganz bestimmt für ein gutes Gefühl sorgen, für gute Energie, und wird Heilung mit sich bringen mit jedem Partner – jetzt oder in der Zukunft. Natürlich erfordert es von beiden Seiten eine Bereitschaft dazu, und manchmal können unbewusste Reak-tionen ins Spiel kommen, deswegen braucht es ein bisschen Bewusstheit, was den Unterschied von Emotionen und Gefühlen angeht, und wie man mit diesen Persönlichkeitsaspekten und psychologischen Fragestellungen kreativ umgehen kann. Es gibt am Ende des Buches Zeit für Liebe *zwei Kapitel, die davon handeln, und ich würde empfehlen, dass Du Dir mein Buch, das ich zusammen mit meinem Partner Michael geschrieben habe,*

Zeit für Gefühle – Die Krux mit den Emotionen in der Partner-schaft *besorgst. In diesem Buch wird das Thema ausführlich behandelt.*

*Du hast um Tipps gebeten, wie Ihr diese neue Art von Sex in Euer Leben integrieren könnt. Grundsätzlich müsst Ihr die Zeit und den Raum dafür schaffen, um Liebe zu machen, und einige der Vorschläge ausprobieren, damit Ihr einen Übergang von der Theorie zur Praxis findet. Wenn Ihr das tut, werdet Ihr Schritt für Schritt lernen, wie Ihr beim Sex tantrisch sein könnt, und diese Erfahrung bleibt Euch Euer Leben lang erhalten. Diese Art zu sein musst Du nicht jedes Mal mit einer neuen Frau wieder neu lernen. Vielleicht musst Du einer neuen Frau den Weg dorthin zeigen, aber das ist etwas anderes. Grundsätzlich ist es so, dass Du als Individuum auf vielen Ebenen eine Transfor-mation durchmachst. Und je jünger Du bist, wenn Du diesen neuen Zugang findest, desto einfacher ist es. So gesehen hast **Du Glück, denn im Alter von 26 Jahren haben Deine sexuellen Schwierigkeiten Dich dahin geführt, mehr über Sex herauszu-finden, und diese Entdeckungsreise ist der größte Segen für Dein Leben, auch wenn Deine Erfahrungen mit Impotenz als solche eine emotionale Herausforderung für Dich darstellen und konfrontierend sind.***

Zeit für Liebe *gibt generelle Richtlinien für die Praxis, und dann muss man Dinge ausprobieren. Im Grunde geht es nicht darum, was Du tust, sondern wie Du es tust. Tantrischer Sex ist ganz sicher keine Technik und kein Regelwerk, sondern viel mehr eine neue Richtung, in die Du hineinwächst. Einer der ersten Schritte ist der, den Fokus vom Orgasmus wegzubringen. Das reduziert umgehend den Leistungsaspekt, es gibt nichts zu erreichen. Nicht einmal eine Erektion! Wir schlagen auch vor, ohne Erektion in die Frau einzudringen. Häufig Liebe zu machen und auch das Buch wieder und wieder zu lesen, wird Dir sehr helfen, denn durch Deine persönlichen Erfahrungen wirst Du*

langsam ein tieferes Verständnis bekommen, und das wird Deine Art, wie Du über Sex denkst, verändern. Und darum geht es uns eigentlich, um eine neue Denkweise, sodass wir unseren Körper als das anerkennen und annehmen können, was er ist. Das Buch Zeit für Männlichkeit *wird sicher sehr hilfreich für Dich sein. Darin sind viele Berichte von Männern enthalten, die von ihren tantrischen Erfahrungen schreiben, und die Dich unterstützen, ermutigen und inspirieren werden. Ich hoffe, dass diese E-Mail die meisten Deiner Fragen beantwortet, und bitte schreib mir wieder, falls ich etwas übersehen haben sollte.*
Herzlich Diana

Liebe Diana,

ich habe Deine E-Mail bekommen. Mit großer Zufriedenheit muss ich sagen, dass sie viele Fragen beantwortet hat. Auch haben sich die Dinge in der Zwischenzeit zum Positiven entwickelt. Wie Du gesagt hast, diese Erfahrung, die eine schmerzhafte emotionale Seite hatte, hat auch den Wunsch geboren, nach neuen Ufern zu suchen, sich anders zu verhalten, besonders auch, mich selbst besser kennenzulerenen; und in diesem Sinne ist diese Erfahrung für mich ein Segen und eine Chance zu persönlichem Wachstum gewesen. Ich muss Dir sagen, dass ich die beiden Bücher, die Du empfohlen hast, bereits gekauft habe – ein schöner Zufall – aber ich bin noch nicht so tief darin eingestiegen. Ich schätze, dass sie für meine Beziehung wertvoll sein könnten. Ich habe vor etwa einer Woche mit meiner Freundin über tantrischen Sex gesprochen, und darüber, wie diese Herangehensweise an Sex angefangen hatte, unsere sexuellen Erfahrungen zu verändern (für mich und sogar, was den Leistungsdruck angeht, weil ich diesen „Ich muss etwas leisten"-Ansatz aus meinem Kopf bekommen habe.) Ich weiß nicht, ob es sich für sie ein bisschen merkwürdig anhörte, aber wie Du gesagt hast, ist das Wichtigste, dass sich für mich als

Individuum etwas ändert und offensichtlich wird es, wenn ich persönlich wachse, auch unserer Beziehung helfen und sie liebevoller machen. Eine Frage, die ich immer noch habe (das ist in letzter Zeit besser, denn ich glaube, ich bin ihr gegenüber liebevoller gewesen), ist: Warum wir Menschen so viel durch unsere Denk-Brille sehen, mit der wir Dinge beurteilen. Da ist so wenig Raum für Liebe, wir sind bestimmt durch Emotionen und Umstände. Ich meine, durch diese Brille etikettieren wir: schön oder häßlich, fett oder fit, nörgelnd und nicht liebenswert... all diese Urteile über die äußere Erscheinung und das Verhalten von jemandem, das wir nur oberflächlich wahrnehmen und dann die Geschichten, die wir zu diesen „Etiketten" erfinden, das macht das Lieben schwierig.

Ich habe daran gearbeitet, hauptsächlich daran, meine ganze Selbstkonstruktion (oder mein Ego) so anzunehmen, wie es ist, und zu versuchen, darüber hinauszugehen. Denn ich denke, wenn man jemanden mit liebevolleren Augen betrachtet, dann sehen diese Augen mehr die Essenz (die Seele), dann kannst Du mehr Liebe geben und auch liebevoller mit Dir selbst sein. Das ist, glaube ich, kein leichtes Unterfangen und deswegen frage ich Dich, ob tantrischer Sex auf diese Art sieht, also tief in den anderen hinein.

Ich finde es lustig, wie unser Kopf uns betrügt. Denn wenn Liebe da ist, sehe ich, dass meine Freundin wirklich schön ist, und wenn ich die „Kopf-Brille" aufhabe, die Etiketten verteilt, bleibe ich in Urteilen, im Vergleichen stecken; dann akzeptiere ich nichts (besonders nicht mich und mein Verhalten, würde ich sagen) ... aber ich hoffe, dass man dies alles überwinden kann.

Ich schätze Deine Antwort wirklich, Diana, und ich mag Deine Bücher, wie Du siehst, denn ich habe schon drei davon gekauft! Ich wünsche Dir einen schönen Tag, viele Segnungen und viel Liebe in Deinem Leben.

Herzlich, Antonio

Lieber Antonio

eine schnelle Antwort auf Deine Antwort, für die ich Dir danke. Ich freue mich zu hören, dass Du Deine Situation in einem positiveren Licht siehst. Hier ein kurzer Kommentar zu dem, was Du geschrieben hast: „Eine Frage, die ich immer noch habe (das ist in letzter Zeit besser, denn ich glaube, ich bin ihr gegenüber liebevoller gewesen), ist: Warum wir Menschen so viel durch unsere Denk-Brille sehen, mit der wir Dinge beurteilen. Da ist so wenig Raum für Liebe, wir sind bestimmt durch Emotionen und Umstände. Ich meine, durch diese Brille etikettieren wir: schön oder häßlich, fett oder fit, nörgelnd und nicht liebenswert... all diese Urteile über die äußere Erscheinung und das Verhalten von jemandem...".

Ja, die Oberflächlichkeit, mit der wir in unserer Gesellschaft den Körper betrachten, ist das größte Trauerspiel unserer modernen Zeit, und es ist bereits seit langem so. Man legt größeren Wert auf die vergänglichen Erscheinungsbilder, während man die inneren Qualitäten ignoriert und unterschätzt. Aus meiner Sicht ist das Äußere und wie jemand aussieht kein Indikator dafür, ob er oder sie sensibel ist oder welche innere Schönheit da ist. In diesem Sinne bietet Tantra eine radikal andere Sichtweise, um die inneren Qualitäten und Werte zu entdecken und nach ihnen zu leben, insbesondere, was den Körper/den Sex/die Anziehung etc. betrifft. Wenn man die sexuelle Herangehensweise ändert, kommt man natürlicherweise in Einklang mit höheren spirituellen Schwingungen, die transformieren. Der Körper wird schöner, aber es ist eine innere Schönheit, die von innen ausstrahlt.

Ich bin sicher, dass sich alles wunderbar für Dich entwickeln wird, und dabei werden Deine Intelligenz, Deine Einsichten und Deine Neugier, die aus Deinen E-Mails ersichtlich sind, Deine größten Helfer sein. Ich wünsche Dir alles Gute.

Herzlich, Diana

9. Mir ist klar, dass ich mich trennen muss

Liebe Diana,

am Anfang dieses Jahres war ich zusammen mit meinem Partner bei Euch zum *Making Love Retreat*. Ich möchte Euch schreiben, weil vieles geschehen ist und ich mich mittlerweile von ihm getrennt habe.

Am vorletzten Tag sagte ich meinem Partner, dass ich es meinem Körper nicht mehr zumuten kann, konventionellen Sex mit ihm zu haben. Für ihn war es dann so, dass dadurch seine Lebendigkeit lahm gelegt wird. Damals habe ich nicht verstanden und wahrgenommen, dass dies vollkommen der Realität entspricht. Es wurde nach und nach klar, wie wenig wir miteinander leben und teilen können. Von meinem Partner kamen kaum lebendige, freudige Impulse und ich wollte und konnte diesen Teil nicht alleine übernehmen. In den diesjährigen Sommerferien hat er ohne jeglichen Grund sehr verletzende und respektlose Bemerkungen beim Sex gemacht. Ich fühlte mich nur noch benutzt und abgewertet von ihm. Erst nach einiger Zeit wurde mir bewusst, dass er gar nicht in der Lage ist, mich wahrzunehmen, mich zu sehen. Klar, seine Kindheitsgeschichte, sein Mutterhass, den er auf Frauen projiziert. Und **auch meine Kindheitsgeschichte mit einem Vater, der mich ignoriert hat, der nur sich selbst wahrnehmen konnte, der seine Ruhe haben wollte und mich über Jahre hinweg mit Schlafmitteln ruhig gestellt hat. Schreien, überhaupt fühlen, war nicht gewollt.**

Mir wurde bewusst, wie sehr ich bereit bin/war, mich vom „Mann" benutzen zu lassen, in der Hoffnung und Illusion, dann wenigstens von ihm wahrgenommen zu werden. Das darf nun heilen und sich verändern. Ich mache regelmäßig Meditationen, halte meine Brüste, so wie Du es mir empfohlen hast ... und hoffe, zur rechten Zeit einem Mann zu begegnen, der in der

Lage ist, mich wahrzunehmen und mich wertzuschätzen, wenn ich dies selbst für mich auch tue.

Ich grüße Euch beide recht herzlich. Das Seminar war folgenschwer und sehr, sehr wichtig für mich. Danke.

Crystal

Liebe Crystal,

vielen Dank, dass Du über Deine veränderte Situation geschrieben hast. Wenn jemand so klare Einsicht hat und eine ebenfalls so klare Intention, wie es bei Dir der Fall ist, dann ist es sehr gut, den nächsten Schritt zu tun, ohne zurückzublicken. Mir scheint, Du siehst die Wirklichkeit mit klaren Augen, und es ist zu empfehlen, verantwortlich zu handeln und zu gehen, so wie Du es getan hast. Mit dieser Bewusstheit kannst Du die Möglichkeit dafür schaffen, dass sich tiefere Erfüllung in Deinem Leben manifestieren kann. So viel Vertrauen und Klarheit werden natürlicherweise Gutes, Liebe und Licht nach sich ziehen. Es ist wunderbar, dass Du es genießt, die Meditation auf Deine Brüste zu machen, und wie Du wahrscheinlich gemerkt hast, ist dieser innere Fokus in Deinem Alltag eine große Unterstützung und stellt eine nährende Quelle dar. Diese Meditation zu machen, wird Deine sexuelle Energie als Individuum immer weiter transformieren, und das auch ohne Partner. Sie wird Dir auch ein inneres Gefühl für Dich als Frau geben, unabhängig von einem Mann, was sehr wertvoll ist.

*Barry Long, einer meiner Inspirationsquellen, sagt, dass eine Frau nur Liebe machen sollte, wenn genug Liebe da ist. Wenn Du fühlen konntest, dass da nicht genug Liebe und Respekt war, und die Bereitschaft fehlte, bewusster zu werden, dann hast Du die richtige Entscheidung getroffen. **Was ich an Deiner E-Mail schätze, ist, dass Du nicht in einem emotionalen Zustand zu sein scheinst, in dem Du Deinem Partner die Schuld gibst etc. Du sprichst mehr über Dich als über ihn, was ein Zeichen für***

Deine innere Balance ist. Dies auf positive Art und Weise hinter Dich zu bringen, ohne Drama und gegenseitige Schuldzuweisung, wird Deine Selbstliebe stärken, und damit die Liebe zu allen Wesen.
Möge das Leben dich segnen.
Herzlich, Diana

10. Nach einigen Ehejahren wurde der Sex unerträglich

Liebe Diana,

ich habe gerade angefangen, *Zeit für Weiblichkeit* auf Spanisch zu lesen, und ich habe so viele Fragen, die ich Dir gern stellen würde. Dein Buch hat mich wirklich inspiriert und war erhellend, denn ich wusste wenig über Sex und Liebemachen. Auch wenn es mir ein völlig anderes Konzept an die Hand gegeben hat, wie man Liebe machen kann, kann ich doch an die schönen Dinge, von denen Du sprichst, nicht herankommen. Ich möchte Dir ein bisschen über meine sexuelle Vergangenheit erzählen, sodass Du vielleicht besser verstehen kannst, was ich schreibe. Ich bin dreißig Jahre alt und seit dreieinhalb Jahren verheiratet, und ich habe eine Tochter, die ein Jahr alt ist. Mein Mann ist ein wunderbarer Mann, wir haben uns kennengelernt, als ich vierundzwanzig Jahre alt war, und fast ohne jede Erfahrung begann ich, auf die herkömmliche Art Liebe mit ihm zu machen. Ich habe Küssen und das Stimulieren der Klitoris immer genossen, aber Penetration hat mir nie Spaß gemacht. Als wir gedatet haben, war es okay, ich habe es mehr für ihn getan, aber nach einiger Zeit, als wir verheiratet waren, wurde es unerträglich, ich wurde sogar wütend und frustriert. Dann habe ich mit körperorientierter Psychotherapie begonnen, Akupunktur, transpersonaler Therapie, Meditationen etc. und es wurde besser, aber Sex ist für mich immer noch nicht so angenehm, wie er sein sollte. Ich war gerade bei einer guten Hellseherin, und sie hat mir gesagt, dass mein erstes Chakra völlig geschlossen ist und dass ich im Alter von fünf Jahren sexuell missbraucht worden bin. Ich kann mich ehrlich gesagt an nichts erinnern, vielleicht ist es so gewesen, vielleicht auch nicht. Ich habe mit meinem Mann ein paar Sachen ausprobiert, die Du in Deinem Buch vorschlägst, aber es fällt ihm schwer, erigiert zu bleiben, wenn er sich nicht bewegt. Mir gefällt es so viel besser, aber für ihn ist es frustrierend, die Erektion zu verlieren. Sag mir bitte, was ich tun kann. Ich möchte auf meinen eigenen Genuss nicht verzichten, aber ich weiß nicht, was ich tun soll. Kannst Du mir irgendwelche Hausaufgaben geben?

Vielen Dank für Deine Zeit und Deine Aufmerksamkeit.

Herzlich, Lara

Liebe Lara,

danke, dass Du mir geschrieben und über Deine persönliche Situation berichtet hast. Es ist schwer, Deine Frage zu beantworten, denn dabei spielen so viele Faktoren eine Rolle, ich werde also allgemein antworten. Ja, die sanftere Art von Sex wird helfen, die Schwierigkeiten der Vergangenheit zu heilen und zu überwinden, aber es braucht Zusammenarbeit, Mitgefühl, Verständnis und Geduld vonseiten Deines Mannes. Er wird bereit sein müssen, langsamer und bewusster zu sein, und das schließt manchmal den Verlust der Erektion ein.

Wahrscheinlich haben die meisten, wenn nicht alle, Männer eine tiefsitzende Angst davor, impotent zu sein, und wenn sie beim Sex ihre Erektion verlieren, werden diese Ängste aktiviert. Normalerweise gehen Männer darüber hinweg, indem sie stärker in Richtung Stimulation und Erregung gehen, aber wenn der Mann akzeptieren kann, keine Erektion zu haben und sich dabei entspannen kann – das ist ja eigentlich der natürliche Zustand seines Penis –, dann ist diese Erfahrung ermächtigend. Er wird sich stärker im Körper geerdet und männlicher fühlen. **Häufig sind es unausgedrückte Gefühle, die der Angst zugrunde liegen, die Erektion zu verlieren. Mit diesen Aspekten in Kontakt zu kommen und alle Gefühle, die an die Oberfläche kommen, zuzulassen, kann für den Mann sehr heilend sein.** Das können Tränen sein, er kann zittern oder sich zu schütteln beginnen, sich hilflos fühlen usw. Manchmal kann es sein, dass der Mann zu weinen beginnt, weil es eine derartige Erleichterung bedeutet, keine Erektion haben zu müssen. Die Spannungen und der Leistungsdruck, unter denen der Mann in Sachen Sex steht, werden sich auflösen, und das wird seine Lebensenergie insgesamt stärken. Mit diesen Schichten seiner inneren Wirklichkeit in Kontakt zu kommen, wird den Mann langfristig „potenter" machen, und er wird echte „männliche Autorität" entwickeln.

Es ist auch wichtig für den Mann (und die Frau) zu verstehen, dass der weibliche Körper sich langsamer öffnet und mehr Zeit braucht als der männliche Körper, bevor er bereit ist für Sex. Dass die Frau Sex wenig genießt und kaum Interesse an Sex hat, liegt oft daran, dass ihr Körper in der Regel nicht wirklich offen und auf das Eindringen des Mannes vorbereitet ist. Um in eine tiefere Schicht weiblicher sexueller Energie einzutauchen, sollte der Fokus weg von der Klitoris und hin zu den Brüsten gehen. Die Vagina ist eher zweitrangig, aber nach einiger Zeit kann man eine Reaktion tief in der Vagina spüren. Wenn die Vagina offener und empfänglicher ist, wird es Dir leichter fallen, den Mann in Dich hineinzulassen und Du wirst es sehr viel mehr genießen.

Einige Frauen haben festgestellt, dass die klitorale Stimulation die vaginale Umgebung irgendwie „stört"; es fühlt sich hungrig und erregt an, und das beschränkt die „Kraft" und „Reinheit" des Reingleitens, die man spürt, wenn die Vagina entspannt und empfänglich ist. Deswegen ist es besser, die klitorale Stimulation am Anfang der sexuellen Begegnung zu vermeiden.

Wird die Klitoris stimuliert, geht es in Richtung sexuelle Erregung und steuert auf den Höhepunkt zu, statt in Richtung Empfänglichkeit und das Hier und Jetzt. Oberflächlich hat es den Anschein, dass diese Herangehensweise lustfeindlich ist und den Orgasmus ablehnt und so weiter, aber das stimmt nicht. Es geht mehr darum, die Intelligenz unserer Körper zu ehren, und im Zuge dessen wird sich die Art, wie wir über Sex denken und ihn angehen, verändern.

Nun dazu, dass die Hellseherin Dir gesagt hat, dass Du in Deiner Kindheit sexuell missbraucht worden seist. Es ist traurig, dass wir in einer Welt leben, in der sexueller Missbrauch von unschuldigen Kindern enorm verbreitet ist. Es besteht also die Möglichkeit, dass Dir so etwas in Deiner Kindheit widerfahren ist, auch wenn Du Dich nicht daran erinnerst. Manchmal finden Grenzüberschreitungen auf subtile Weise statt, und trotzdem handelt es sich um invasives Verhalten. Für ein hübsches junges Mädchen ist selbst die Energie, die der Mann mit seinen Augen ausstrahlen kann, ausreichend, um ihre Grenzen zu überschreiten und ihr körperliche Anspannung zu verursachen. Oft wird jemand das Gefühl haben, dass irgendetwas passiert ist, und ich habe von Therapeuten gehört, dass, wenn jemand auch nur den leisesten Verdacht hat und sich dunkel und vage an irgendetwas erinnern kann, es aller Wahrscheinlichkeit nach wahr ist. In Deinem Fall kannst Du Dich an nichts erinnern, und es sind keine Erinnerungen hochgekommen, während Du in den verschiedenen Therapien warst. In gewisser Hinsicht ist es nicht wichtig, herauszufinden, ob es passiert ist oder nicht. Um die Spannungen zu heilen, ist für alle der Weg gleich – durch langsamen, bewussten, liebevollen Sex.

Das Wichtigste ist, anzufangen, häufiger Liebe zu machen, egal ob eine Erektion da ist oder nicht und dabei Entdeckergeist an den Tag zu legen. Sei offen dafür, welche alten und neuen Gefühle sich durch Dich hindurchbewegen wollen. Wie ich bereits zuvor in Bezug auf Deinen Mann gesagt habe, ist es heilend und reinigend, Tränen etc. zuzulassen, und es ist gut, wenn es Euch gelingt, jeweils bei Euch zu bleiben, und dennoch offen füreinander zu sein, wenn Ihr zusammen seid. Erwarte nicht, dass alles von Anfang an schön und perfekt ist. Wenn nicht alles glatt läuft, wirst Du enttäuscht sein, und Deine Energie und Aufmerksamkeit wird dahin gelenkt. So kann es passieren, dass Du das, was auf anderen Ebenen an Positivem geschieht, dann nicht wahrnehmen wirst. Heilung und innere Balance zu finden braucht Zeit. Sei offen für die kleinen Schritte.

Es wird sehr hilfreich sein, wenn Ihr das Buch gemeinsam lest, sodass Ihr beide versteht, was Ihr tut und warum Ihr es tut.

Ich wünsche Euch alles Gute.

Herzlich, Diana

Liebe Diana,

ich möchte Dir dafür danken, dass Du mir geantwortet hast. **Ich habe mit meinem Mann darüber gesprochen, nächstes Jahr einen Deiner Kurse zu besuchen und er denkt darüber nach, aber er hat Angst, bloßgestellt zu werden. Er hat mich gebeten, Dich zu fragen, ob die sexuellen Übungen, die man dort macht, so organisiert sind, dass alle zugucken.** Er ist ein wunderbarer Mann, der mich wunderbare Dinge über das Leben gelehrt hat, aber durch seine Bildung/Arbeit ist er sehr rigide in seinem Denken. Er hat große Anstrengungen unternommen, sich meiner „nicht beweisbaren" Welt gegenüber zu öffnen. Ich hoffe, Du verstehst, was ich meine. Ich tue alles in meiner Macht stehende, damit ich nächstes Jahr dabei sein kann, denn ich denke, es wäre für uns beide eine großartige Chance, aber ich muss es ihm erklären, und ich muss wissen, dass es nicht zu exotisch für ihn ist. Ich würde mich sehr freuen, wenn Du mir dazu etwas sagen könntest.

Herzlich, Lara

Liebe Lara,

bitte versichere Deinem Mann, dass der Kurs ausgesprochen professionell geleitet wird und jeder als Individuum und als Paar respektiert wird. Wir bemühen uns, den Rahmen so entspannt und so wenig bedrohlich wie möglich zu gestalten und schaffen eine sichere und private Atmosphäre. Es gibt keine Nacktheit in der Gruppe. **Wir sprechen offen und direkt über das Liebemachen, aber die Praxis geht in aller Privatheit vor sich. Es gibt keine Gruppenstruktur, an der andere beteiligt wären; „üben" tut jedes Paar für sich.** Falls man während des Retreats überhaupt nicht mit anderen sprechen möchte, ist das auch in Ordnung. Wir versuchen, den sozialen Smalltalk, zu dem es so leicht kommt, wenn Leute aufeinandertreffen, auf ein Minimum zu reduzieren, sodass die Paare unter sich sein können, wenn sie wollen. Ich möchte auch sagen, dass es nicht unbedingt notwendig ist, zu einem Kurs zu kommen, um eine neue Art des Liebemachens zu erlernen. Meine Bücher sind insofern vollständig, als ich sie geschrieben habe, ohne dass ich daran gedacht hätte, Workshops zu geben oder meine Leser jemals kennenzulernen. Wenn Ihr also nicht kommen könnt, so könnt Ihr dennoch Eure Experimente machen. Das Retreat dient lediglich dazu, einen Anfang zu machen, Euch die Möglichkeit zum Experimentieren zu geben. Aber die eigentliche „Arbeit" beginnt, wenn man nach Hause kommt, im Alltag. Dann liegt die Herausforderung darin, sich Zeit für sich selbst zu nehmen. Ich schlage vor, dass Ihr es nicht vertagt: Findet einen Babysitter für Euer Kind, und dann verabredet Euch zu bestimmten Zeiten zum Liebe machen. Ohne Zweifel wird Euer Kind davon profitieren, wenn die Atmosphäre zwischen Dir und Deinem Mann anfangen wird, liebevoller zu sein.
Herzlich, Diana

11. Sie ist die Frau, die ich mit meinem ganzen Wesen liebe und verehre

Liebe Diana,

wir sind immer noch überrascht, wie sehr die Woche mit Dir unsere Vision, unsere Wahrnehmung, unser Gefühl und unser Sein verändert. Das gilt für uns beide individuell und als Paar. Auch wenn ich bereits vorher auf tiefer Ebene ganz sicher war, dass ich zu meiner Frau stehe, ist es noch deutlicher geworden, dass sie die Frau ist, die ich mit meinem ganzen Wesen lieben und für die ich sorgen will.

Auch wenn ich vorher gewusst und gefühlt habe, dass heißer Sex kein Selbstzweck ist, sondern eher eine Droge wie andere auch (Trinken, Rauchen, Arbeiten, Denken), was Ihr sagt und ausstrahlt, hat es wirklich spürbar gemacht, was ich tief in mir drinnen gespürt habe, so lange ich mich erinnern kann. Spiritualität, Verbundensein, ganz schlicht und einfach Natur, befreit von Konzepten und Ängsten. Es ist wirklich beruhigend. Wir fühlen beide eine große Nähe und genießen, in der Gegenwart des anderen zu sein. Für mich persönlich sind die vergangenen zwei Wochen seit dem Kursus sehr gefühlvoll gewesen, und ich habe viel gelernt. Ich habe mich sehr verletzlich gefühlt, habe mich selbst angegriffen und hatte wenig Selbstvertrauen. Mein Ego hat versucht, einen Sinn in diesem Leben zu finden, ich habe mich gefragt, warum „ich" auf diesem Planeten bin, was „ich" mitbringe, und wer überhaupt dieses „Ich" ist.

Ich hatte ein enormes Verlustgefühl am Ende des Kurses, denn offensichtlich konnte der Kontakt mit meiner Partnerin, der den ganzen Tag sehr nah war, in unserem Alltag nicht genauso weitergehen. Ab heute ist dieses „Ich" jedoch wieder sehr viel mehr im Körper und im Hier und Jetzt, und ein paar andere Fragmente meines Egos sind wahrscheinlich von mir abgefallen. Ich nehme wahr, dass ich weniger Angst vor der Zukunft habe und weniger jemanden darstellen muss, um zu überleben. Ich fühle mich gelassener, habe viel mehr Kontakt mit meiner Partnerin, selbst wenn wir voneinander getrennt sind. Es fühlt sich an, als würde die Liebe einen neuen Frühling erleben!

Herzlich, Manfred

Lieber Manfred,

es ist eine wahre Freude gewesen, Deine herzerwärmende Nachricht zu bekommen, die die Schönheit und Liebe, die Du in Dir trägst, zutiefst widerspiegelt. Danke für Deine Intelligenz, Deine Klarheit und Deine Sensitivität. Und es ist großartig, dass Du siehst, wie Teile Deiner Persönlichkeit und Deines Ego von Dir abfallen und das wahre, liebevolle Ich zutage bringen.

Schön, dass Du diesen faszinierenden Prozess beobachten kannst, und das ist ganz sicher so, dank der Tiefe Deiner Selbstbefragung. Es ist ein wahres Vergnügen gewesen, Dich in der Woche in dem Seminar zu haben; wir sind auf der gleichen Reise, einfach ins Hier und Jetzt.

Herzlich, Diana

12. Meine Freundin hat Angst davor, auf neue Art Liebe zu machen

Liebe Diana,

wie Du weißt, habe ich mich von meiner Freundin einige Jahre, nachdem wir an dem *Making Love Retreat* teilgenommen haben, getrennt. Sie hatte sich in einen anderen Mann verliebt, und die plötzliche Trennung von ihr war am Anfang ziemlich schwierig. Aber ich war in der Lage, sie relativ schnell gehen zu lassen. Vielleicht hat die spirituelle Orientierung, die ich gelernt habe, mir dabei geholfen, das Leben zu akzeptieren, den Augenblick zu leben und zu verstehen, dass alles vergänglich ist.

Die größere Herausforderung für mich ist jetzt, dass meine neue Freundin sehr viel Angst hat, diese neue Art des Liebemachens auszuprobieren. Sie mag Dein Buch, aber sie ist noch nicht soweit, dass sie die herkömmliche Art, Liebe zu machen, aufgeben kann. Hast Du Erfahrungen damit, und wie kann ich damit umgehen? Noch bin ich geduldig und versuche, keinen Druck auf sie auszuüben.

Danke im voraus für Deine Antwort.

Herzlich, Patrick

Lieber Patrick,

es ist gut zu hören, dass Du in der Lage warst, Deine Freundin relativ leicht gehen zu lassen und dass Du Verständnis hattest. Und ich freue mich, dass Du eine andere Frau getroffen hast. Ich schlage vor, Du beginnst erst einmal bei Dir und siehst zu, was Du von Deiner Seite aus tun kannst, um Euren Sex zu beeinflussen und auf eine höhere Ebene zu bringen. Sei sensitiver, präsenter, halte Deine Erregung auf niedrigem Niveau, bleibe cool! Ich weiß, das ist eine Herausforderung, wenn die Frau auf den Orgasmus zusteuern will, den sie gewohnt ist, aber je weniger Du daran interessiert bist und darin aufgehst, desto besser. Sei für sie da, aber mach nicht mit. Wenn Du unter diesen Umständen die Ejakulation vermeiden kannst, dann ist das ein großer Schritt, in dem Sinne, dass Du Deine eigene Energie und Vitalität nicht zum Fenster hinauswirfst. Aber wenn es nicht möglich ist, die Ejakulation zu vermeiden, dann ist das auch völlig verständlich. **Häufig wird die Erregung, die die Frau aufbaut, um zum Höhepunkt zu kommen, den Mann zum Fjakulieren bringen, und er kann gewöhnlich sehr wenig dagegen tun.**

Natürlich wäre es das Beste, zu einem Workshop mit uns zu kommen, aber andererseits ist es auch nicht unbedingt erforderlich. Um sie zu ermutigen, kannst Du ihr sagen, dass sie immer zu dem zurückkehren kann, was sie vorher getan hat, wenn sie das möchte. In jedem Fall ist, was wir lehren, keine Schwarz-Weiß-Situation, kein Entweder-Oder. Anfangen bedeutet immer und nur, dass man alles, was man tut, bewusster tut; man schaut bewusster, was da ist, und allein diese Bewusstheit wird schon eine transformierende Wirkung haben. Eine Frau schätzt und würdigt im Grunde, wenn der Mann präsent mit ihr ist, wenn Du also diese Qualität in Dir entwickeln kannst, wird sie sich aller Wahrscheinlichkeit nach langsam anderen Möglichkeiten gegenüber öffnen.

Herzlich, Diana

Liebe Diana,

es ist viele Monate her, seit ich Dir zuletzt geschrieben habe, und ich habe Deine Worte beherzigt, aber hier bin ich wieder und hoffe, es ist okay, dass ich Dich noch einmal etwas frage. Ich bin noch mit der neuen Freundin zusammen, aber Bewusstheit beim Sex ist ziemlich schwierig mit ihr. Manchmal haben wir es gut miteinander ohne Orgasmus, aber meistens kann sie mit dieser Art, Liebe zu machen, nichts anfangen und will es auf die herkömmliche Art. Und sie will nicht an dem Kurs teilnehmen. Ich bin ziemlich geduldig, aber ich würde die Art, in der wir Liebe machen, gern weiterentwickeln. Was kann ich tun? Ist dies ein Grund, die Beziehung aufzugeben? Mein Therapeut sagt, es sei kein guter Grund, meine Freundin zu verlassen. Also im Moment macht das höhere Wissen, das ich in Eurem Kurs bekommen habe, es schwieriger, in einer Beziehung zu leben. Auf der anderen Seite würde ich es gern leben.

Herzlich, Patrick

Lieber Patrick,

es tut mir leid zu hören, dass das Wissen, das Du durch den Kurs erworben hast, es schwierig macht, Deine Beziehung auf-

rechtzuerhalten. Gleichzeitig ist es so wertvoll, eine andere Sichtweise in Sachen Sex zu haben, besonders, weil Du ein junger Mann bist. Schade, dass Deine Freundin nicht so daran interessiert ist, Neues auszuprobieren. Das kann vorkommen, denn die sexuelle Konditionierung sitzt tief, und wir haben gelernt, uns damit zu identifizieren, sie wird zu einem Teil von uns. Am Anfang braucht es einen Geist, der etwas mehr hinterfragt, und die Bereitschaft, etwas Abstand zum konventionellen Sex zu nehmen, wenn man die Art des Liebemachens ändern will. Wie ich in meinem vorigen Brief an Dich geschrieben habe, ist das Beste, was Du in der Situation tun kannst, bewusst zu bleiben, Dich zu erinnern, dass es nicht darum geht, was Du tust, sondern wie Du es tust. Manche denken, dass tantrischer Sex nur in Stille und ohne Bewegung geschehen sollte. Aber das ist nicht wahr, Stille ist nur eine Option von vielen. Es kann Bewegungen geben aber ohne Ziel und ohne in eine bestimmte Richtung gehen zu wollen – Bewegungen, die durchdrungen sind von Präsenz und innerer Stille. Vielleicht hast Du selbst ein Idealbild davon, wie es aussehen sollte. Wenn sie einen Orgasmus haben will, dann ermutige sie, ihn hinauszuzögern. Du kannst ihr auch vorschlagen, dass sie sich entspannt, während sie in Richtung Höhepunkt unterwegs ist. Gewöhnlich spannt sich der Körper dazu an, aber die Anspannung schränkt die Ausdehnung der Energie ein. Es gibt also subtile Dinge, die man tun kann, indem man bewusst ist, auch wenn man auf herkömmliche Art Sex hat.

Es ist ganz bestimmt nicht einfach, die Sehnsucht und das Wissen zu haben, den Sex auf eine höhere Ebene zu heben. Gleichzeitig ist die Geduld, die Du übst, eine sehr gute Qualität, die sich lohnt, zu entwickeln. Ich habe das Gefühl, dass diese Sehnsucht nach höheren Erfahrungen im Sex manchmal ein Grund sein kann, eine Beziehung aufzugeben, es kommt wirklich auf das Individuum an. Ich selbst habe eine Beziehung auf-

gegeben um einen Mann zu finden, der daran interessiert war,
Sex auf einer tieferen Ebene zu erforschen. Statt darüber nach-
zudenken, ob Du sie verlassen solltest oder nicht, gibt es die
Möglichkeit, damit zu beginnen, innerlich eine Frau zu manifes-
tieren, die des gleichen Geistes Kind ist und das Gleiche will wie
Du. Das kannst Du tun, indem Du in Kontakt mit Deinem Solar-
plexus gehst, dort ist die Quelle der Sehnsucht gewöhnlich
beheimatet, und von da beginnst Du, Licht und Liebe auszu-
strahlen. Du denkst also nicht mit Deinem Kopf, und Du visua-
lisierst auch nicht die ideale Frau, sondern Du strahlst Deine
innere Sehnsucht in die Welt aus und lädst die richtige Frau
dazu ein. Alles Gute für Deine Erkundungen.
Herzlich, Diana

Liebe Diana,

vielen Dank für Deine schnelle und sehr hilfreiche Antwort. Ich
werde Deine Vorschläge in die Tat umsetzen. Ja, ich habe ein
bisschen die Vorstellung, dass Stille der richtige Weg ist, das
kommt, weil ich die Stille so sehr mag! Zumindest tun wir es
manchmal so, und dafür bin ich dankbar. Ich bin jetzt entspannter mit der Situation, besonders wenn ich daran denke, dass ich
bezüglich der Beziehung nichts entscheiden muss, sondern
einfach abwarten und sehen kann, was das Leben mir bringt.
Herzlich, Patrick

13. Meine Frau hat das Interesse an Sex seit der Geburt unseres Sohnes verloren

Liebe Diana,

vor ein paar Tagen habe ich zum wiederholten Mal eine Fami-
lien-Beratungsstelle aufgesucht, um mir Rat zu holen in Bezug
auf den gestörten und mir sehr fehlenden körperlichen Kontakt

mit meiner Frau. Der Psychologe hat mir Ihre Kurse als eine Möglichkeit empfohlen.

Ich weiß noch nicht, ob meine Frau überhaupt bereit ist, mit zu einem Paar-Seminar zu kommen. Oder was sich eventuell für uns anbietet aus Ihrem Programm. Wir sind beide Anfang fünfzig und haben einen gemeinsamen Sohn, der dieses Jahr elf wird. Sie sagt, dass sie seit der Geburt unseres Sohnes, vermutlich wegen der Hormone, kein Bedürfnis mehr nach Sex habe. Wir hatten vor vielen Jahren schon einmal eine sexuelle Beziehung miteinander und kamen dann vor zwölf Jahren wieder zusammen. Ich denke, mir war der sexuelle Lustaspekt zu wichtig am Anfang unserer Ehe. Und als das Kind da war, und auch nach einem Jahr, meine Frau keinerlei Zärtlichkeiten mir gegenüber zeigte und auch keine Gespräche darüber möglich waren, begann ich, innerlich durchzudrehen. Ich fühlte mich aussichtslos gefangen. Gehen oder bleiben, sah ich als einzige Möglichkeit, aber ich wollte nicht alles aufgeben, sondern hoffte auf Besserung.

Jetzt denke ich, bin ich bereit, meinen Weg zu suchen. Ich hoffe noch ein wenig, dass meine Frau auftauen könnte. Sie kommt aus einer Familie, in der körperliche Berührung vermieden wird. Selbst Hände schütteln wird möglichst vermieden.

Meine Frage ist: Was für eine Möglichkeit gäbe es für uns bei Ihnen? Empfiehlt es sich, an einem Kurs teilzunehmen? Ich würde mich sehr freuen, von Ihnen zu hören

Herzlich, Ken

Lieber Ken,

danke, dass Du mir über die Situation mit Deiner Frau geschrieben hast, ich bin berührt davon, dass Du wieder und wieder nach neuen Wegen suchst, um sie zu erreichen, und dass Du nicht aufgibst. Viele Paare kommen zu unserem Seminar mit dem gleichen Gefühl, dass sie große körperliche Distanz zuein-

ander haben, aber gewöhnlich sind diese Schwierigkeiten nach einer Woche unter Anleitung ziemlich schnell überwunden.

Dass Frauen nach einer Geburt das Interesse am Sex verlieren, kommt sehr häufig vor. Nach einer Geburt sind Frauen sehr viel sensibler und die heiße, aggressive Form von Sex ist nichts für sie, weil es für den Körper nicht stimmig ist. Mein Gefühl ist, dass sie, Deinen Avancen gegenüber offener sein wird, wenn Du Dich ihr auf sanfte Art näherst, so wie wir es in unseren Büchern und unseren Kursen vorschlagen. Ich kenne viele Frauen, die ziemlich schnell nach einer Geburt sehr gut mit Sex zurechtgekommen sind, wenn er bewusst und sanft war.

In Wahrheit ist das Problem zwischen Dir und Deiner Frau nichts „persönliches", also ein Problem, das nur Ihr beide habt, auch wenn es an der Oberfläche so aussehen mag. Diese Kluft ist die Folge davon, dass es keine konkreten Informationen über Sex gibt und darüber, wie männliche und weibliche Energien zusammenarbeiten. Ich bin sicher, dass Deine Frau auf Deine Liebe und Deine Aufrichtigkeit reagieren wird, wenn Du mit ihr über Deine Gefühle, Deine Sehnsüchte, das Buch, den Kurs und Deinen Wunsch, etwas zu verändern, sprichst.

Ich bin zuversichtlich, dass Du und Deine Frau von der Teilnahme an einem unserer Retreats profitieren werden, sowohl als Individuen als auch als Paar. Gleichzeitig könnt Ihr anfangen, das Buch zu lesen, um Euch vorab zu orientieren, da es ja noch etwas dauern wird, bevor Ihr teilnehmen könnt. Vielleicht könnt Ihr sogar beginnen, einige der Vorschläge, die in dem Buch gemacht werden, auszuprobieren. Fangt mit einfachen Dingen wie Augenkontakt an. Bitte schreibe mir wieder, wenn ich irgendetwas unbeantwortet gelassen habe oder sich andere Fragen ergeben.

Herzlich, Diana

Liebe Diana,

danke für Deinen freundlichen Brief. Heute fahre ich für ein paar Tage auf Urlaub, und ich möchte die Zeit nutzen, um mit meiner Frau über die Möglichkeit zu sprechen, auf neue Art Liebe zu machen. Ich habe das Buch *Zeit für Liebe* und habe bereits einiges darin gelesen. Einige Dinge versuche ich auch zu üben, wie mehr in Kontakt mit meinem Körper zu sein und im Augenblick zu bleiben. Meine Frau verhält sich manchmal mehr wie ein Mann. Sie reagierte mit einer Verbalattacke, als sie das Buch sah! Ich hoffe also, dass alles gut wird und sende Dir Grüße.

Herzlich, Ken

Lieber Ken,

das ist gut, dass Ihr jetzt Urlaub macht, dass Ihr gemeinsame Zeit habt, die Ihr miteinander verbringen könnt. Ja, manchmal reagieren Frauen härter und männlicher, aber das ist eine Folge des sexuellen Missverständnisses und der Konditionierung. Darunter sind Frauen gewöhnlich weich wie Butter (wenn sie nicht im Kühlschrank ist) und süß wie Honig. Versuche, sie mit Deiner Liebe und Präsenz zu schmelzen, ohne Druck auf sie auszuüben. Denke daran, dass der Körper der Frau länger braucht als der des Mannes, um sich vollständig zu öffnen, gib ihr also die Zeit, sich mit sich selbst zu entspannen. Natürlich wirst Du, wenn Du eine Weile keinen Sex gehabt hast, gleich sofort alles haben wollen, aber ich gebe Dir den Rat, langsam vorzugehen und keine großen Erwartungen zu haben. Du wirst Geduld haben müssen und bereit sein, einen Schritt nach dem andern zu tun. Ich wünsche Dir alles Gute.

Herzlich, Diana

14. Mir ist nicht danach, mit meinem Mann intim zu sein

Liebe Diana,

ich schreibe Dir auf Anraten meiner Therapeutin. Während unserer Sitzung letzten Mittwoch habe ich ihr erzählt, dass es mir momentan große Sorgen bereitet, mit meinem Mann an dem bevorstehenden *Making Love Retreat* teilzunehmen, weil mir im Augenblick überhaupt nicht danach ist, ihm nahe zu sein, weder in intimer Hinsicht noch generell im Alltag.

Was mich am meisten beunruhigt, ist der Gedanke, nackt neben ihm zu sein, und ich möchte ihn auch nicht nackt sehen. Ich fühle mich seit ein paar Wochen, als ob Pandoras Büchse geöffnet wurde, ungemein lebendig in meinem Körper und in meinen Genitalien. **Diese Öffnung kam mit dem Bewusstwerden, dass mein Sexualleben nicht befriedigend ist, da ich alles für meinen Partner tue, während ich meine eigenen Bedürfnisse und Wünsche negiere und dieses schmerzhafte Thema auch mit ihm nicht anspreche.** Das bedeutete auch, dass meine sexuelle Energie sehr plötzlich sehr lebendig wurde, was mir keine Wahl ließ, ich musste mit dem Thema umgehen und es ansprechen. Aber mir ist nicht danach, diese Energie mit ihm zu teilen.

Ich würde gern lesen, was Du dazu zu sagen hast, denn mir ist bewusst, dass es „problematisch" sein kann, mit diesen Gefühlen am Retreat teilzunehmen. Vielleicht wird es kein Problem sein, aber ich möchte das lieber vorher klären, bevor wir uns möglicherweise verbindlich anmelden. Mein Mann fühlt es nicht so wie ich, für ihn ist es okay, egal, wie die Situation während des Retreats sein wird und was dabei herauskommt.

Herzlich, Victoria

Liebe Victoria,

es geschieht sehr häufig, dass Paare in unser Retreat kommen, wenn sie auf der einen oder anderen Ebene weit von einander entfernt sind und auch an Trennung denken. Aber die Re-orientierung, die Ihr bekommt, wird die Liebe und Nähe sehr bald wieder zum Leben erwecken. Natürlich gibt es keine Garantie dafür, aber unserer Erfahrung nach ist es so! Falls das, aus welchem Grund auch immer, nicht geschieht, dann habt Ihr zumindest etwas fürs Leben gelernt, das als gute Grundlage für kommende Beziehungen dienen kann. In diesem Sinne geht das, was wir lehren, über das Paar hinaus und ist für das Individuum bestimmt. Auch unsere Sichtweise zum Thema Emotionen und Gefühle ermöglichen es Euch, sollte es jemals zu einer Trennung kommen, dies auf liebevollere und behutsamere Weise zu tun und nicht destruktiv und emotional zu werden. **Zum jetzigen Zeitpunkt ist es wahrscheinlich so, dass nach einer Trennung, die gleichen Muster mit dem nächsten Mann (früher oder später) wieder auftauchen würden.**

Ich hoffe, dass Dir diese kurzen Ausführungen helfen können zu entscheiden, was Du als nächstes tun willst.

Herzlich, Diana

Liebe Diana,

danke für Deine Worte. Sie haben die Fragen, die in meinem Kopf herumschwirrten, wirklich beantwortet und haben mir auch mehr Perspektive gegeben, was es für Auswirkungen haben könnte, wenn wir an dem Retreat teilnehmen. Es beruhigt mich, Dein Feedback zu bekommen, ich finde ein wenig Ruhe, mein Denken ist weniger hektisch, und ich akzeptiere mehr, was „ist". Ich schätze Deine Unterstützung sehr.

Herzlich, Victoria

15. Unsere persönlichen Entdeckungen, auf der Basis Deiner Empfehlungen

Liebe Diana,

mein Hauptanliegen, weswegen ich Dir schreibe, ist, dass ich Dich in Deinen Bemühungen unterstützen möchte, Liebenden zu helfen, die neue Dimension zu entdecken, in die wir kommen können, wenn wir die reaktive und zwanghafte Weise, auf die wir Liebe machen, loslassen und ändern können. **Dein Buch hat einiges bestätigt, was meine Partnerin und ich in letzter Zeit herausgefunden haben.** Was sehr verwunderlich ist, ist, dass Deine Lehren genau zur richtigen Zeit zu uns gekommen sind. Sie haben uns geholfen, uns einen Reim darauf zu machen und die Dinge in Perspektive zu setzen, die wir erfahren haben, seit wir auf diese natürliche und organische Weise Liebe machen. Dass wir Deine Lehren gerade jetzt synchron entdeckt haben und wie das mit unseren eigenen Erfahrungen zusammentrifft, bleibt für uns beide ein Rätsel. Uns hat einmal jemand gesagt, dass das Buch und die Frau (oder der Mann), die/der unser Leben verändern würde, zu uns kommen würde, ohne dass wir danach suchen.

Es gab bestimmte Dinge in unserer Beziehung, von denen wir fanden, dass sie eine neue Ausrichtung brauchten. Wir haben genau das jetzt getan und sind damit immer noch im Prozess.

Ich habe nachfolgend einige meiner Gedanken aufgelistet, die darauf basieren, dass ich Deine Bücher gelesen habe und die sich auch auf unsere unabhängigen, empirischen Entdeckungen stützen:

. Die heiligste Aktivität überhaupt, Sex, ist zur profansten geworden. Was dazu bestimmt war, uns von der Programmierung unseres ego-orientierten Bewusstseins zu befreien, ist eine der mächtigsten „Routinen" (ich entleihe diesen Begriff der Kybernetik) geworden, die uns am stärksten abhängig machen. Es ist, als wären wir so fixiert auf die Form, dass wir deren komplementären Aspekt, die Leere, völlig übersehen. Deshalb mag der Ausdruck „spiritueller Sex" vielen als Oxymoron erscheinen, dennoch können wir nicht wirklich ganz sein, wenn wir nicht sowohl Körper als auch Geist integrieren. Die Tatsache, dass Du das in Deinen Büchern sehr klar sagst, macht den Unterschied aus ... einen Riesenunterschied ... zwischen dem, was Du sagst und dem, was andere sagen.

. Wir (Männer) wollen der Frau unbedingt so viele Orgasmen geben, wie wir ihr entlocken können, und vielleicht liegt das in unserem Ego begründet, das sich (als großartiger Liebhaber) bestätigt finden will. Unsere wahre Motivation liegt oft hinter einem altruistischen Akt verborgen. Das Ego in den Hintergrund treten zu lassen, kann heftigere Auswirkungen haben als der wunderbarste Orgasmus, und sehr viel süchtiger machen. Das ist wohl ein Hauptbestandteil von zielorientiertem Sex. Du erwähnst es in Deinem Buch, aber es kann nicht genug betont werden. Wir haben beide festgestellt, dass Liebemachen mehr mit Sein denn mit Tun zu tun hat, mehr mit Fließen als mit Erreichen.

. Wenn wir uns entspannen und der unkontrollierte Drang nach Vergnügen und Erregung wegfällt, wird es möglich, den Energiefluss wahrzunehmen, wie er mehr Tiefgang bekommt und stärker wird. Die Wahrnehmung und die Reaktion, die sich daraus ergeben, sind sehr verschieden von dem, was durch Reibung oder Aktivierung der erogenen Zonen geschieht. Das Interessanteste ist, dass die Energie nicht kontrollierbar ist, sondern im Gegenteil, je mehr wir uns ihr überlassen, desto mehr fließt sie und desto stärker wird sie.

. Da diese Art des Austausches so entspannt ist, kann das Liebemachen unbegrenzte Zeit dauern. Wir haben festgestellt, dass wir in Wahrheit nicht Liebe machen, sondern dass es der Liebe ganz einfach erlaubt ist, zu geschehen, zu sein, in und durch uns. Es ist wirklich eine meditative Erfahrung wie keine zweite.

. Mir ist klar geworden, dass ich meine Fähigkeit zuzuhören verbessern musste, um in der Lage zu sein, die Botschaften, die der Körper meiner Partnerin aussendet, wirklich zu verstehen. Ich finde, die Schwierigkeit besteht darin, wie wir programmiert worden sind, was uns (Männer) zu bestimmten Annahmen veranlasst, und auf der Basis dieser Annahmen reagieren wir, statt darauf einzugehen, was unser Partner wirklich braucht oder möchte. Zum Beispiel hat es bei mir einige Zeit gedauert, bis ich verstanden habe, dass ich ihre Brüste aktivieren muss, damit sie sich öffnet. Und das trotz der Tatsache, dass sie mir gesagt hatte, ihre Klitoris würde nicht antworten, egal, wieviel sie stimuliert würde, wenn und bevor nicht die Energie von ihrem Brustkorb und ihren Brüsten zu fließen begänne. Auf diese Art bekam ich neue Spielzeuge, mit denen ich experimentieren konnte, obwohl sie mir klargemacht hatte, dass mein Penis das beste „Spielzeug" war.

Um uns für diese Erfahrung zu öffnen, war es hilfreich für uns, uns darauf vorzubereiten und uns einzustimmen. Die notwendige Sensitivität wie auch Sensibilität, sowohl der Sinne als auch emotional, müssen vorhanden sein, damit sich die Schleusen öffnen. Auch unsere mentale Haltung muss damit synchron sein. Zum Beispiel hätte jemand, der auf Fantasien oder mentale Bilder steht, große Schwierigkeiten, diesen Zustand zu erreichen, denn es ist dafür notwendig, den Kopf aus-, und nicht einzuschalten. Das Gleiche gilt für denjenigen, der auf hohe Erregung/Stimulation reagiert, wie sie ein Vibrator hervorruft. Für so jemanden wäre es sehr schwierig, den Energiefluss wahrzunehmen und noch schwieriger, diese Art des Liebemachens zu genießen. Es ist sehr wahrscheinlich, dass so jemand das Ganze einfach als Blödsinn abtun würde.

Entschuldige, dass ich so eine lange E-Mail geschrieben habe, aber ich hege die Hoffnung in meinem Herzen, dass wir auf diese Art und Weise ein klein bisschen zu Deiner Forschung in dieser Frage beitragen können.

Zum Abschluss würde ich gern T.S. Eliot zitieren, denn seine Worte sind für alle geschrieben, die nach Liebe mit großem L suchen, und sie sind deshalb in diesem Zusammenhang sehr passend.

> „Wir lassen nie vom Suchen ab,
> und doch, am Ende allen unseren Suchens
> sind wir am Ausgangspunkt zurück
> und werden diesen Ort zum ersten Mal erfassen."

Möge das Licht Deines wirklichen Selbst Dich stets führen.
Herzlich, Rafael

3. Kapitel

EMOTIONALE ASPEKTE

In diesem Kapitel geht es um den Unterschied zwischen „Emotion" und „Gefühl". Emotionen sind aufgestaute, unausgedrückte Gefühle aus der Vergangenheit, und wenn es davon reichlich gibt, wird dies zu Schwierigkeiten beim Sex und/oder zu Problemen in der Beziehung führen – in der Gegenwart. Und dann wird, was in der Vergangenheit geschehen ist, vermischt mit dem, was eigentlich jetzt passiert. Emotionen haben die Tendenz, die gegenwärtige Liebe zwischen zwei Menschen zu untergraben.

„Emotionalität" zeigt sich in Form von Nörgelei, Vorwürfen, Streitereien und Machtkämpfen. Liebe wird dann zu etwas, bei dem es gute und schlechte Zeiten gibt.

1. Ich habe den Eindruck, dass ich ständig emotional bin

Liebe Diana

was das Liebemachen betrifft: Ich habe den Eindruck, dass ich „daueremotional" bin. Um mir Freiräume zu schaffen, habe ich jetzt alles (Yoga, Feldenkrais und Spanisch) vorübergehend gestoppt, um erst mal zu mir zu kommen. Mein Partner und ich arbeiten zusammen und ich hatte mir das als Ausgleich und Entspannung gesucht, weil mir die Arbeit über den Kopf wächst. Was mich am meisten angemacht hat, war Deine Bemerkung, dass das Seminar für Euch ein Vergnügen, und keine Arbeit ist. Für uns ist das Arbeiten in der Firma ein täglicher Überlebenskampf. Wir haben ein Geschäft mit etlichen Angestellten, das ist Stress pur. Entweder haben wir zu viel Arbeit oder zu wenig. Nach diesem zweiten Mal bei Euch habe ich das Gefühl, ich komme an ganz tiefe alte Glaubensmuster ran. Ich habe schon so viel Körperarbeit gemacht und es bis heute nicht geschafft, die tiefen Erkenntnisse im Alltag umzusetzen. Als ob ich im Stillen wüsste, dass es noch eine andere Wahrheit, eine andere Möglichkeit für mich gibt, zu leben. Spannend ist es für mich geworden, als mein Partner sich darauf eingelassen, und seine „Orgasmusfixierung" losgelassen hat. Seither schwimme ich im totalen Kontrollverlust, orientierungslos: „Wer bin ich, was bin ich als Frau wert, wenn er nicht gleich vor Erregung besinnungslos ist." Ziemlich beknackt. Und ich fange notgedrungen an, zu fühlen. **Mich selber zu spüren, ist gar nicht so einfach, vor allem wenn ich feststelle, wie wenig ich mich fühle, und wie stark ich darauf ausgerichtet war, zu fühlen, was mit meinem Gegenüber ist. Ich spüre mich selbst fast nur über Schmerzen.** Deswegen liebe ich die Fünf Tibeter Übungen, hinterher spüre ich dann alle meine Muskeln. Ich glaube, das ist ausbaufähig.

Was noch auffallend bei dieser Emotionalität ist: Ich habe den Eindruck, ich befinde mich im Schock, in einer Starre, in der ich mich nicht bewegen mag. Ich habe das Gefühl, ich kann nicht mehr. Ich bewege mich, wenn überhaupt, wie ein Roboter. Wenn ich es dann schaffe, mich zu bewegen, z.B. habe ich es letztens nachts zum ersten Mal geschafft, Kundalini zu machen, dann ist es gut. Letzte Nacht ist es mir nicht gelungen und entsprechend verkrampft wurde ich dann wach. Gibt es da noch einen Trick, Tipp, wie es leichter geht, diesen Punkt zu überwinden, weil in mir schreit dann alles danach, mich *nicht* zu bewegen: „Ich will nicht", „keine Veränderung", „im Sumpf kenne ich mich wenigstens aus". Ich kann noch nicht unterscheiden, wann ich wirklich erschöpft bin und es besser ist, meinem Körper die Ruhe zu gönnen, die er braucht, und wann Bewegung angesagt ist.

Viele liebe Grüße auch in Namen meines Partners.

Karen

Liebe Karen,

danke für Deine E-Mail. Und Ja, manchmal können sich Emotion so anfühlen, als wäre man wie gefroren oder im Schock. Und das macht es so schwierig, etwas zu verändern. Es gibt da kein Wundermittel, wie man das macht, außer sich zu „zwingen", da durchzugehen, aus Liebe zu einem selbst! Wenn Du das nicht schaffst, dann weißt Du wenigstens, warum Du Dich schlecht fühlst, es ist nicht länger ein Rätsel. Schon allein Abstand zu gewinnen, wird bewirken, dass Du Dich besser fühlst; nicht vollständig, aber immerhin ein bisschen.

Manchmal ist der Widerstand, etwas Positives für Dich zu tun, auf tieferer Ebene der Widerstand gegen den jetzigen Augenblick. Mach einfach kein großes Ding daraus. Schüttle dich, hüpfe rum, rede Gibberish und finde so einen Weg, die Spannung rauszulassen.

Die Schwierigkeit, Deinen Erschöpfungsgrad als Monitor dafür zu benutzen, was Du als nächstes tun solltest, liegt darin, dass Emotionen dazu führen, dass man sich erschöpft fühlt. Wenn Du Dich auf natürliche Art und Weise erschöpft fühlst (und Schlafmangel kann auf jeden Fall ein Grund für Emotionalität sein), dann geh früher ins Bett, schlaf Dich aus, und dann schau, wie Du Dich am nächsten Morgen fühlst. Wenn Du aufwachst, ohne Dich irgendwie erfrischt oder positiver zu fühlen, dann weißt Du, dass Du am nächsten Tag etwas tun musst.

Danke für Deine sehr interessanten Beobachtungen.

Herzlich, Diana

2. Positive Ressourcen aus der Vergangenheit

Liebe Diana,

bei Eurem Vortrag über Emotionen und Gefühle hatte ich folgenden Gedanken: Emotionen kommen aus alten Verletzungen, Mustern usw. – und wirken sich negativ auf meine Beziehung zu mir und meiner Partnerin aus. Ihr habt dies wunderbar aufgelistet. Sie sind also in uns „gespeichert". Ihr habt auch als Beispiel genannt, dass ein Kind immer wieder die Liebe von Vater und/oder Mutter durch besonderes Wohlverhalten, Anstrengung usw. erreichen musste – und sich manchmal sogar vergeblich darum bemühte.

Die Gefühle sind gegenwartsbezogen und wirken sich, wenn sie ausgedrückt werden, positiv auf meine Beziehung zu mir und meiner Partnerin aus.

Aber mir fehlt/e etwas in diesem Modell, eine dritte Dimension: die positiven „alten Gefühle" (oder sind es Emotionen?), die aus der Vergangenheit in uns immer wieder aktiviert werden (können), auf die wir als Ressource zurückgreifen können. Die also der Vergangenheit angehören, in unserem Körper und Geist gespeichert sind – aber eben als Emotionen(?) sich positiv auf unsere Beziehungen zu uns und anderen auswirken.

Ich spreche von meinen eigenen Erfahrungen: kriegsbedingt war zwar die Angst meiner Mutter um meinen Vater von meinem ersten Tag an präsent (weil dieser ein Tag vor meiner Geburt nach Russland musste), und natürlich auch die Angst um uns Kinder – zugleich aber auch ihre bedingungslose Liebe, die ich bis heute spüre und eine gute Grundlage für mein „Vertrauen in die Welt" darstellt. Ebenso durfte ich dann, ein halbes Jahr alt, drei Jahre die bedingungslose Liebe eines gütigen, humorvollen Großvaters erfahren, bei dem wir kriegsbedingt wohnten, bis mein Vater zurückkam. **Dann gab es auch sehr viele Momente der Freude, der Bestätigung in meiner**

Kindheit, Jugend und in meinem Erwachsenenleben, und es hilft mir, mich dieser Vergangenheit zu erinnern.

Verena Kast schlägt in ihrem Buch „Freude, Inspiration und Hoffnung" vor, eine „Freudenbiografie" zu schreiben. Ich denke, es ist sehr hilfreich auch für meine Liebesfähigkeit (zu mir und anderen), diese positiven Energien immer wieder in mir wirken zu lassen. Und vielleicht sollten wir uns überhaupt viel mehr diesen positiven Erfahrungen und Emotionen/Gefühlen im „inneren Kind" zuwenden als den negativen?!

Worüber ich nachgrüble: Würdet Ihr die eher zu den Emotionen oder den Gefühlen zählen – oder brauchen wir einen dritten Begriff dafür? Danke für all die Anregungen und schönen inneren Erlebnisse, die wir durch Euer Seminar bekommen haben! Mit herzlichen Grüßen, Konrad

Lieber Konrad,

vielen Dank, dass Du Deine wichtigen Einsichten und Beobachtungen mit uns geteilt hast. Ja, Du hast völlig recht, es gibt wirklich Erfahrungen in der Vergangenheit, die positive Ressourcen sind, und ganz sicher ist nicht alles Vergangene negativ. Gott sei Dank, denn sonst wäre es schwer, überhaupt zu überleben! Aber viele Menschen, die eine schwere Kindheit hatten, tendieren dazu, die negativen Erlebnisse zu erinnern, nicht die positiven. Es ist wirklich ein Segen, dass das Positive Dich so stark geprägt hat, weil Du glücklicherweise die bedingungslose Liebe Deiner Mutter fühlen und erleben konntest. Das ist ganz sicher ein Segen und inspiriert Dich, was die Liebe betrifft. Ich danke Dir, dass Du dieses Thema angesprochen hast, denn es hat mich bewusster gemacht, was das angeht. Es trifft auch auf mich zu. Ich hatte mein erstes „glückseliges" Erlebnis, als ich sieben Jahre alt war, und bis heute ist das für mich als Quelle von Licht und Liebe in mir erhalten geblieben, der ich mich zuwenden kann, wann immer ich es möchte oder brauche. Ich *stimme Dir also zu, dass es sehr hilfreich ist, diese positiven Energien in sich schwingen zu lassen. Es wäre schön, wenn wir alle uns mehr darauf konzentrieren würden, wie uns das Positive der Vergangenheit im heutigen Leben unterstützt. Leider sind es eher die negativen/unerlösten Themen der Vergangenheit, die hochkommen – daher die destruktiven Muster in Beziehungen, und daher liegt mein Fokus darauf, wie wir mit diesen Störfaktoren umgehen können. **Ich zögere immer, den Begriff „inneres Kind" zu verwenden, weil aus meiner Sicht manchmal Emotionen als Aspekte des „inneren Kindes" bezeichnet werden, auch wenn dem nicht unbedingt so ist. Ich sehe häufig ein „emotionales" inneres Kind.** Mein Gefühl ist, dass die Qualität, die Du bewahren und stärken möchtest, eher „unschuldiges Kind" genannt werden sollte.*

Herzlich, Diana

3. Jede Menge Gefühle und Emotionen

Liebe Diana,

im Juli waren mein Partner und ich in Eurem *Making Love Retreat* und haben die Zeit sehr genossen. Unsere sexuelle Reise hat sich weiterentwickelt und schenkt uns immer wieder neue Erfahrungen. Eine weite, liebevolle Landschaft – darüber bin ich glücklich.

Weshalb ich aber an Euch schreibe, ist eine geballte Gefühls- und Emotionsladung :-) Mein Partner und ich haben beide Kinder und leben verhältnismäßig weit weg voneinander. Ich bin alleinerziehend, mein Partner teilt seine Aufgabe mit der Mutter seiner Tochter. Wir sind beide an unsere Wohnorte gebunden, es bleibt uns wenig Zeit für gemeinsame Zeit. Für mich sind diese Umstände immer wieder Anlass für Krisen. Jetzt hocke ich wieder darin. Mit Eurer Hilfe *(Zeit für Gefühle)* bin ich dabei, mich auf eine Reise zu machen. Ich glaube, meine Gefühle und Emotionen langsam trennen zu können. Meine Emotionen bringen mir das jeweilige Thema – „keinen Platz haben", „nicht geliebt und angenommen sein" – ans Tageslicht, Es sind tiefe Wunden aus der Vergangenheit. Ich weiß, es ist wunderbar, wie die Liebe wieder zu wachsen beginnt, seitdem ich mir Zeit nehme für meine Emotionen und Gefühle. Viele Törchen gehen auf und ich erkenne Zusammenhänge. Noch bin ich am Anfang dieses Weges, aber ich spüre deutlich, dass er mir gut tut.

Doch an einem bleibe ich hängen: Es ist mir ein Bedürfnis, Zeit mit meinem Partner zu verbringen. Ich wünsche mir (mehr) gemeinsame Zeit, für Projekte, zum Austauschen, fürs Liebemachen, um einander zu helfen und den Alltag zu teilen. So wie ich meinen Partner verstehe, setzt er die Prioritäten anders. Für ihn ist in erster Linie seine Tochter und die Familienbeziehung wichtig. Er kann viel mehr den Moment leben. Dass mich diese Umstände an meine Emotionen bringen, habe ich erfahren, aber es sind auch Bedürfnisse. Soll ich sie ebenso loslassen wie die Emotionen? Auch wenn ich viel Liebe für ihn spüre, bleibt da ein Gefühl von unglücklich sein, von Trauer....

Was meint Ihr dazu? Es würde mich freuen, von Euch zu hören. Ganz liebe Grüße, Astrid

Liebe Astrid,

wie Du es beschreibst, scheint es, dass Du das Beste aus der Situation machst und dabei sehr interessante Einsichten gewinnst. Es ist eine Herausforderung, wenn es Kinder/Familien aus anderen Beziehungen gibt, und mir scheint, Du kannst an der Situation nicht viel ändern, außer, sie zu akzeptieren wie sie ist. Wenn man Dinge völlig akzeptiert, ist die Spannung raus, und Du wirst merken, dass Du viel mehr im Moment sein kannst. Du hast recht, manchmal entstehen Emotionen, weil

Bedürfnisse nicht befriedigt werden. Manchmal kommen die Bedürfnisse vom Kopf, statt wirklich echte Bedürfnisse zu sein. Es ist z.B. ungewöhnlich für ein Paar, nicht zusammenzuleben, also wird Dich der Kopf überzeugen, dass es besser ist, irgendwann zusammenzuleben. Daraus wird ein Bedürfnis, und in Deinem Fall eins, das nicht befriedigt wird und bewirkt, dass Du unglücklich bist. Paare, die zusammenleben, stellen häufig fest, dass sie sehr nebeneinander herleben statt wirklich „zusammen". Sie setzen häufig voraus, dass der andere da ist, achten ihre Beziehung weniger und reservieren weniger Zeit füreinander. Wenn man sich seltener sieht, ist man ganz bestimmt präsenter und lebendiger miteinander. Es ist also hilfreich, wenn Du die positiven Seiten Deiner Situation sehen kannst.

Um das Loch zu füllen, wirst Du Wege finden müssen, Dich selbst zu nähren und Dir mehr Zeit für Dich und Deinen Körper zu nehmen. Mach Übungen, tanze, meditiere auf Deine Brüste etc., oder lies Barry Long oder Osho, damit Du Dich innerlich genährt fühlst, auch wenn Dein Partner nicht so oft bei Dir ist, wie Du es Dir wünschen würdest. Ich kann mich gut an Euch erinnern, Ihr seid ein schönes und liebevolles Paar.

Ich wünsche Euch beiden alles Gute.

Herzlich, Diana

Liebe Diana,

lieben Dank für Eure Antwort. Schön, von Euch zu hören! Es hat sich schon einiges bewegt und geklärt seither. Der Pluto auf seinem Weg durch das Steinbockzeitalter hat dabei geholfen. Es sind wunderbare Erfahrungen, die ich machen darf, auch wenn mich die Emotionen ganz schön auf Trab halten... werde noch richtig fit, wenn das so weitergeht :-)

Herzlich, Astrid

4. Sich der unterschwelligen Emotionen bewusst werden

Liebe Diana,

diese Woche mit Euch schwingt noch in uns nach – nochmals vielen Dank dafür. Letzte Woche haben uns die Emotionen manchmal daran gehindert, Liebe zu machen, aber jetzt sind wir wieder dabei und fleißig am Üben. Ich möchte Dir schreiben, wie ich mir meiner unterschwelligen Emotionen bewusst werde.

Als ich den Emotionen-Gefühle-Vortrag zum ersten Mal hörte, glaubte ich von mir, keine besonders emotionale Person zu sein, da ich mit meinem Mann nur sehr selten streite. Nachdem ich den Vortrag jetzt, ein Jahr später, zum zweiten mal höre, muss ich feststellen, dass ich sogar sehr emotional bin! Auf eine unterschwellige, aber dafür nahezu permanente Art und Weise, insbesondere gegenüber meinem Mann. Dies wurde mir bewusst, als ich den Begriff der „unterschwelligen Emotionalität" kennenlernte. Da ich sehr kontrolliert erzogen wurde (meine Eltern und andere Erwachsene lobten mich oft für meine „Ausgeglichenheit"), versuchte ich immer, Konflikte mit meinem Partner zu vermeiden. Sobald ich mich verletzt fühlte oder ein Konflikt drohte, zog ich mich unweigerlich innerlich zurück, was sich oft wie ein inneres Einfrieren anfühlte. Immer wenn eine Emotion in mir ausgelöst wurde, drückte ich sie sofort zurück, anstatt sie z.B. in Streit oder Beschuldigungen zum Ausdruck zu bringen, recycelte sie sozusagen. Diese recycelten Emotionen bauten im Lauf der Jahre eine schier unüberwindliche Mauer zwischen uns auf, die letztendlich jedes liebevolle Gefühl verhinderte. **Seit ich mich innerlich mir und meinem Partner gegenüber mehr öffne, stelle ich fest, dass ich viel schneller „hochgradig" emotional werde, da ich erst jetzt die Emotionen in mir wahrnehmen und erlauben kann. Das löst noch sehr oft große Ängste in mir aus.** Gleichzeitig kann es lohnend sein, wenn es mir gelingt, sie eben „nur" als Emotion zu identifizieren – was für eine Erleichterung!

Liebe und Licht schicke ich Dir.

Jasmin

Liebe Jasmin,

*vielen herzlichen Dank, dass Du Deine Einsichten mit uns geteilt hast, und Ja, es ist wirklich ein positiver Schritt, dass Du die unterschwelligen Emotionen wahrnimmst, Glückwunsch dazu, das verändert das Leben! Und Ja, es ist der richtige Weg, als Teil des Prozesses superemotional zu werden, bewusster zu werden, in welchen Situationen die Emotionen in Dir ausgelöst werden. Und dann mit ihnen zu „arbeiten" (z.B. durch Bewegung oder alte Schmerzen mit Hilfe von Tränen aufzulösen), sodass Du alles, was in Dir gefroren gewesen ist, wieder auftaust und Du Zugang dazu bekommst. **Es erfordert Mut, sich seinen Emotionen zu stellen, aber wie Du es ja erlebt hast, bringt es Erleichterung und ziemlich schnell wird alles viel einfacher!** Ich hoffe, dass die guten Gefühle, die während des Seminars zwischen Euch entstanden sind, blühen und gedeihen und wünsche Euch beiden einen liebevollen Sommer.*

Herzlich, Diana

5. Negative Nachwirkungen der Ejakulation

Liebe Diana,

es ist unglaublich, wie viel sich in den vergangenen Monaten seit dem Seminar über das Liebemachen gewandelt hat. Wenn ich daran denke, was mit mir geschehen ist, fließen mir die Tränen und ich bin unendlich dankbar für diese Erfahrungen und dieses Geschenk in meinem Leben. Immer wieder bin ich verwirrt und denke: „Das kann doch nicht wahr sein, ich bin bestimmt auf irgendeinem Trip!" Aber der Trip scheint nicht zu enden! Es sieht so aus, als würde ich zum ersten Mal in meinem Leben bemerken, dass ich meinen Körper schlecht behandelt habe, und dass ich damit von einem Moment auf den anderen aufhören kann, ohne mich anzustrengen. Die körperlichen Symptome, die hochkommen, sind so stark, dass die schöne Empfindung, einen Orgasmus zu haben, im Vergleich dazu gar nichts ist. Es ist gut zu wissen, welchen Preis ich für einen schönen Orgasmus bezahle, und dass ich jetzt die Wahl habe, ob ich dafür bezahlen will oder nicht. Normalerweise fühlte ich mich immer zwei oder drei Tage total erschöpft, nachdem ich einen Orgasmus hatte, das ist vorbei. So viele große und kleine Dinge sind geschehen, dass ich jetzt bestimmt einiges davon vergessen habe.

Was am wichtigsten ist: **Meine Partnerin und ich sind uns näher gekommen als je zuvor. Die emotionalen Momente sind immer seltener geworden. Wir verbringen sehr gerne sehr, sehr viel Zeit miteinander. Und es fällt uns schwer, nicht in der Gegenwart des anderen zu sein. Das war in der Vergangenheit anders.** Wir waren in eine größere Wohnung gezogen, einfach weil wir es nicht aushalten konnten, ohne dass jeder von uns ein eigenes Zimmer hatte. Jetzt haben wir die Wohnung umgeräumt, und die beiden Einzelzimmer sind zu einem gemeinsamen Schlafzimmer und einem Büro geworden. So können wir immer in unserer gegenseitigen Präsenz zusammen sein und fühlen, wie unsere Liebe hin und her fließt.

Meine Begegnungen mit anderen Menschen sind anders geworden. Mein Herz ist offen. Früher hat es lange gedauert jemanden zu finden, dem ich vertrauen konnte. Das geht jetzt viel schneller. Ich orientiere mich weniger an dem, was die Menschen sagen, wenn ich in Kontakt gehe. Ich rede nicht mehr so viel wie früher. Ich ziehe es vor, einfach da zu sein, nach innen zu fühlen und wahrzunehmen, was geschieht, anstatt mich in Diskussionen zu verwickeln. Viel reden ist anstrengend für mich und bringt mich von mir selber weg.

Wenn ich früher eine Frau traf, lief in mir immer unbewusst ein Film ab: „Wir könnten Sex haben. Will ich sie? Will sie Sex mit mir? Aber ich hab doch eine Freundin! Mist!" Wenn ich jetzt einer Frau begegne, fühle ich, dass mein Herz offen ist, dass alles okay ist, dass ich mit ihr reden und mich wohl fühlen kann. Ich habe nicht mehr das Bedürfnis nach Sex, das mir meine Fantasie immer eingeredet hat. Ich begegne den Menschen jetzt auf eine Weise, die vorher für mich nicht möglich war. Ich sehe sie wirklich, anstatt sie in gewisser Weise zu meiden. Das geschieht natürlich nicht immer, aber immer öfter.

Morgens machen wir beide unser Tai Chi, und am nächsten Morgen machen wir gemeinsam unsere Übungen. Das macht mir großes Vergnügen und ich bin erstaunt, wie sehr mir das hilft, in manchen kritischen Momenten auf dem Boden zu bleiben. Meine Bedürfnisse nach Karriere, Geld, Ruhm, Anerkennung, aufregenden Reisen und Freunde zu treffen haben nachgelassen. Ich ziehe es vor, mit meiner Geliebten zusammen zu sein. Ich bin sehr zufrieden damit. Wenn ich mein Leben von einem Tag auf den anderen ändern könnte, hätte ich gerne einen Beruf, der es mir erlaubt, den ganzen Tag zu Hause zu bleiben und nicht die ganze Zeit herumzureisen. Neulich waren wir für zehn Tage getrennt. Ich habe festgestellt, dass ich leicht die Verbindung zu meinem Herzen verliere, wenn ich allein bin. Früher wollte ich immer zu Hause sein, um mir selbst nahe zu kommen.

Im letzten Monat wachte ich zweimal auf, weil ich einen Orgasmus hatte, und zwar ohne zu ejakulieren. Seit meiner Pubertät habe ich das nicht mehr erlebt. Bei einem dieser Vorfälle erinnere ich mich immer noch, dass ich einen Traum mit wilden Sexfantasien hatte. Ihr hattet erzählt, dass es leicht geschehen kann, dass man in das gewohnte Muster zurückrutscht. Wir haben zwar kurze Momente mit heißem Küssen, aber das Verlangen nach heißem Sex ist nur für eine Sekunde da, bevor wir überhaupt die Zeit hätten es umzusetzen. **Ich habe gemerkt, dass sich meine Lust nach Sex in Lebenslust gewandelt hat. Manchmal sprudelt in uns beiden so viel Freude hoch, dass wir fast das Gefühl haben zu „platzen".** Die Menstruation meiner Frau ist jetzt so normal, wie schon seit langem nicht mehr. Und auch ihr Eisprung ist jetzt wieder normal. Am besten wird sie Euch das selber mitteilen.

Wir sind sehr glücklich, Euch begegnet zu sein und sehr neugierig, wie sich jetzt alles weiterentwickeln wird. Ich kann es manchmal kaum glauben, dass sich mein Leben in so kurzer Zeit so sehr gewandelt hat und das auf eine so sanfte und harmonische Art. Vielen Dank!

PS: Hier noch ein paar Zusätze, falls ihr an meiner Erfahrung interessiert seid. Ich finde es unglaublich, wie viel man in Bezug auf konventionellen Sex beobachten kann.

Symptome, die ich nach dem Orgasmus beobachtet habe. Wenn ich nicht gleich nach dem Orgasmus einschlafe oder einen Spaziergang mache, habe ich die folgenden Empfindungen:

. Eine intensive Trägheit breitet sich in mir aus.

. Kontakt mit anderen Leuten fällt mir schwer.

. Ich habe keine Lust, jemanden zu treffen.

. Die Vorderseite meines Rumpfs ist für die nächsten zwei Tage extrem angespannt; mein unterer Rücken ist zusammengezogen; mein Nacken ist angespannt. Mein Körper ist allgemein angespannt.

. Ich habe keinen Raum in mir, keine Beweglichkeit.

. Ich bin reizbar.

. Ich verhalte mich wie ein Kind, das nicht genug geschlafen hat, auch wenn ich viel geschlafen habe. Selbst Kleinigkeiten sind mir oft zu viel. Wenn ich viel zu tun habe, fühlt es sich oft an wie ein unüberwindliches Hindernis.

- Meine Gedanken rasen. Ich zweifle an meinem Beruf, an meiner Beziehung, an dem Platz, an dem ich lebe und an meinem Leben. Nichts scheint gut zu sein, so wie es ist.
- Es fehlt mir die Gelassenheit, und ich spüre keine Freude.
- Ich habe Angst, dass mir alles zu viel wird, meine Augen sind unscharf, und mein Kopf fühlt sich vernebelt an.
- Ich will meine Geliebte nicht mehr anschauen und ich bin kaum in der Lage, ihr in die Augen zu schauen. Und wenn ich es trotzdem tue, sehe ich sie nicht klar.
- Ich fühle mich ruhelos.
- Kurz gesagt: Nichts macht mir Spaß.
- Ich brauche mindestens 2-3 Tage, bis ich mich erholt habe, ich schaue mir ohne Ende Filme an und vermeide Kontakt.

Alles Liebe, Kevin

Lieber Kevin

danke, danke, danke für den wundervollen Bericht über Deine Beobachtungen und Einsichten. Das zu entdecken wird Dein Leben verändern. Und Dein Bericht berührt mich besonders, weil Du so jung bist! Und vielleicht ist es gerade, weil Du so jung und vergleichsweise (verglichen mit älteren Leuten) sensibler bist, dass Du in der Lage bist, die Reaktionen Deines Körpers so genau abzulesen. Deine Worte machen mir Gänsehaut, und mir steigen Tränen in die Augen.

Alles Gute für Dein Leben.

Herzlich, Diana

6. Wie meine Angst durch Liebe geheilt wird

Liebe Diana,

durch die tantrische Art, Liebe zu machen, habe ich häufig festgestellt, dass meine Liebe mich über mich selbst hinausträgt.

Die Vereinigung von Vagina und Penis ist stark wie ein Fels, was mich an meine Liebe erinnert. Wenn Wellen von Hass oder Angst mich zu überrollen drohten, hat mir diese Verbindung geholfen, bewusst bei der Liebe zu bleiben. Diese Liebe hilft mir, dann meine Angst mitzuteilen, statt darin gefangen zu sein und sie auf meine Frau zu projizieren. Und, wie wir alle wissen, ist die Projektion von Angst der beste Auslöser für Streitigkeiten und Trennungen. **Insgesamt hat mir Tantra sehr geholfen, um mit meinen Mustern und Ängsten zurechtzukommen. Ich kann viel besser zentriert und bei mir bleiben, wenn sich ein Muster zeigt**. Ich kann das Muster benennen, und ist es erstmal offen ausgesprochen auf dem Tisch oder im Bett, kann ich eher konstruktiv damit umgehen. Vielen Dank für diese Werkzeuge!
Herzlich, David

7. Ich verschließe mich, weil ich denke, dass mein Partner mich nicht liebt

Liebe Diana,

mein Problem in Beziehungen ist, dass ich mich verschließe, weil ich denke: Mein Partner liebt mich nicht wirklich. **Wenn ich seine Aufmerksamkeit vermisse, fange ich an, so zu tun, als würde ich seine Aufmerksamkeit nicht wirklich brauchen und als würde ich sehr gut allein zurechtkommen. Und ich bin abweisend, weil ich ihn dafür bestrafen will, dass er nicht nett genug zu mir ist.** Natürlich verletzt ihn das manchmal, aber manchmal ist er sich dessen bewusst, und dann bleibt er bei sich. Das zeigt mir dann, wie kindisch ich bin, und manchmal ist es nicht schwierig, aus dieser Rolle herauszukommen.

Das größere Problem ist meine innere Unsicherheit, ich verurteile mich dafür, wie ich aussehe und fühle mich wertlos. Wenn ich in diesem Zustand bin, ist es sehr schwer, da wieder rauszukommen. Die Wurzeln dieses Problems liegen, glaube ich, in meiner Kindheit, weil ich Zeuge war, wie meine Eltern sehr viel gestritten haben, und diese Streits drehten sich immer um meinen Vater und andere Frauen. Meine Mutter war ein sehr unsicherer Mensch, ihr Vater hatte sie und ihre Mutter verlassen, und sie hatte Angst, dass mein Vater sie ebenfalls verlassen würde. Andererseits hatte mein Vater tatsächlich andere Frauen, und meine Mutter konnte nie sicher sein, ob es so war, aber sie hat ihn immer mit ihren Verdächtigungen angegriffen. Als ich ungefähr dreizehn war, hat mein Vater mir Geschichten über seine Affären mit anderen Frauen erzählt. Deswegen ist in meinem Innern ein ziemliches Durcheinander. Manchmal, wenn mein Partner und ich mit einer hübschen Frau zusammen sind, kriege ich diese Idee, dass er mit ihr zusammen sein will, und ich bekomme solche Angst, werde so wütend und traurig, dass ich nur noch allein sein möchte. Dann will ich überhaupt keinen Kontakt mit ihm. Ich mache die Dynamische Meditation, wenn das passiert, und wir sprechen hinterher darüber, das hilft. Ich arbeite seit Jahren mit diesem Problem, und heute ist es sehr viel besser (d.h., es kommt nicht mehr so oft vor), aber es ist immer noch in mir drin. **Dass wir tantrischen Sex haben, ist manchmal unmöglich für mich, und ich wollte Dich fragen, wenn ich mich so fühle – traurig, wertlos, wenn ich allein sein will und denke, alle Männer sind Dumpfbacken usw. – sollten wir dann sexuellen Kontakt haben oder nicht?** Normalerweise reden wir über meine Probleme, aber wir sind nicht körperlich zusammen, wenn das passiert. Mein Partner würde schon wollen, aber ich nicht. Was würdest Du raten in so einer Situation? Herzlich, Letizia

Liebe Letizia,

vielen Dank, dass Du uns Deine Erfahrungen mitgeteilt hast. Es ist traurig zu hören, wie Eltern ihre Kinder auf so tiefer Ebene negativ beeinflussen, ohne wirklich zu verstehen, was sie tun. Und es tut mir leid, von Dir, Letizia, zu hören, dass es Dir immer noch schwerfällt, Deinem Partner zu vertrauen, dass er Dich liebt. Die alte weibliche Konditionierung mit Zweifeln und Angst, die Liebe zu verlieren, kommt an die Oberfläche. Ich bin sicher es ist Teil Deines Heilungs- und Reinigungsprozesses. Für keine Frau ist das einfach, und ich spreche aus Erfahrung, aber wir müssen früher oder später darüber hinauswachsen. Es ist viel leichter, den Weg der Emotionen zu wählen als zentriert und präsent mit dem zu bleiben, was ist.

Um Deine Frage zu beantworten, würde ich sagen, dass man keine Regel dafür haben sollte, ob es gut ist oder nicht, Liebe zu machen. Ich finde, Ihr solltet es versuchen, wenn es funktioniert, dann funktioniert es, und wenn nicht, dann nicht. Es kommt wirklich darauf an, wie sehr Du in Deinen Emotionen steckst und mit ihnen identifiziert bist. Manchmal ist die „Wand" da, aber nur ein bisschen, und liebevoller, körperlicher Kontakt hat die Fähigkeit, das Gefühl von Trennung einfach dahinschmelzen zu lassen. Und in diesem Sinne ist es immer einen Versuch wert, sich körperlich näherzukommen. Wenn Du etwas tiefer in den Emotionen feststeckst, wird der sexuelle Kontakt meist auch die Trennung auflösen. Es kommt wirklich darauf an, und ich möchte Euch ermutigen, damit zu experimentieren. Das Gute ist, dass Dein Partner bereit ist, Liebe zu machen, auch wenn Du ein bisschen verstimmt bist, und das zeigt ja, dass er Dich wirklich liebt. **Es gibt eigentlich nur eine Situation, in der ich sagen würde, dass ein Paar keinen Sex haben sollte: Wenn beide in einem sehr emotionalen Zustand sind und sich gerade streiten oder gerade gestritten haben. Oft wird die Spannung, die noch im Körper ist, sich in Richtung Erregung bewegen und dann kann der Sex leicht unbewusst, hart und lieblos werden.** Dann gibt es keine wirkliche Verbindung, und die Unzufriedenheit wächst nur. Das ist ja in Deiner Situation

eindeutig nicht der Fall, aber da Du danach gefragt hast, wie es
mit dem Sex ist, wenn einer der Partner emotional ist, wollte ich
Dir das sagen, weil es vielleicht interessant für Dich sein kann.
Ich wünsche Dir alles Gute für jeden Tag.
Herzlich, Diana

8. Ich bin am Verzweifeln und stelle mein gesamtes Dasein als Mann infrage

Liebe Diana,

ich wollte Euch schon lange einmal schreiben. Über meine Freude und meine Erfahrungen mit der neuen Art, Liebe zu machen oder wie wir mittlerweile zueinander sagen: *In Liebe sein.* Seit meiner Teilnahme am Kurs ist so einiges geschehen in meiner Art, Liebe zu machen, der Art wie ich das Liebemachen betrachte und generell, wie ich zum sexuellen Kontakt zwischen Frau und Mann stehe. Nicht alles zum Guten (gerade jetzt). Das Schlimmste, was ich gerade erlebe, ist, dass ich nichts mehr fühle. Ich spüre kein Interesse, kein Verlangen mehr mit meiner Partnerin in Liebe zu sein, auch in sexueller Hinsicht. Ich schnappe auch keine visuellen Reize mehr auf von den jungen Mädchen, denen ich hin und wieder nachschaue. Ja, sogar alleine mit mir scheint kein Interesse an sexueller Stimulation zu sein. Dies macht mich traurig, ja, frustriert mich sogar sehr. Es begann langsam. Nach dem Seminar war ich oft aufgeregt vor unseren vereinbarten Treffen, fühlte mich erregt durch die Art, Neues auszuprobieren. Spürte Glück, weil diese Art des Liebemachens meiner Partnerin so gefällt. Nach einigen Wochen fühlten wir beide oft einen Widerstand, bevor wir uns gen Schlafzimmer aufmachten. Der eine hatte Kopfschmerzen, dann der andere Stress bei der Arbeit, Müdigkeit oder jetzt die Fussball–Europameisterschaften!

Hatten wir jedoch diese Barriere überwunden, entspannten wir beide so tief, dass ich regelmäßig kurz nach dem Eindringen einschlief und, wieder erwacht, total klar und frisch war. Bei diesen Anfängen hatte ich immer eine Erektion vor dem ersten Einführen und kaum drinnen, ein Gefühl von Entzücken und Freude. Es kam eine Zeit, wo ich allerdings vor dem Liebemachen keine Erektion mehr bekam. Und da mein Penis sehr klein ist, wenn er nicht in erigiertem Zustand ist, wurde es schwieriger ihn einzuführen, ja manchmal gar unmöglich. Diese Situationen frustrierten mich sehr. Ich wurde emotional, ging, schrie in mehrere Kissen, trank Wasser und kam wieder zurück. Wieder ohne Erektion. (Ach, irgendwie ist's schwierig das alles aufzuschreiben...)

Ich beobachtete all dies und dachte mir oder besprach mit meiner Partnerin, dass das einfach so sei gerade, keine Sorge, weitermachen und es würde schon wieder anders werden.

Dann kamen Zeiten, wo ich anfangs eine Erektion hatte, kurz nach dem Einführen allerdings gleich wieder so klein wurde, dass mein Penis gar nicht mehr in der Vagina meiner Partnerin lag. Und wieder kamen Emotionen und auch immer mehr Frustration. Meine Partnerin sagte mir, dass es für sie nicht so wichtig sei, dass ich eine Erektion hätte. Sie spüre mich sogar eher, wenn mein Penis nicht so hart und steif wäre. Doch diese Angst in mir, keine Erektion mehr zu haben, wuchs. Ja, der Druck wurde so stark, dass, wie oben beschrieben, die Erektion wieder ganz ausblieb. Und der Frust noch stärker wurde.

Ich hatte vor dem *Making Love Seminar* das Gefühl, eine Erektion sei absolut wesentlich zur Durchführung des sexuellen Aktes. Und auch das rhythmische Bewegen sei wichtig zur Aufrechterhaltung der Erektion. Danach fielen beide Prinzipien weg und ich sagte oft zu meiner Partnerin, während wir ineinander dalagen, ich wisse nicht mehr, was zu tun sei, käme mir langweilig vor und schlief eben oft auch ein. Auch hütete ich mich vor zu vielem Bewegen, wollte ich doch keinen Orgasmus. Und führten wir beide doch einen herbei, war danach ein beschämendes Gefühl in mir. Das ist der Zustand, wie er gerade bei mir ist. Und ich habe keine Lust, und Angst vor dem erneuten Liebemachen. Meine Partnerin ist traurig, weil es ihr so gut tut, und befürchtet, damit wäre es jetzt wieder aus.

Ich bin gerade echt verzweifelt und stelle mein ganzes Sein infrage – in allen Lebenssituationen. Und doch spüre ich, wie wichtig es wäre, genau in diesen Tagen einfach nur mit meiner Partnerin zusammen dazuliegen, eine Massage zu geben oder einem ihrer Märchen zu lauschen, die sie mir an solchen Tagen gerne vorliest ...

Das Thema mit einem zu kleinen Penis ist meine Urangst. Und dann damit auch noch keine Liebe machen zu können, ruft ein Gefühl tiefster Scham hervor. Scham und Angst vor der Frau. Ich spüre den gewaltigen Druck und den Riesenanspruch, den ich an mich stelle. Nicht nur in der Liebe. Ich wüsste theoretisch ja auch Antworten (so wie ich sie auch Leuten sagen würde, die an meiner Stelle stehen...) aber ich fühle mich gerade sehr allein damit und traurig.

Könnt Ihr beide mir ein paar Antworten darauf geben?

Liebe Grüsse, Christian

Lieber Christian,

*danke, dass Du uns Deine Erfahrungen und Schwierigkeiten mitgeteilt hast. In dem Retreat vermitteln wir Euch eine völlig neue Sichtweise von Sex und Liebe, also ist es normal und ein positives Zeichen, wenn Du irgendwie darauf reagierst oder sich Deine Sicht verändert. **Das ist die eigentliche Idee von Tantra – dass man lernt, wie man Sex in dessen höhere Vibration – Liebe – transformiert, indem man bewusst ist. Wenn man beginnt, bewusster Liebe zu machen, setzt ein Reinigungsprozess ein. Es ist ganz natürlich, dass verborgene und ver-***

grabene Themen und Emotionen/Gefühle als Teil dieser Reinigung und Heilung an die Oberfläche kommen. Zum Beispiel, die Ängste bezüglich Erektion, Schamgefühle, was Deinen Penis angeht, das Gefühl, nicht mehr zu wissen, was man tun soll, oder sich bewusst zu werden, unter wie viel Druck man sich in allen Lebenslagen setzt. Dies alles sind sehr tiefsitzende Ängste, die Dir insgesamt Deine Lebensenergie, die ja auch Deine sexuelle Energie ist, rauben. Wenn diese Spannungen beginnen, sich zu bewegen (meist in Form von Emotionen), wirst Du Dich natürlich zunächst ein bisschen negativ und distanziert fühlen. Deswegen ist es gut, wenn Du erkennen kannst, dass einige Dinge, die Dir jetzt negativ erscheinen, letztlich positiv sind! Sogar die Tatsache, dass Du junge Mädchen nicht mehr in der gleichen sexuellen Art ansiehst, spiegelt, dass Du in die richtige Richtung unterwegs bist. Wenn Du nicht mehr mit sexuell hungrigen Augen nach außen schaust, ist dies in der Tat ein Segen für Dich. Sex ist letztendlich ein inneres Erlebnis und von Zellvitalität abhängig und hat nicht wirklich etwas mit äußerer, visueller Stimulation und/oder Fantasie zu tun, wie unsere Konditionierung uns glauben macht.

Du solltest weiterhin daran arbeiten, die Wellen negativer Emotionen aus Deinem Körper herauszubewegen, indem Du physisch aktiv bist, so wie Du es ja bereits tust. **Versuche, die Emotionen in Gefühle zu transformieren, und erlaube Dir, zu fühlen, was immer du fühlst, lass Tränen fließen, wenn Du kannst. Sich Gefühlen wie Verwirrung, Unsicherheit und Scham zu stellen und sie gehen zu lassen, ist schmerzhaft, bringt letztlich aber Heilung und Stärke.** Wenn Du das erstmal hinter Dir hast, wird sich Deine Perspektive positiv verändern. Fang an, Dich wirklich für Deinen Körper zu interessieren und lerne, präsenter darin zu sein – bei allem, was Du machst. Achte Tag für Tag auf Dein Körperbewusstsein, nimm wahr, wie Du sitzt, wie Du stehst, wie Du isst, wie Du umarmst etc.

Jeder Tag bietet so viele Gelegenheiten, den Körper zu spüren. Dich im Körper zu verankern und ihn in jedem Augenblick wertzuschätzen, wird Deine Präsenz erhöhen und Deine wiederkehrenden negativen Gedanken reduzieren. Mach jeden Tag ein paar Übungen, und Du wirst eine wachsende Lebendigkeit in Dir spüren, die wunderbar und lebendig und auf göttliche Weise sexuell ist. Tu jedes Mal, bevor Du Liebe machst, etwas Physisches, sodass Du lebendig wirst, bevor Du eine Verbindung mit Deiner Partnerin herstellst. Regelmäßige bewusste körperliche Übungen werden auch verhindern, dass sich Negativität und Emotionen aufstauen. Und immer, wenn Du wahrnimmst, dass Du die Verbindung ein bisschen verloren hast und Du Dich negativ fühlst, dann bewege Deinen Körper, um diese Schicht von Spannung loszuwerden. Du bist ein junger und schöner Mann, und Dir in diesem jungen Alter Deines Körpers bewusster zu werden, wird ein Geschenk für Dein ganzes Leben sein.

Du schreibst, dass Du nicht Liebe machen willst. Das kann eine weitere Schicht Emotionen sein, ein Gefühl von Getrenntheit/Negativität. Aber es kann auch ein bisschen an Deiner Faulheit liegen. Sehr häufig ist der Widerstand gegen Sex ein Unwillen, überhaupt präsent zu sein, und nicht unbedingt ein Widerstand gegen Sex an sich. Präsent zu sein ist eine Kunst und eine Herausforderung und etwas, das entdeckt werden will.

Wenn Ihr zusammen seid, um Liebe zu machen, dann solltet Ihr keine Regeln haben, seid nicht Schwarz-Weiß in Eurer Herangehensweise und habt keine starre Auffassung über Richtig und Falsch. Das betonen wir immer wieder während des Retreats. Zum Beispiel sagst Du, dass Du Dich schämst, nachdem Du einen Orgasmus hattest – das ist unnötig, daran ist nichts falsch. Es geht nur darum, die Gewohnheit, einen Orgasmus zu wollen, in Frage zu stellen. **Was wir empfehlen, ist, dass Ihr bewusst Liebe macht, das ist alles! Erinnere Dich, was wir während dieser Woche erklärt haben – es geht nicht darum,** *was Ihr tut, sondern wie Ihr es tut, was auch immer es ist, alles ist gut, solange es bewusst ist. Bleib in Kontakt mit Dir, aber fordere gleichzeitig Deine sexuellen Gewohnheiten heraus. Bewusstheit an sich ist eine transformatorische Kraft.*

Auch wenn Du Dich nicht danach fühlst, Liebe zu machen, leg ein inneres Gelübde ab, mehr Liebe in Deinem Leben zu haben, triff Verabredungen mit Deiner Frau, setz Dich der Situation aus, mach ein Spiel daraus, was auch immer geschieht, ist in Ordnung, vielleicht kuschelt Ihr nur oder tut, wonach Euch ist. Genieß einfach das Zusammensein, ohne große Erwartungen. Man kann so viel daraus lernen, wenn zwei Menschen im gleichen sexuellen Rahmen Erkundungen nachgehen. Sehr viel Heilung und innere Balance wird möglich. Und die Transformation hält das ganze Leben an, sie ist nicht nur auf diese Beziehung beschränkt. Deine Bewusstheit und Dein Körper sind immer bei Dir, wohin Du auch gehst, und das bedeutet, dass Du auch in Zukunft fähig sein wirst, liebevolle Beziehungen zu Frauen aufzubauen.

Ich wünsche Euch beiden alles Gute.

Herzlich, Diana

Liebe Diana,

eine kurze Nachricht, um Dir zu sagen, dass mich Deine E-Mail sehr entspannt hat und sie hat bewirkt, dass ich mich jetzt besser fühle, was meine Situation angeht. Vielen Dank dafür! Und ja, Du hast recht, ich habe ganz bestimmt mit meinen Emotionen gekämpft! Unglaublich, wie sie es schaffen, dass ich mich so negativ fühlte. Das habe ich einige Tage, bevor Deine Nachricht hier ankam, verstanden und habe angefangen, mit ihnen auf konstruktive Weise zu arbeiten, und so fühle ich mich bereits viel besser und genieße es wieder, Liebe zu machen!

Herzlich, Christian

9. Sex ist schwierig für mich – wegen hoher Erwartungen und Kinderwunsch

Liebe Diana,

Axel und ich haben im Mai zum ersten Mal euer Tantra-Seminar besucht und das war für uns eine sehr schöne Erfahrung. Seit der Zeit haben wir einiges experimentiert, manchmal blieb es für mich schwierig, andermal war es total entspannend und schön, mich auf die Liebe und auf Tantra einzulassen. Ich habe auf jeden Fall seither viel gelernt, wir hatten Euch vor ca. zwei Jahren geschrieben und über unsere Erfahrungen berichtet. Letztes Jahr im Urlaub habe ich Dein Buch *Zeit für Weiblichkeit* gelesen und das hat in mir einiges geöffnet und mir bestätigt, dass Tantra mein Weg ist. Ich wollte Dir schon vor einiger Zeit schreiben und Dir meine Gefühle und meine Begeisterung mitteilen, die Zeit hat mich überholt :-) und jetzt befinde ich mich in einem Engpass und brauche Deinen Rat.

Sex ist wieder ganz schwierig für mich die letzten Monate, es sind drei Sachen, die eine Rolle spielen und sicher miteinander verkoppelt sind. Ich spüre öfters diese Wunde im Damm und das blockiert mich in meinem Empfinden, in der Entspannung, sodass wir den Liebesakt unterbrechen müssen; dabei habe ich das Gefühl, dass ich als Spielverderber die Verantwortung übernehmen muss.

Das Zweite ist, dass ich mit mir selbst in Konflikt war und immer noch bin und wusste nicht mehr genau, was meine Bedürfnisse sind. Die letzten Monate hatte ich eher Lust auf konventionellen Sex und auf Befriedigung bzw. Orgasmus durch Klitorisstimulation. Ich habe mich für das Bedürfnis geschämt und habe diese Energie immer wieder verdrängt oder ich habe es mir nur einmal erlaubt. Ich merke, wenn ich mich auf die Klitoris konzentriere, dass ich die Energie in meiner Vagina nicht mehr wahrnehme.

Und das Dritte ist das Wichtigste: Wir haben seit zwei Jahren einen starken Kinderwunsch, der manchmal in Zeiten von Stress oder Prüfungen bei mir verlorengegangen ist. Wir haben es am Anfang mit Planen und Kontrolle versucht, das hat aber nicht funktioniert, weil ich auf Druck sehr empfindlich reagiere und mich beim Liebemachen nicht mehr entspannen konnte. Immer mehr kam ich zu der Überzeugung, dass das Kind kommt, wenn es will und dass wir die Schwangerschaft nicht planen können. Axel hat eine andere Meinung vertreten, aber wir haben uns darauf geeinigt, dass wir uns an den Kalender halten. Das funktionierte dann auch nicht, und dazu kommt, dass wir zu unregelmäßig miteinander schlafen. Es ist so, dass ich die letzten Monate das Gefühl habe, dass Axel nur noch wegen des Kinderwunsches mit mir Liebe macht, ich fühle mich irgendwie ausgenutzt.

Wir hatten vor drei Wochen wegen des Themas ein wichtiges Gespräch, nachdem wir uns hingelegt hatten und ich nicht weitermachen konnte. Axel meinte, dass er wegen unseres Alters eine Eile spüre (er wird neununddreißig und ich im Februar sechsunddreißig). Daraufhin war ich sehr enttäuscht und misstrauisch, weil ich immer noch der Meinung bin, dass wir das nicht planen sollten. Mir fällt es schwer, da eine Balance zu finden, zwischen Kinderwunsch und Sex – die beiden gehören eigentlich zusammen! Kannst Du mir einen Rat geben (möglichst per E-Mail), wie wir die Situation entspannter angehen könnten? Ich habe Axel vorgeschlagen, dass wir zuerst versuchen sollten, ohne Erwartung Liebe zu machen, sodass Penis und Vagina sich wieder entspannt begegnen können. Was meinst du?

Ich hoffe auf jeden Fall, dass es Euch beiden gut geht und freue mich auf Deine Antwort.

Hannah

Liebe Hannah,

vielen Dank, dass Du geschrieben hast. Es gibt viel dazu zu sagen, ich werde versuchen, es kurz und knapp zu halten. Erstens, Schmerzen im Perineum: Das repräsentiert gewöhnlich eine Art von Spannung/Wunde/Erinnerung und kann sich oft lösen, wenn der Peniskopf direkt an diese Stelle kommt und Dein Mann ihn dann ein bisschen zurückzieht, um dem Ganzen ein bisschen Platz zu geben und die Energie nicht zu komprimieren. Bleibe präsent in dieser Position, und sei einfach nur mit dem Schmerz, erlaube alten Gefühlen, an die Oberfläche zu kommen und durch Dich hindurch zu gehen. Vielleicht möchtest Du zur Vergegenwärtigung nochmal die Kapitel in meinen Büchern nachlesen, die von tiefer Penetration handeln und wie schmerzhafte Stellen in der Vagina geheilt werden können.

Zweitens, höre ich aus Deinen Worten heraus, dass Du wahrscheinlich viele Gefühle in Dir trägst, die Du nicht ausdrückst. Es gibt viele Gründe dafür, warum Du diese Gefühle hast, da ist der Druck, ein Kind zu bekommen, vielleicht ein Gefühl, dass da zu wenig Liebe und Intimität ist, und außerdem die Schmerzen im Perineum. Alles in allem haben Dich diese nicht ausgedrückten Gefühle vielleicht ein bisschen unterschwellig emotional gemacht. Also wäre es gut, wenn Du Dir darüber im Klaren bist. Ich würde Dir vorschlagen, mit diesen unausgedrückten Gefühlen zu arbeiten, dass Du erstmal anerkennst, dass es sie gibt und dann Raum dafür schaffst, sie auszudrücken. Nimm Dir Zeit für Dich, erlaube Dir, zu weinen oder wütend zu sein oder auszudrücken, was immer da ist.

Drittens, habe ich beobachtet, und viele Frauen haben mir das bestätigt, dass, wenn es viele unausgedrückte Gefühle gibt – wir also sehr „emotional" sind – wir uns eher für die Klitoris interessieren, und damit für herkömmlichen Sex. Der Drang entsteht unbewusst, und ist der übliche Weg, die inneren Spannungen abzubauen, statt sie anzuerkennen und sich mit ihnen auseinanderzusetzen. Vielleicht erklärt das, warum Du meinst, Du wärst in letzter Zeit ein bisschen mehr an der Klitoris „interessiert". Daran ist übrigens nichts falsch. Wir empfehlen den Frauen, die daran interessiert sind, die Klitoris eher gegen Ende des Liebemachens einzubeziehen, das ist besser als am Anfang. Der Grund dafür ist genau der, den Du beschreibst – weil man die Verbindung zur Vagina verliert. Die aber ist das Gefäß für den Penis und deswegen ist es so wichtig, damit in Verbindung zu sein. All Deine Themen stehen in Zusammenhang und vielleicht ist es am besten, alles so zu akzeptieren, wie es ist, und dich körperlich zu bewegen (wie schon erwähnt) oder zu einem Therapeuten zu gehen, der körperorientiert arbeitet, mit dem Atem zum Beispiel und dich so unterstützt.

Viertens, würde ich vorschlagen, dass Du wegen des Kinderwunsches täglich Deine Basaltemperatur misst und beobachtest, wann Du am fruchtbarsten und am empfänglichsten bist. Es gibt Bücher, die diese Methode erklären. Gewöhnlich sind es nur wenige Tage im Zyklus, in denen eine Befruchtung klappt. An diesen Tagen geht bewusst mit der Vorstellung ins Bett, dass ihr ein Kind empfangen wollt und Du schwanger werden willst, das bedeutet Ejakulation.

Barry Long sagt, dass es für die Empfängnis umso besser ist, je schneller der Sex ist, der Mann sollte schlicht und ergreifend reingehen und seinen Job erledigen! Schon komisch, nicht wahr?! Ich habe volles Vertrauen in das, was er sagt, aber Du willst ihn vielleicht selbst zu diesem Thema lesen. Er sagt auch, dass die Frau nicht versuchen sollte, einen Orgasmus zu haben, sie sollte sich einfach nur entspannen und empfangen. Das hat alles ganz offensichtlich auch eine Auswirkung auf die Seele, die inkarniert. Ihr könnt ein schönes Ritual daraus machen, den Ort schönmachen mit Kerzen, Blumen und Musik, liebevoll zusammen kommen und Euch begrüßen, und den Sexakt selbst dann sehr einfach halten. Anschließend könnt Ihr Euch gegen-

137

seitig massieren oder einfach zusammen sein. Wenn Ihr diese
Tage zum „schwanger werden" reserviert, dann können all die
anderen Tage des Monats dazu dienen, Euch entspannt zu lie-
ben, ohne irgendeine Zielvorstellung. Ihr könnt weiter experi-
mentieren und zusammen mehr Liebe aufbauen.
Macht ein Spiel daraus!
Herzlich, Diana

Liebe Diana

ich habe mich über Deine E-Mail sehr gefreut und möchte mich auch bei Dir für die Tipps herzlich bedanken. Die haben mir und uns sehr geholfen. Ich war bei einer Therapeutin, die ich sehr gut kenne. Während der Sitzung ist mir bewusst geworden, dass ich bei dem Thema ein hohes Ideal hatte, und zwar wie der Liebesakt verlaufen soll, wenn man ein Kind zeugen möchte. In meinem Kopf musste das sehr romantisch sein und es musste alles stimmen. Ich habe mit diesen Erwartungen einen eher distanzierten Bezug zu meinem eigenen Kinderwunsch gehabt. Ja, und als ich Deine E-Mail gelesen habe, war ich auch sehr überrascht, dass man das einfach so machen kann, ohne tralala... Als Du von der Temperaturmessung gesprochen hast, habe ich mich erinnert, dass wir damals in der Schweiz das Büchlein über die symptothermale Methode gekauft hatten. Das haben wir beide nochmal gelesen. Ich fühlte mich offen dafür, das auszuprobieren. Wir haben uns also das Gerät angeschafft, es kam auch kurz vor Weihnachten. Ich bin noch in der Test-phase sozusagen.

Wir hatten die letzten zwei Monate „wieder" eine Pause in unse-rer Sexualität gehabt, weil ich emotional sehr mitgenommen war. Axel und ich heiraten im April und ich habe Panik gekriegt, mit lauter Zweifeln und Angst. Ich weiß jetzt wieder, wo ich stehe und es kann wieder losgehen. Das ist eine spannende Zeit! Es ist uns schon letztes Jahr durch den Kopf gegangen, das

Seminar mit Euch nochmal zu besuchen. Ich spüre, dass ich neue Impulse brauche. Vielleicht klappt es nächstes Jahr.

Ich wünsche Dir, Euch beiden, eine gute Zeit. Wir melden uns zwischendurch.

Viele liebe Grüße (auch von Axel)

Hannah

Liebe Hannah,

ich freue mich zu hören, dass Ihr Euch beide gut fühlt und es sein darf, dass die Träume auf dem Boden landen und Ihr die Dinge realistischer seht. Es passiert leicht, dass wir hohe Erwartungen (Ziele) haben, und die stehen uns auf jeden Fall im Weg und „blockieren", was wirklich da ist! Alles Gute für Dich und Axel für Eure Ehe. Ja, es wird wertvoll sein, noch einmal zum Retreat zu kommen, Ihr werdet es diesmal ganz anders erleben. Ihr werdet entspannter sein, weil Ihr es schon einmal gemacht habt, aber gleichzeitig werdet Ihr, weil Ihr inzwischen Eure eigenen Erfahrungen gemacht habt, alles von einer tiefe- ren Ebene aus hören und verstehen. Ich sende Euch beiden herzliche Frühlingsgrüße.

Herzlich, Diana

10. Ich spüre tiefe Traurigkeit und Lethargie in mir

Liebe Diana,

erst einmal möchte ich Euch nochmal danken – für Eure Liebe, Euer Wissen, Eure Ruhe, Eure wunderbare Art und Weise, solche heiklen Themen wie Sexualität und Liebe zu besprechen, uns mit- und vorerleben zu lassen. Mit dieser Woche ist für mich persönlich ein jahrelanger Wunsch in Erfüllung gegangen. Als ich meinen Liebsten vor dreieinhalb Jahren traf, fiel mir „zu- fällig" auch Dein Buch in die Hände, und ich hielt es für die

Lösung meiner vermeintlichen „Probleme". Probleme wie Du Sie reichlich beschreibst – keine Lust mehr, innerlicher Abstand, etc. Das erste halbe Jahr waren wir (natürlich!?) mehr in der heißen Zone. Doch dann probierten wir mithilfe des Buches, und ich konnte ein bisschen „anspüren", was Du meinst. Dann zogen wir zusammen und der Alltag kehrte ins Leben und auch ins Schlafzimmer ein und ich befand mich, wo ich mich schon so oft wiedergefunden hatte: Hinter einer Mauer. Und ich sehnte mich nach liebevollen Zärtlichkeiten, nach Nähe und Verbundenheit – und mein Partner wollte gerne den heißen Sex vom Anfang...

Nun, lange Rede kurzer Sinn: Wir waren endlich bei Euch und beide erstaunt, wie leicht es eigentlich ging, etwas ganz anderes zu spüren: Nähe, Zärtlichkeit – aber auch sexuelle Gefühle zu haben... Die Woche war für uns sicher nicht einfach – aber wir sind ein gutes Stück näher zusammengerückt und ich merke, wie vieles seinen „Schrecken" verloren hat. Nun sind wir wieder (gut) zu Hause gelandet und auch hier versuchen wir zu üben und Alltagslücken zu finden. Auch das klappt recht gut.

Doch eines ist für mich unerklärlich: Ich fühle mich, seit wir zurück sind, immer schlechter. **Ich bin innerlich todtraurig, kann aber nicht weinen, weiß gar nicht warum. Ich fühle mich schwer, als ob ich schon lange krank wäre. Ich habe zu nichts Lust, alles fühlt sich wie eine Last an. Spazierengehen, Radfahren – puh – ein pure Anstrengung. Mir tut mein unterer Rücken weh von dem vielen Beinanwinkeln, meine „alten" Verspannungen im Schulterbereich sind so schlimm wie selten, ich habe Kopfweh, als ob ich nur am Schreibtisch sitzen würde.** Es fühlt sich in mir an, als wäre alles schrecklich, dabei ist doch gerade alles wunderbar (auch die anderen Äußerlichkeiten wie Schule, Wohnen, Geld etc. sind gerade mal nicht zum Fürchten!!). Kennt Ihr das? Es quält mich, dass ich all das Schöne, das Wunderbare zwar sehen kann – aber ich kann es gar nicht fühlen!!!! Dauernd sage ich mir: Guck mal, dies ist toll und das ist schön – und? Nichts. Traurig, als ob ich Liebeskummer hätte, als würde mir was fehlen. Aber ich habe noch nicht mal eine Ahnung was!? Seltsam für mich.

Nun habe ich mich heute entschlossen, Euch das zu schreiben und würde mich über eine Antwort sehr freuen!!!!

Herzlich, Helena

Liebe Helena,

*erstmal möchte ich Dir für Deine Präsenz in dem Retreat danken – Dein Strahlen und Deine Liebe waren wie ein stiller Ozean der Unterstützung, und es war immer eine Freude für mich, mit meinen Augen auf Deiner inneren und äußeren Schönheit zu ruhen. Zu dem, was Du geschrieben hast und zu Deiner Frage über die tiefe Traurigkeit und völlige Lethargie, die Du seit dem Retreat erfährst: Dies ist sehr echt und ein Zeichen dafür, dass eine tiefe Reinigung auf Zellebene vor sich geht. **Bewusstheit in die sexuelle Ebene zu bringen, setzt alte Wunden frei, persönliche und kollektive, die sich unbewusst in unserem Körper angesammelt haben. Viele von uns tragen die Trauer der ganzen Menschheit in sich, und auf Deiner Reise ist es notwendig, die Trauer und die Tränen zu erlauben. Vielleicht musst Du stundenlang weinen, vielleicht sogar Tage, wenn Du der Weisheit des Körpers nachgibst.***

Wie Du sagst, ist das nicht ganz leicht, aber Du kannst sicher bewusst den Raum dafür schaffen und Dir 2-3 Stunden Zeit dafür nehmen. Höre Musik, die Dein Herz und Deine Seele berührt, während Du in Deinen Körper eintauchst und Dir erlaubst, Dich zu fühlen und der Traurigkeit ihren Lauf zu lassen; lass sie aus Dir herausfließen und Dein System durchspülen und reinigen. Die Müdigkeit, die Du erlebst, kann daher kommen, dass Du diese Gefühle nicht zulässt oder sie wegschiebst. Ein weiterer Grund für die Erschöpfung ist der, dass, wenn sich das Sexzentrum entspannt, das sich an der Basis des Systems befindet, die ganze alte Erschöpfung an die Oberfläche kommt. Die meisten von uns haben viele Jahre lang viel zu viel getan und uns zu wenig ausgeruht und entspannt. Es ist schön, wenn Du Dir den Raum geben kannst und solche Situationen zulassen kannst. Heiße das unangenehme Gefühl willkommen, weil Du weißt, dass sich das Alte bewegen muss, um Platz für das Neue zu schaffen. Wenn Traurigkeit hochkommt, während Du Liebe machst, dann lass es zu, lass sie durch Dich durchfließen. Es kann sogar die sexuelle Verbindung sein, die die Reinigung und die Heilung auslöst.

Herzlich, Diana

Liebe Diana,

ich bin von Euch tief berührt und sehr dankbar für all die Dinge, die Ihr gesagt, getan und mitgeteilt habt – auch ohne Worte. Nun mag ich Dir noch kurz berichten, wie es mit mir weitergegangen ist. Ich bin nicht mehr ganz so lethargisch und die Traurigkeit ist nicht mehr ganz so präsent, aber „so richtig" weinen konnt ich die letzte Zeit nicht. Mein Herz poltert noch sehr heftig und die Traurigkeit in der tiefen Tiefe ist auch noch sehr spürbar!

Nun ist es natürlich schon wieder anders. **Das ist immer mein „letzter" Trost, dass ich inzwischen weiß, nichts bleibt, wie es ist. Vor allem nicht mit den Gefühlen...** So langsam holt uns immer mehr die Arbeit des Alltags ein und es wird schwieriger, die Lücken für langes Üben zu finden. Aber bis jetzt sind wir „am Weiterspinnen des Fadens" dran, der bei Euch begann und ich hoffe, dass er zu einem tragfesten Seil zwischen uns wird.

Letzten Mittwoch hatten mein Partner und ich eine heftige Auseinandersetzung im Bett. Danach konnte ich ein bisschen weinen, aber irgendwie bin ich noch blockiert. Die Tränen werden schon kommen, wenn sie wollen, ich lade sie herzlich ein!

Ja, der letzte Mittwoch war für mich sehr ernüchternd. Bereits den Sonntag davor bemerkte mein Partner, dass er gerne mal wieder aktiveren Sex haben möchte. Und am Mittwoch forderte er es richtig heraus – wir hatten uns zum Liebemachen verabredet und seine Absichten waren eindeutig: Heute wollte er Leidenschaft, Küssen, Sex. Und ich war sofort wie verschreckt. Das war ja auch vor Ostern unser Problem, er wollte gerne häufiger und am liebsten auch heftiger, und ich halt nicht. Und jetzt konnt ich mich gar nicht drauf einlassen. Wir gerieten in eine Diskussion (ja, blöd, ich weiß, da hätten wir uns trennen sollen...) die darin endete, dass mein Partner sagte, seine Bedürfnisse werden gar nicht erfüllt, aber meine. Das würde sich für ihn nicht in Ordnung anfühlen. Schließlich sollen die Frauen den emotionalen Boden bereiten und die Männer einladen und ihnen helfen. Ach, Diana – wie gerne hätte ich Dich an meine Seite gezaubert. Es fiel mir so schwer, liebevoll bei ihm und auch bei mir zu bleiben.

Leider waren die letzten Male (vor dem Mittwoch) nicht besonders intensiv oder aufregend. Wir haben eingestöpselt und mal ein bisschen bewegt – aber es kam irgendwie keine Energie auf. Es ist wirklich schwer, die Energie im Alltag herzustellen, bzw. zu halten. Ich habe gemerkt, dass ich mit der Aussage meines Partners über „den emotionalen Boden" überfordert war. Ich weiß gar nicht so genau, was ich da tun soll. Für mich ist es ein riesiger Unterschied: spüren, da sein, spüren, atmen, fühlen oder manipulativ und fantasierend, zielorientiert körperlich zwar Lust zu spüren, aber doch eigentlich nur im eigenen Raum zu sein, so als ob jeder auf dem anderen masturbiert. Das ist für mich nicht „Liebe". **Doch wie bekomme ich die Mitte zwischen diesen beiden Polen hin? Ich möchte nicht, dass mein Partner weiterhin in einem Mangel lebt. Ich kann ihn gut verstehen, er liebt es, seine Kraft und Energie zu spüren, und das am liebsten beim bewegungsintensiven Sex. Ich kann die Verbindung** einfach nicht halten, wenn er sich mehr bewegt und aufgeregter wird. Ich merke dann, wie alles bei mir „zu" geht – als ob ich mich schützen müsste. Die letzten beiden Tage haben wir nun nicht geübt, aber am Sonntag haben wir den nächsten Termin, und ich bin neugierig, was dann geschieht.

Ach, liebe Diana, es wäre so schön, wenn es Frauenkreise gäbe, wo wir uns genau darüber austauschen könnten. Jede steht sicher an anderer Stelle und es könnte mich unterstützen zu hören, wie es den anderen ergangen ist. Doch ich will nicht jammern. Ich bin froh und dankbar, dass ich ja zumindest eine Frau habe, der ich dies alles schreiben kann...!!!

Über eine Antwort würde ich mich sehr freuen!

Herzlich, Helena

Liebe Helena,

es tut mir leid zu hören, dass Du eine herausfordernde Zeit durchmachst, da Ihr unterschiedliche Intentionen habt, was das Liebemachen betrifft. Das kommt vor, auch wenn man großartige Vorsätze hat, was eine neue tantrische Vision betrifft. Sie aber tatsächlich in die Praxis umzusetzen, ist eine Herausforderung, und das erlebt Ihr gerade. Es ist wichtig, wie Ihr damit umgeht. Wenn Du Dich emotional oder allgemein ein bisschen gereizt fühlst oder zu sensibel bist/überreagierst (ein Symptom von Emotion), dann ist es sehr hilfreich, jeden Tag etwas Körperliches zu tun, und ich würde vorschlagen, dass Dein Partner das auch tut. Den Körper regelmäßig zu bewegen, sorgt für Balance und vertreibt emotionale Spannungen. Sehr häufig sind es in der Tat Druck, Stress und Anspannung bei der Arbeit und im Alltagsdschungel, die dazu führen, dass wir ein wenig „emotional" werden. Und das aus gutem Grund! Die unterschwellige Anspannung, die viele von uns mit sich herumtragen, kann die Ursache dafür sein, dass Menschen sich zum Höhepunkt hingezogen fühlen und ihn anstreben, denn durch den Höhepunkt werden innere Spannungen entladen. Auf einer oberflächlichen Ebene gibt es eine Art von „Entspannung", aber auf tieferer Ebene bleibt einige Anspannung im System bestehen, weil die Anspannung selbst daran beteiligt war, den Höhepunkt herbeizuführen.

Wie schon in meiner letzten E-Mail würde ich vorschlagen, dass Ihr regelmäßig dafür sorgt, **Euch körperlich zu bewegen, sodass die angestauten Spannungen einen anderen Ausweg finden und die Rastlosigkeit nicht so leicht Einfluss nimmt auf die Art, in der Ihr Liebe macht.** Es sei auch gesagt, dass es ziemlich normal ist, dass unsere Konditionierung nicht so schnell abzuschütteln ist, sie kommt immer wieder durch und zeigt sich. Das ist ein Teil des Prozesses der Dekonditionierung und taucht insbesondere bei Männern auf, weil sie sehr stark geprägt sind, aktiv zu sein beim Sex und etwas zu leisten. Da gilt es, etwas zu überbrücken, Experimentieren zuzulassen, sich auf Dich zu besinnen und darauf, was Du tun kannst, um die Situation durch Bewusstheit, Entspannung und Präsenz zu transformieren, statt Dich darauf zu konzentrieren, was er alles nicht richtig macht. Diese Verlagerung der Aufmerksamkeit wird Dein Erleben verändern und hilft Dir zu erkennen, dass wir, wenn wir ein bisschen aufgebracht sind – so wie Du es vielleicht im Moment bist –, uns anspannen, wenn wir „Fehler" am anderen entdecken und uns auf das Außen konzentrieren. Es beeinflusst unsere Empfänglichkeit negativ, denn dann sind wir mit unserer Bewusstheit nicht gut in unserem Körper, in unserem Sein geerdet. Denk daran, dass Empfänglichkeit eine Kraft ist, die alles transformieren kann, was in ihr Feld kommt. Deine Präsenz auf Zellebene kann Deinen Mann langsamer werden lassen und ihn in den Moment bringen. Guck also immer auch, was Du von Deiner Seite aus tun kannst. Wenn Du Deinem Mann das Gefühl gibst, dass er alles falsch macht, wird er sich garantiert noch stärker damit identifizieren, wie er was tut.

Wir vermitteln Werkzeuge, geben aber keine Regeln. Damit die Erforschung Tiefe haben kann, muss es eine Ebene von Kooperation geben, und ich bin sicher, dass sich die Dinge, wenn Du geduldig, liebevoll und humorvoll bist und Mitgefühl hast, von selbst verändern werden.

Herzlich, Diana

11. Wir fühlen uns häufig frustriert und sind gelangweilt

Liebe Diana,

gut zwei Monate nach dem Seminar in Lychen, das für uns beide eine wunderbare und sehr bereichernde Zeit war, möchten wir Euch unsere ersten Erfahrungen „im Alltag" mitteilen.

An die Stelle der anfänglichen Begeisterung für die neue Art, Liebe zu machen, sind mittlerweile für uns beide öfter Frustration und Langeweile getreten.

Natürlich machen wir beide auch gemeinsame Fortschritte und die neue Art, Liebe zu machen, hat uns näher zusammengebracht und kommt unserer Beziehung zugute. Es sind mehr Nähe, mehr Liebe, mehr Vertrauen, mehr Austausch, mehr Hingebungsfähigkeit zwischen uns entstanden. Alles in allem ist unsere Beziehung gewachsen und „größer" geworden.

Joachim hat keine Unterleibsschmerzen mehr, wenn er keine Ejakulation hat. Er spürt mehr Entspannung im Beckenbereich und seine Erektion fühlt sich „weicher" an. Ich habe mehr Gefühl in meiner Vagina bekommen. Die Verbindung mit meinen Brüsten nimmt allmählich zu, doch oftmals fühle ich mich noch nicht wirklich mit meinem positven Pol verbunden, nicht in meinen Brüsten „zu Hause", es ist noch kein Gefühl davon da, dass etwas überfließen kann.

Sicherlich ist es gut zu wissen, dass wir uns meistens am Wochenende treffen und uns dann ein- bis zweimal Zeit nehmen zum Liebemachen. Dennoch sind wir immer wieder in Kontakt mit Frustration und Langeweile gekommen.

Wo sind wir unzufrieden? Was stimmt uns nachdenklich?

. Wir hatten beide inzwischen erneut eine genitale Pilzinfektion.

. Gelegentliches Brennen in der Vagina trotz viel Öl.

. Überwiegend Enge und Anspannung in der Vagina.

. Beim Liebemachen haben wir bisher das Aufkommen von Lust und Erregung vermieden (um in der „kühlen" Zone zu bleiben) und von dem, was wir für Ekstase halten.

. Wir können beobachten, dass wir uns manchmal nicht mehr die 2-3 Stunden Zeit nehmen für das Liebemachen.

. Oftmals sind wir, mehr oder weniger bewusst, zielorientiert in unseren Vorstellungen und Erwartungen, daher wahrscheinlich die Frustration und Langeweile, weil „nicht wirklich etwas passiert", was wir wahrnehmen können.

. Wenn Joachims Erektion (ohne haben wir bisher eine Vereinigung noch nicht geschafft) nachlässt, spürten wir bisher beide nur wenig bis gar nichts und dann kam die Langeweile auf. Dann konnten wir zwar die Stellung ändern und mit einer neuen Erektion starten, doch danach kamen bisher schnell wieder Langeweile und bisweilen auch Frustration und Enttäuschung auf.

. Joachim hat dann durch den Verlust seiner Erektion das Gefühl von Impotenz, fühlt sich nicht als Mann.

Wir hatten uns eine erfüllende Sexualität gewünscht, doch dieses Gefühl hatten wir bisher noch nicht so richtig. Über eine Rückmeldung von Euch zu unseren Erfahrungen aus Eurer Sicht und Euren Erfahrungen würden wir uns sehr freuen.

Wir hoffen, Euch beiden geht es gut und ihr genießt den wunderschönen Sommer, in welchem Teil dieser Welt ihr auch gerade seid...

Alles Liebe von uns.

Anna und Joachim

Liebe Anna und lieber Joachim,

für mich hört es sich so an, als wäre bei Euch alles in bester Ordnung. Es kommt darauf an, wie man es sieht. Das Beste, was Ihr von Euch berichtet, ist, dass Eure Liebe lebendig ist und Harmonie zwischen Euch besteht, auch wenn es Herausforderungen beim Liebemachen geben mag. Aber das ist eigentlich zweitrangig. Am wichtigsten ist, dass Ihr spürt, dass sich Eure Liebe dadurch, dass Ihr Bewusstheit in Euer Zusammensein gebracht habt, vertieft. Wenn wir ins tantrische Reich eintreten, transformieren wir uns, wir verbessern nicht nur unser Sexleben. Es ist sehr wahrscheinlich, dass Eure Pilzinfektionen Teil des Klärungs- und Reinigungsprozesses sind. Wenn weiterhin Infektionen auftreten, ist es natürlich gut, wenn Ihr zum Arzt geht und/oder auf Eure Diät achtet, Übersäuerung entgegenwirkt, viel Wasser trinkt etc. Achtet auch darauf, welchen Einfluss Eure Emotionen haben. Sorgt Ihr dafür, dass Euer Solarplexus frei bleibt? Drückt Ihr Eure Gefühle aus, ohne emotional zu werden?

Für einen Mann ist es ganz sicher schwierig, seine „Männlichkeit zu verlieren", indem er seine Erektion verliert, aber wenn er sich mit der Situation entspannen kann und akzeptiert, was geschieht und zulässt, dass die Erektion nachlässt (statt sich zu stimulieren, damit die Erektion wiederkommt), ist das letztendlich eine integrierende und ganz grundlegende Erfahrung von Heilung. Es mag Gefühle von Hilflosigkeit oder Schwäche geben ... Fühl einfach, was da ist, ohne es zu verurteilen oder zu versuchen, es zu ändern. Wenn Tränen kommen wollen, halt sie nicht zurück. Wenn der Körper zu zittern oder zu schütteln beginnt, lass es zu. Nicht ausgedrückte Gefühle, die vielleicht das ganze Leben lang keinen Ausdruck gefunden haben, zu erlauben, ist sehr ermächtigend. Durch diesen Prozess wird man nach und nach mehr Mann, mit echter männlicher Autorität, ein Mann, der tiefen Einblick in sich selbst hat.

Was Eure Frustration und Langeweile angeht, liegt es ganz bei Euch. Ihr erschafft die Situation, und Ihr könnt sie ändern. Es ist unsere individuelle Aufgabe, die lebendige Verbindung zu unserem Körper zu bewahren. Ihr könnt ein paar Übungen machen oder tanzen, um Eure Körper wach zu machen, bevor Ihr zusammenkommt.

Vielleicht habt Ihr zu sehr ein „Konzept" daraus gemacht, wie Liebemachen aussehen sollte, statt Liebe zu machen und dabei jedes Mal so bewusst und präsent zu bleiben wie möglich! Und es braucht Zeit und Übung, um alte Muster und Gewohnheiten hinter sich zu lassen.

Ich würde auf jeden Fall sagen, dass Ihr sehr ungeduldig seid, nach Ergebnissen Ausschau haltet und die Geschenke, die diese Reise der Transformation mit sich bringt, nicht wertschätzt, z.B. dass Ihr generell liebevoller miteinander umgeht. Ihr seid nicht wirklich unterstützend mit dem, was sich entfalten will. Der Kopf hat die Tendenz, gewohnheitsmäßig auf das Negative zu schauen und das Positive als selbstverständlich hinzunehmen. Wenn dem Positiven nicht genug Wertschätzung entgegengebracht wird, dann führt das zu einer Überbetonung der Schwierigkeiten. Vielleicht ist das bei Euch so, und Ihr würdigt nicht wirklich, wie viel sich in den letzten Wochen bei Euch verändert hat. Denkt daran, dass Ihr an der Veränderung einer ganz alten Konditionierung arbeitet, das braucht Jahre und auch viele Stunden Echtzeit, in denen man Liebe macht! Und denkt mehr an das Abenteuer, auf dem Ihr unterwegs seid als daran, umgehend Resultate zu erzielen! Es gibt kein Ziel, der Weg ist das Ziel. Und „präsent" zu sein, kann kein Ziel sein, denn der Körper ist bereits Hier und Jetzt, es geht mehr darum, dass Ihr das versteht und würdigt. **Es ist erst zehn Wochen oder so her, seitdem wir uns kennengelernt haben, und dafür habt Ihr es wirklich gut gemacht, zehn Wochen sind ein Tropfen im Ozean der Erfahrung...** Ich schlage vor, dass Ihr Osho oder

Barry Long oder eins von unseren Büchern lest, damit Ihr die Inspiration lebendig haltet und auch Einsichten gewinnt und ein besseres Verständnis für Eure Erfahrungen bekommt.

Wir gratulieren Euch zu Eurer Aufrichtigkeit und Euren Bemühungen in der Liebe.

Ich wünsche Euch einen Sommer voller Liebe.

Herzlich, Diana

Liebe Diana,

vielen Dank für Eure Rückmeldung. Das war nochmal sehr erhellend und hat uns unseren Frust genommen. Wir hatten ganz vergessen, dass Liebemachen ja auch Spaß machen kann! Wir wollen auf jeden Fall gemeinsam den tantrischen Weg weitergehen.

Mal sehen, wohin die Reise führt.

Anna und Joachim

12. Ich weiß wirklich nicht, wie ich mit meinen Blockaden umgehen soll

Liebe Diana,

vielen Dank, dass Du angeboten hast, in Kontakt zu bleiben! Ich schreibe Dir jetzt, weil ich mich ein bisschen „hilflos" fühle und nicht weiß, wie ich das, was wir im *Making Love Retreat* erlebt haben, weiterleben lassen kann. Ich habe meinen Partner nicht viel gesehen, da wir nicht in derselben Stadt leben. Wir hatten eine Verabredung und haben mit einer Massage begonnen, aber hinterher haben wir uns beide unglücklich gefühlt.

Da war eine Schwere zwischen uns. Ich denke, ich wollte wieder, dass alles „klappen" sollte, aber ich habe mich dafür angestrengt, statt einfach zu fühlen, was da war. Ich habe keine Ahnung, wie ich mit meinen Blockaden umgehen soll, dem Nein zur Penetration und was es heißt, in einer Beziehung zu sein. Und was ich tun soll, damit ich es nicht zu ernst nehme. Ich möchte das „nette Mädchen" sein – aber so funktioniert es nicht (glücklicherweise). Also stehe ich da mit einem großen Fragezeichen. Wenn Du irgendwelche Vorschläge hast, wäre das sehr hilfreich.

Herzlich, Gisela

Liebe Gisela,

ich weiß nicht so recht, was ich Dir im Moment raten soll, weil die Situation durch den sexuellem Missbrauch sehr schwierig ist. Dadurch bist Du sehr sensibel dafür geworden, wie sich der Mann Dir nähert. Und das ist sehr verständlich. Auf der einen Seite ist es gut, den Körper zu achten und zu respektieren, auf das Nein zu hören, statt ein Ja zu erzwingen. Gleichzeitig ist es gut, sich zu hinterfragen, an die eigene Tür zu klopfen. Aber ohne Druck oder „Ich muss", nur mit Neugierde und der Frage „Wer bin ich". Es hat mich sehr berührt, als Du am Ende der Gruppe zu mir kamst und mir sagtest, dass Du Dich nicht „kennst". Denn Deine Einsicht ist völlig richtig, als menschliche Wesen kennen wir uns nicht wirklich.

Der tieferliegende Grund ist, dass wir uns als sexuelle Wesen nicht kennen. Wenn wir die natürliche sexuelle Intelligenz entdecken, die unserem Körper innewohnt, die sich ergänzenden Polaritäten unseres Körpers und die Polaritäten zwischen zwei Körpern, dann lernen wir uns besser kennen, fühlen uns geerdeter, präsenter, liebevoller, und es wird einfacher, einfach nur zu „sein".

Ich schlage vor, dass Du Dich nicht darauf fixierst, ob Du Penetration möchtest oder nicht. Interessanter könnte für Dich sein, zu beobachten, wie emotional Du bist, wahrzunehmen, wann Du Dich verbunden oder abgeschnitten fühlst, wann Du Augenkontakt haben kannst und wann nicht. Du erinnerst Dich, das sind Symptome von Emotionalität, über die wir in der Gruppe gesprochen haben. Manchmal sind da unterschwellige Emotionen, das ist ein bisschen so wie eine leichte Infektion, wenn sich jemand ein bisschen traurig fühlt, leicht deprimiert, etwas abgeschnitten, und das die ganze Zeit.

Beobachte diese Ebene des Geschehens. Wenn Du feststellst, dass Du „emotional" bist, auch wenn es nur ganz leicht ist, dann tu etwas dagegen, bewege Deinen Körper etc. Und wenn Du mit Deinem Partner zusammen bist, beobachte, was hinter den Kulissen vor sich geht. Oft verursachen unausgedrückte Gefühle, die im Körper eingelagert sind, einen Widerstand dagegen, sich zu öffnen. **Es ist also nicht so, dass Du Dich nicht öffnen kannst, sondern die Spannung der unausgedrückten Gefühle bildet eine Barriere, die Du als Widerstand spürst. Die Gefühle bauen den Widerstand auf, und es ist hilfreich, zu ihnen vorzudringen und sie bewusst gehen zu lassen.** Du kannst dafür Zeit reservieren, Musik hören, die Dein Herz öffnet und dann weinen, die Traurigkeit durch Dich hindurchfließen lassen. Das kann ein paar Stunden dauern, und vielleicht musst Du es ein paar Mal tun. Immer, wenn Du Dich unglücklich fühlst, lass die Tränen fließen. Nach der Massage, als Ihr Euch beide unglücklich gefühlt habt, das war so ein Moment, in dem alte Gefühle hochkamen. Lasst die Tränen Eure Emotionen wegwaschen, dann werden die Tränen Euch erfrischen und ins Hier und Jetzt bringen. Ich empfehle Dir, dass Du dran bleibst, Deine Emotionen beobachtest und bewusst mit Deinem Körper arbeitest, um Emotionen abzubauen. Das hört sich nach harter Arbeit an, ist es aber nicht wirklich, denn das angenehme Gefühl und die Leichtigkeit, die darauf folgen, sind „die Arbeit" allemal wert. Ich empfehle Dir auch, täglich Übungen zu machen, weil das ungemein dazu beiträgt, Emotionen abzubauen.

Die Tatsache, dass Dein Freund in einer anderen Stadt wohnt, ist ein Nachteil, denn dann sind die Erwartungen und der Druck *hoch, dass etwas in der kurzen Zeit passieren muss, in der Ihr zusammen seid. Aber gleichzeitig gibt es Dir mehr Raum und Zeit für Dich. Und es bedeutet, dass Ihr keine Routine habt, wenn Ihr Euch seht. Wie ich Deinen Mann wahrnehme, ist er ein liebevolles, geduldiges und aufrichtiges Wesen, und ich bin sicher, er wird an Deiner Seite die Schwierigkeiten überwinden, und das wird ihn sicher in seiner männlichen Autorität, seiner Liebe, seinem Mitgefühl, seiner Fähigkeit, präsent zu sein mit dem, was ist, stärker erden.*

Eure Situation ist nicht einfach, und das Beste, was Ihr tun könnt, ist, einen Tanz daraus zu machen statt ein Problem. Am Ende könnt nur Ihr wissen, was richtig für Euch ist und wann es richtig für Euch ist. Gebraucht Eure Intelligenz. Vielleicht wird es Euch helfen, Barry Longs CDs „Making Love" zu hören und ab und zu Osho zu lesen, um Euch eine Richtung und etwas Inspiration zu geben. Auf Deine Brüste zu meditieren, wird Dir helfen, stärker in Deinen Körper zu kommen und dich in Deiner Weiblichkeit zu verankern.

Ich hoffe, dass diese wenigen Worte Dich unterstützen können. Herzlich, Diana

Liebe Diana,

ich war sehr glücklich, die Antwort von Dir zu bekommen, vielen Dank! Wir sind inzwischen im Urlaub gewesen, und es war nicht so einfach, was die Emotionen anging. Jetzt, zurück im Alltag, beobachte ich, wie ich das Thema ein wenig vermeide. Dein Vorschlag, meine Emotionalität im Auge zu behalten, hilft mir. Ja, da ist dieses leichte Gefühl von Depression. Ich experimentiere jetzt jeden Tag mit Übungen und Bewegung, um mit meinem Körper und mir in Kontakt zu bleiben. Letztes Wochenende hatten wir es gut, es war spielerisch und wir haben auch Liebe gemacht. Mein Partner war süß und liebevoll, es war großartig. Hinterher habe ich mich ein bisschen „schmutzig" gefühlt und musste duschen. Ich glaube, es war eine Art Reinigung von den Erinnerungen aus der Vergangenheit. Aber es war dennoch schön und hat unsere Verbindung vertieft. **Oft kann ich nicht klar sagen oder fühlen, welche Emotion dahintersteckt. Ich fühle die Traurigkeit oder was immer es ist nicht. Es fühlt sich „diffus" an.** Ich weiß nicht, was ich damit machen soll.

Auf jeden Fall war die Woche mit Euch eine Herausforderung und eine nährende Erfahrung, ich möchte sie nicht missen!

Herzlich, Gisela

Liebe Gisela,

danke, dass Du mir geschrieben hast, wie es Dir geht. Dein Prozess hört sich gut an: homöopathische kleine Veränderungen, die den Fluss der Liebe zwischen Euch stärken. Wenn sich die Dinge langsam verändern, sind sie echt, sie reflektieren eine Bewusstseinsveränderung. Bleib so viel Du kannst bei Deinem Körper, mach weiterhin Übungen, bewege dich. Es ist nicht wichtig zu verstehen, welche Emotionen und warum. Wenn Du Dich abgeschnitten fühlst, selbst wenn das nur ein kleines bisschen der Fall ist, beweg dich; achte auf Regelmäßigkeit. Für Dich (wie für uns alle!) ist der Körper der Schlüssel dazu, den Fokus weg vom Kopf und vom Denken zu bringen und die Verbindung hin zum schlichten Hier und Jetzt zu schaffen.

Herzlich, Diana

13. Diese alten Emotionen „beherrschen" irgendwie meine Sexualität

Liebe Diana,

ich schreibe Dir, um Dir eine interessante Beobachtung mitzuteilen. Eine Frau kam zu mir für eine Massagebehandlung und fast am Ende der Sitzung kam sie mit tiefem Schmerz und

Traurigkeit in Kontakt. Ich war einfach präsent mir ihr und habe nicht viel gefragt, sie hat nur ein kleines bisschen darüber erzählt. Als die Behandlung vorbei war, kam ich dann in Kontakt mit einer tiefen Traurigkeit. Irgendwie wusste ich, es hatte mit meinen alten Wunden zu tun, aber ich wusste nicht, wie oder was. Ich erinnerte mich, dass Du während des Workshops gesagt hattest, dass man den Grund nicht immer unbedingt kennen muss, aber dass es unbedingt notwendig ist, sich zu bewegen. Das habe ich getan, und der Druck ist von meinem Solarplexus gewichen. Ich fühlte einen sanften Strom von Energie durch meinen Körper und da war ein leichtes Gefühl von Sexenergie im ganzen Körper, hauptsächlich in meinen Brüsten und im Unterbauch, nachdem ich diese Emotionen los-geworden war. Es hat den Anschein, dass diese alten Emotionen irgendwie meine Sexualität „beherrschen". Ich hoffe, dass das wahr ist und ich das nicht nur fühle, weil ich im Moment gerade einen Eisprung habe! Gestern haben mein Partner und ich über all dies gesprochen; es war ein sehr gutes Gespräch, zuerst hat er mir von sich erzählt, wie er sich im Moment mit seiner Sexualität fühlt, und danach haben wir Liebe gemacht. Ich war nicht in der Lage, den Penis meines Partners ohne Erektion ein-zuführen, denn meine Vagina ist immer noch sehr angespannt, aber mit Erektion haben wir dann einen guten Weg gefunden, ohne Stimulation und Orgasmus, und hinterher fühlten wir uns beide sehr genährt. Ich habe meine Vagina auf jeden Fall als viel sensibler und offener erlebt, nachdem die Emotionen vorher aus meinem System gewichen waren! Was für ein Wunder!
Herzlich, Almira

Liebe Almira,

vielen Dank, dass Du von Deinen Erfahrungen berichtest. Es ist so gut, dass Du nicht das Bedürfnis hattest zu verstehen, „warum" oder „was" Dir an Emotionen hochkam und Dich in dem Versuch, die Situation zu analysieren, davon hast ablenken lassen. So konntest Du die Welle, die durch Dich hindurchströmte, einfach unterstützen. Deine Einsicht, die darauf folgte, ist wirklich von grundlegender Wichtigkeit. Es ist ganz richtig, dass unsere alten Wunden Spannungen sind, die unsere Sexualität „beherrschen" und uns letztendlich weniger sensibel machen. Und wenn die Spannungen weichen, werden unsere Zellen erfrischt, und der Beweis dafür ist der sanfte Strom sexueller Energie, den Du im ganzen Körper spüren konntest. Ich bin sicher, dass Deine Vagina bald entspannter und offener sein wird, wenn Du weiterhin Liebe machst und es alten Gefühlen erlaubst, an die Oberfläche zu kommen.

Ich wünsche Dir alles Gute.

Herzlich, Diana

14. Unsere Reise zur Liebe und das Loslassen von Emotionen

Liebe Diana,

nun ist die Woche in Lychen mit Euch schon ein paar Tage vorbei, aber die „Nachwirkungen" sind ENORM!! Ich fühle mich einfach toll, zur Ruhe gekommen und noch viel mehr. Und mit dem Gedanken an das von Euch erwähnte „energetische Loch" belasse ich es (fast) bei diesen wenigen Worten. Ich habe in den letzten neun Jahren soooooviel gemacht auf meinem Weg, immer auf der Suche und Hoffnung auf Heilung. Die habe ich auch immer mehr erfahren. Doch seit der letzten Woche habe ich das Gefühl, RIIIIIIIESENSCHRITTE IN DIE RICHTIGE RICHTUNG gegangen zu sein. Ich fühle mich soooooo friedlich und ruhig und gelassen. :-)) Ganz zu schweigen davon, was sich ENDLICH ENDLICH ENDLICH zwischen Hans und mir aufgetan hat, auftun konnte...

Eure Arbeit ist wunderbar und der Verstand muss nicht fragen, ob DIES nun die Wahrheit ist, denn: YOU ARE THE MESSAGE :-) Tausend DANK !!!
Herzlich, Sigrid & Hans

Liebe Sigrid,

danke, dass Du mir geschrieben hast. Es ist wunderschön zu hören, dass das Retreat dank Deiner eigenen Aufrichtigkeit und Empfänglichkeit solche bereichernden Auswirkungen für Dich hat. Eine neue Orientierung in der Liebe zu haben, öffnet ganz sicher den Weg zu einem einfacheren Leben mit mehr Süße, Tag für Tag. Ich wünsche Euch beiden alles Gute.
Herzlich, Diana

Liebe Diana,

Hans und mir geht es nach wie vor wunderbar, sind VOLLER DANKBARKEIT (und mir kommen fast die Tränen, wenn ich das schreibe), wir leben bestens in und mit der „kühlen Zone", die Veränderungen sind so friedlich. Fühle mich total entspannt, es ist unglaublich. **ANDERERSEITS kämpfe ich seit etwa einer Woche mit Unruhe/Angstzuständen. Verbunden mit der mir allzu bekannten Übelkeit, Schwindelgefühlen. Manchmal bekomm ich regelrecht Angst, was sich da so plötzlich in meiner Welt bezüglich Sex „auf den Kopf gestellt" hat. Hängt das vielleicht mit dem Missbrauch zusammen??** Ich kenne diese Zustände, hatte allerdings jetzt ein paar Monate nicht mehr damit zu kämpfen. Nun ist es fast jeden Morgen wieder da, nach dem Aufwachen, nach dem Träumen. Ich nehme das nicht allzu schwer und sage mir, dass es vielleicht noch „mein inneres Kind" ist, was da unsicher ist und dem vielen Frieden, Nähe, Vertrauen in Hans und Sigrid nicht trauen kann...?? Manchmal überkam mich in den letzten Tagen Angst, ob das jetzt geht... diese neue Sexualität – wo ich es sooooo viele Jahre anders

gelebt habe. Aber ich glaube, ich brauch wahrscheinlich „nur noch" ein bisschen Zeit, um all das zu verdauen und auch glauben zu können, dass diese Art der Sexualität auch für Hans schön ist, dass er „NICHTS VERMISST" (seine Worte).
Sigrid & Hans

Liebe Sigrid,

wie schön zu hören, dass Ihr mehr Frieden und Entspannung erfahrt, dadurch, dass Ihr bewusster und „kühler" beim Sex seid. Das ist ein Zeichen, dass Ihr auf dem richtigen Weg seid. Teil des Reinigungsprozesses ist, dass unaufgelöste Themen, Erinnerungen, Zweifel oder Negativität an die Oberfläche kommen. Das mag unangenehm sein, aber es hilft, wenn man versteht, warum es so sein muss. Erinnerungen an Deinen Missbrauch werden auch aus dem System geklärt werden, und je mehr Du die Situation so akzeptieren kannst wie sie ist, desto leichter wird das gehen. Es wird Dir helfen, wenn Du ein bisschen „Abstand" nehmen kannst und Dich nicht zu sehr mit der Situation identifizierst.

Du weißt jetzt, dass es ganz sicher einen anderen Weg gibt, und darauf und auf Deine bisherigen Erfahrungen kannst Du vertrauen. Und denk daran: „Das Hinterher ist Dein Lehrer". Das ist wirklich ein großartiger Moment, wenn Dein Mann Dir sagt, dass er „nichts vermisst", das wird es auch leichter machen, Türen zu öffnen und vom herkömmlichen Sex wegzugehen. Und es ist ein Segen für Euch und bringt sehr viel Entspannung.
Herzlich, Diana

Einige Zeit nach einem weiteren Seminar

Liebe Diana,
nun möchte ich Euch doch kurz von unserem „Höhepunkt" berichten... Gestern Abend im Bett, ein „harmloses" Gespräch

führte zu einer Meinungsverschiedenheit, er diskutierte, wir diskutierten, bei ihm kam auch Wut durch, ich gab „time-out-Zeichen" (hatten wir so ausgemacht im Seminar), nach paar Minuten stand er „nett-wütend" auf, sagte die „berühmten sechs Worte"... „ok, ich bin emotional, ich komme wieder"...

Für mich war das TOOOOOTAL befreiend, ENDLICH ENDLICH ENDLICH fühlte ich mich mal nicht „an die Wand diskutiert", nach zehn Minuten kam er wieder und fünf Minuten später lagen wir uns ins den Armen... :-))) Wir kriegen auch dieses Thema mit den Emotionen noch soweit hin, dass es ganz easy wird :-) Ja, und dann gings beim Liebemachen noch weiter, dass ich irgendwann ein NEUES GEFÜHL in mir spürte, egal ob es nun „Ekstase" war oder nicht, es war einfach wunderbar, kam ganz von selbst und hielt minutenlang an. Mein Problem war dann „nur", dass mir das Angst machte. Es war WUNDER-SCHÖN, aber fühlte sich für mich ziemlich „unberechenbar" an ;-). Es hörte ja auch nicht so schnell auf wie ein Orgasmus... Es hatte so einen Selbstlauf ... Ich fühlte mich nachher super, aber mir war etwas übel, am Morgen immer noch übel. Bisschen überwältigend, leicht irritiert... Ich denke, dass dies auch noch vergeht und mir irgendwann keine „Angst" mehr macht. Ja, wir sind Euch wirklich sehr dankbar, dass unsere Liebe mit all Euren „Schlüsseln" mehr und mehr erblühen kann. Immer mehr „Mauern" in unseren Herzen verschwinden und wir können uns wirklich NAHE kommen.

Ganz herzlichen Dank Euch nochmal und schöne Sommertage.

Sigrid (& Hans)

Liebe Sigrid,

es war wirklich ein Vergnügen, Dich und Hans wiederzutreffen und zu fühlen, wie sich Eure Verbindung, Liebe und Bewusstheit in dem Jahr zwischen den Making Love Retreats *vertieft haben. Auch in der Gruppe war es schön zu sehen und zu fühlen, dass*

Ihr mit ganzem Herzen dabei seid und dass Ihr den Mut habt, alte emotionale Muster sehr direkt zu konfrontieren. Es ist wichtig, dass Ihr den Prozess zu Hause auf intelligente Weise weiter sich entfalten lassen habt. Dafür meine Anerkennung! Während der Gruppe habt Ihr beide wunderschön und strahlend ausgesehen, und die innere Schönheit, die Schönheit Eurer Wesen, zeigte sich im Außen...

Herzlich, Diana

Liebe Diana,

wahrscheinlich bekommt ihr ja meistens positive E-Mails, bis jetzt schrieb ich Euch ja auch immer von meiner „Wolke 7" ;-). Irgendwie finden wir zwei uns nicht mehr, seit meiner „Erkenntnis einer Konditionierung" im Dezember. Ich sagte damals ja, dass ich noch nicht genau weiß, wohin mich diese „Mustererkenntnis" führen wird, was ich damit machen soll, ich war noch „etwas verwirrt im Kopf". Es hat mich zwar näher zu mir gebracht, aber nicht näher zu Hans.

Ich habe einfach gaaaar keine Lust mehr auf Streit und Diskussionen. Und vielleicht sind wir zwei ja doch „einfach nur" zu verschieden. Eigentlich hatten wir es in unseren vier gemeinsamen Jahren eh nicht so ganz leicht. Aber die Liebe hat uns irgendwie zusammen bleiben lassen. Doch inzwischen frage ich mich, ob es das sein kann für mich, wenn es doch immer wieder zu diesen Unstimmigkeiten kommt. Ich komme immer wieder an meine Grenzen, es tut nicht gut und mein Körper zeigt mir dies immer wieder mehr als deutlich, indem ich nicht essen und nicht schlafen kann. Mir gefällt das, was ihr weitergebt, so wunderbar, und ich weiß, dass dies der richtige Weg für mich ist. **Ich kann „Härte" in einer Beziehung – wenn sie nah ist – ganz schwer ertragen. Ich kann auch sehr hart sein, aber wenn ich eine nahe Beziehung mit LIEBE lebe, dann kann ich Härte kaum ertragen.** Diese Nähe, die Hans und ich hatten, und dann immer wieder diese Härte, wo es mir das Herz zuschnürt. Und nun bin ich schon seit November oder Dezember an dem Punkt, dass es dauerhaft ein Stück verschlossen bleibt. Es will einfach nicht mehr so ganz aufmachen in dieser Beziehung.

Die Verletzungen haben ihre Spuren hinterlassen. Ich sehne mich nach Ruhe und Frieden und suche diesen mehr und mehr allein bzw. außerhalb der Beziehung. Unternehme Dinge alleine, mache jeden Tag die Tibeter und schaue, was mir gut tut.

Je ehrlicher ich ZU MIR SELBST bin, umso mehr entfernt es mich von Hans. Schade. Ich bin gespannt, ob es sich noch zum Guten wendet und wir uns wiederfinden oder sich unsere Wege trennen werden. Irgendwie war es mir schon seit einigen Tagen ein Bedürfnis, Euch zu schreiben, wie es bei uns aussieht, wie es in mir aussieht :-).

Seid ganz herzlich gegrüßt und alles LIEBE.

Sigrid

Liebe Sigrid,

es tut mir leid zu hören, dass es keine einfache Zeit für Dich gewesen ist. Im Moment ist es gut, nichts an der Situation zu ändern, versuche nicht, eine Entscheidung zu fällen, lass es, wie es ist und entspann Dich damit. Denk nicht zu viel darüber nach, ob Du gehen oder bleiben sollst und an die ganzen Probleme der letzten vier Jahre. Zu viele Gedanken bringen leicht Emotionen mit sich, die bewirken, dass Du Dich wie vernebelt oder abgeschnitten fühlst. Erfreu dich einfach am Moment und an jeder Aktivität. Benutze den Körper als Brücke zum jetzigen Moment. Wenn Du feststellst, dass negative Gedanken in Deinem Kopf kreisen, schau mal, ob Du sie durch positive Gedanken ersetzen kannst. Du kannst daraus eine tägliche Übung machen. Nimm Dir ein bisschen Zeit, um Dankbarkeit für all die Segnungen zu fühlen, die das Leben Dir gibt, das Leben mit Hans, die Liebe mit Hans, alles, was Du lernen darfst.

Vergiss die Zukunft und leb heute! Und denke daran, dass es schwierig für Hans und dich war, weil seine Kinder bei Euch gewohnt haben, was in diesen Jahren eine größere Herausforderung darstellte.

Ich kann Dich nur dazu ermutigen, dranzubleiben und einen Fuß vor den andern zu setzen.

Herzlich, Diana

Liebe Diana,

jetzt bin ich aufgestanden, um Dir zu schreiben und da war die E-Mail von Dir da :-). Vielen herzlichen Dank Dir. Wir müssen uns immer wieder gegenseitig ermutigen dranzubleiben. Immer wieder zweifelt einer von uns und das ist gar nicht gut!!! Über „gehen oder bleiben" möchte ich gar nicht mehr nachdenken oder reden und doch passiert es immer wieder zwischen uns. Schade.

Ich spüre so viel Liebe in mir und bin so froh, dass ich die LIEBE nie verloren habe. Auch wenn sie sich lange und immer mal wieder hinter einer „harten Schale" versteckt. Aber ich verliere sie nicht mehr... Sie begleitet mich durch den Alltag und darum bin ich dankbar.

Ganz herzliche Grüsse an Euch beide und THANK YOU SO MUCH FOR YOUR MESSAGE, FOR YOUR HELP! Ich bin wirklich sehr froh, Euch getroffen zu haben. Ein schöner und ehrlicher Weg ist das – dahin, wo ich mir schon immer gewünscht habe hinzugehen, schon als Kind: zu Ruhe, Frieden, Ehrlichkeit zwischen den Menschen und Wärme und Liebe... :-)

Umarme Euch von Herzen.

Sigrid

4. Kapitel

SEXUELLE THEMEN

1. Kein Gefühl und wenig Energie

Liebe Diana,

mein Mann hat eine Frage. Wenn wir es mit dem sanften Reingleiten versuchen, und er keinen Orgasmus hat, dann fühlt er gar nichts beim Reingleiten, sagt er. Er wundert sich, dass ich bis in die Arme und Beine ein Kribbeln fühle und Energie habe. Das hat er nicht – er fühlt sich dann den ganzen Tag kraft- und energielos, wenn es morgens möglich war, Liebe zu machen. Ist das abends der Fall, kann er nicht schlafen, weil zu viel Energie in seinem System sei. Ich fühle mich geborgen und prächtig, energiereich und glücklich... Warum hat er das Gefühl, er gibt alle Energie an mich ab?

Herzlich, Angela

Liebe Angela,

es ist häufig so, dass der Mann anfangs Schwierigkeiten hat, seine Genitalien mehr von innen zu fühlen. Zunächst ist das ein Schritt zurück vom heißen, aktiven Stil zu einem kühleren, entspannten Stil, von der Sensation zur Sensitivität, und man muss diesem Anpassungsprozess ein bisschen Zeit lassen und ihm Raum geben. Da wird es notwendigerweise ein Loch geben, in das man fällt. Ihr seid dabei, Euch auf einen Prozess einzulas-

sen, in dem es konstante Veränderungen geben wird, und es ist gut, neugierig zu sein und nur zu beobachten, ohne zu viele Rückschlüsse zu ziehen oder sich zu sehr mit dem zu identifizieren, was passiert. Sich bewusster auf Sex einzulassen, hat einen reinigenden Effekt auf das ganze System, und das muss so sein. Auch wenn jemand an der Oberfläche nichts davon bemerkt, auf tieferer Ebene werden Veränderungen stattfinden, die wie Kreise auf dem Wasser ihre Auswirkungen haben werden. **Wenn man das Sexzentrum entspannt, bringt das viele alte vergrabene Spannungen/Themen nach oben, von denen das System sich befreit und die ausgereinigt werden. Man kann es also auch positiv sehen, dass Dein Mann sich kraft- oder energielos fühlt. Daran ist nichts Verkehrtes. Schicht für Schicht werden alte Spannungen, Erinnerungen, Ängste aus dem Körper und aus der Psyche herausgewaschen, das ist ein wesentlicher Teil der Heilung und Transformation.** Wenn er später tagsüber zu viel Energie hat und nicht schlafen kann, ist das überhaupt kein Problem. Er sollte es genießen, wach zu sein und Wege finden, um seine Energie kreativ einzusetzen. Er wird schlafen, wenn sein Körper das wirklich braucht. Soweit ich es beurteilen kann, scheint sich alles ausgewogen zu entwickeln. Es wird sehr hilfreich für ihn sein, alle alten unausgedrückten Gefühle, die an die Oberfläche kommen, zu erlauben. Ehrt und vertraut dem Körper, und lasst die Energie dahin fließen, wo sie will. So werden wir gereinigt, unsere Psyche wird klarer, und der Körper wird sensibler.

Es ist nicht so, dass Dein Mann seine Energie aufgibt oder Dir seine Kraft gibt. Du nimmst ihm nichts weg. Im Gegenteil, er macht eine Art Reinigungsprozess durch, der ihn letztendlich stärken wird. Es ist ziemlich normal, dass eine Frau eher in der Lage ist „zu fühlen" als ein Mann. Eine Frau, die empfänglicher und der weibliche Pol ist, hat viel eher ein Verständnis dafür, was in ihr vorgeht. Sie ist die Umgebung, das Ambiente, und daher ist sie sich eher dessen bewusst, was sich in ihren Raum hinein oder durch ihn hindurch bewegt. Und es hilft dem Mann zu hören, was Du in Deiner Vagina/Deinem Körper fühlst; Deine Worte werden sein Vertrauen stärken, und er wird sich leichter selbst vertrauen. Es entspannt ihn ein bisschen zu verstehen, dass Du ihn zumindest fühlen kannst, auch wenn er sich selbst (noch) nicht fühlen kann. Da ist natürlicherweise eine Art von Energieaustausch, wenn der männliche Pol im Körper der Frau drinnen ist. Der Penis wird alle möglichen Energieströme auslösen, aber die letztendliche Sensitivität und das innere Strömen von Energie geschieht in Dir als Individuum.

Der Mann fühlt oft weniger, weil die herkömmliche Art von Sex den Penis unempfindlicher macht. Durch Stimulation wird er angespannt und übermäßig aufgeladen. Normalerweise ist da keine Verbindung zum umliegenden Gewebe, insbesondere nicht zu den Muskeln, die die Genitalien formen und bilden. In dieser Gegend, die Beckenboden genannt wird, herrscht oft eine generelle Leblosigkeit, ein Mangel an Lebenskraft und Bewusstheit. Auf der körperlichen Ebene kann der Mann dagegen viel tun, indem er sich seines Körpers bewusster wird. Er kann und sollte seine Aufmerksamkeit von innen auf sein Perineum und seinen Anus lenken und diese Gegend entspannen, so oft er am Tag kann und immer, wenn er daran denkt. Diese kleine Bewusstheitsübung kann in jeder erdenklichen Situation gemacht werden, denn sie ist für andere nicht sichtbar. Es ist auch sehr hilfreich, die Pobacken, Oberschenkel, Waden, Beine und Füße massiert zu bekommen, und es hilft dem Mann, seine Energie zu erden. Man kann sich mit Selbst-Massage viel Gutes tun, indem man sich die eigenen Beine und Füße massiert. Regelmäßiges Training ist eine gute Hilfe. Der Mann muss lernen, seine Aufmerksamkeit auf eine feine, aber pulsierende Vitalität zu lenken, die im Körper vorhanden ist. Das bedeutet, die Wahrnehmung auf die Zellebene zu lenken und sein Penis *zu werden statt seinen Penis zu benutzen. Das ist eine Reise, die Zeit braucht, und vor allem, eine Menge Übung und viel Geduld.*

Herzlich, Diana

2. Mit Momenten der Leere umgehen

Liebe Diana,

Deine Erklärungen (in der vorherigen E-Mail) machen es einfacher zu verstehen, was mit uns passiert. **Mir fällt auf, dass es am schwierigsten für meinen Mann ist, wenn er nichts fühlt. Dann vermeidet er, Liebe zu machen.** Wie kann er mit seinem Gefühl der Leere umgehen?

Herzlich, Angela

Liebe Angela,

es kann Angst vor der Erfahrung „Leere" sein, das kann wie ein kleiner „Tod" sein. Gleichzeitig wird tiefe Transformation möglich, wenn Mann oder Frau sich einfach entspannt und akzeptiert, dass er/sie nichts fühlt. Einfach damit zu sein und Ja dazu zu sagen, statt dagegen zu kämpfen und es zu verleugnen und zu wollen, dass es anders wäre. Diese Art der Spannung würde dann das Fühlen unmöglich machen. Wenn man die Spannungen akzeptiert, können sie ins Fließen kommen, was wieder Entspannung mit sich bringt und die Fähigkeit zu fühlen vertiefen wird. (Es kann ihm eventuell helfen, mit Worten auszudrücken, wie er sich fühlt, wenn da „nichts" ist und dann mögliche Wellen alter Gefühle zu erlauben, die u.U. hochkommen.) Es braucht eine innere Bereitschaft, in diesem „Loch" zu stecken. Und so gesehen ist es am besten, wenn man aufhört, zu erwarten, etwas zu fühlen, und sich stattdessen mit dem entspannt, was ist und in seinem Körper ruht.

Das ist eine empfänglichere Seinsweise: präsent zu sein mit dem, was da ist statt sich auf das zu konzentrieren, was nicht da ist. Im schlimmsten Fall liegt Dein Partner, auch wenn er nichts fühlt, zumindest in seinem Bett, und das mit Dir und in Dir – was für eine himmlische Situation. Es sind immer die Erwartungen, die dazwischenfunken und der Druck, alles gleich richtig machen zu müssen.

Nachdem ich das alles gesagt habe, jetzt noch ein Letztes dazu: Wenn Dein Mann „nichts" fühlt, kann er sich auch ein bisschen bewegen, bis er „etwas" fühlt. Es ist gut, langsam vom Gipfel herunterzukommen und nicht zu schnell zu versuchen, im Tal zu sein. In diesem Sinne muss die Frau für den Mann eine Brücke sein, und beide geben und nehmen hier, auch wenn sie es vorziehen würde, gleich auf stillere Art und Weise Liebe zu machen. Aber Stille sollte nicht zu einer Regel oder Technik gemacht werden, es ist nur eine Möglichkeit, und eine, in die man hineinwächst. Wir haben stets die Wahl. Das bedeutet, dass wir unter Umständen wieder zu blutigen Anfängern werden, und dazu braucht es Intelligenz, Neugier und Mut.

Es ist gut, nach dem Liebemachen noch zwanzig Minuten im Bett zu bleiben und zu ruhen. Legt Euch nebeneinander auf den Rücken, ohne Euch zu berühren, sodass Kopf und Wirbelsäule gerade, in einer Linie sind. Die Beine sind leicht gestreckt, mit einem Kissen unter den Knien. Lenkt Eure Aufmerksamkeit auf Eure Körper und lasst die Erfahrung sich weiter in Euch bewegen – egal, wie sie aussehen mag. So zu ruhen und zu „sein", wird Euch helfen, Euch in Euch selbst zu verankern, und nach und nach wird sich die Lebendigkeit Eurer inneren zellulären Welt offenbaren. In solchen Augenblicken kann es zu einer wunderbaren Vereinigung zwischen Eurer Bewusstheit und Eurem inneren Kosmos kommen – Ihr werdet leicht wie eine Feder und seid erfüllt vom Licht der Liebe .

Herzlich, Diana

3. Die Vagina der Klitorisstimulation vorziehen

Liebe Diana,

ich habe eine Frage an Dich, von der ich glaube, dass Du sie beantworten kannst. Dein Buch war so in Einklang mit meiner Sexualität, ich habe nie vorher etwas gelesen, das den Nagel so auf den Kopf getroffen hat – und ich habe eine Menge gelesen. Besonders wie Du von den Brüsten und der Vagina sprichst. Also, hier kommt meine Frage. Sie ist sehr persönlich, aber ich weiß, Du kennst Dich da aus: Ich habe festgestellt, dass alle meine Orgasmen (und ich habe Orgasmen, seit ich 19 Jahre alt bin) vaginal sind und sehr tief. Ich habe das Gefühl, dass ich meine Klitoris gar nicht brauche, und zwar deswegen, weil ich beim Oralsex praktisch einschlafe. Ich finde ihn beruhigend, aber nicht erregend. Was meinst Du dazu, denn meine Partner haben das immer gern getan, aber sie sind beunruhigt, dass es mein Feuer auslöscht.

Herzlich, Beatrice

Liebe Beatrice,

Deine Orientierung auf die Vagina ist wunderbar. Es geht mehr darum, Männer (und Frauen) umzuerziehen. Deine Beobachtungen stimmen völlig mit dem überein, wie der weibliche Körper gebaut ist. **Die tiefsten Orgasmen der Frau kommen aus der Tiefe ihrer Vagina und nicht von der Klitoris.** *Ich verstehe Dein mangelndes Interesse für klitorale Stimulation durch Oralsex voll und ganz, es kann auch ein bisschen abturnend sein. Das habe ich schon als Teenager festgestellt, kurz nachdem ich anfing, Sex zu haben. Genau wie Du bin ich immer auf meine Vagina ausgerichtet gewesen und nicht auf meine Klitoris. Klitorale Stimulation bewegt die Energie auf oberflächlicher Ebene, weil es in Richtung von Erregung/Orgasmus etc. geht. Dennoch sind sowohl Männer als auch Frauen so kondi-*

tioniert, dass sie glauben, die Klitoris sei das Zentrum der weiblichen Sexualität und die Quelle der Befriedigung. Und natürlich will der Mann ein guter Liebhaber sein und dementsprechend vorgehen. **Ich denke auch, dass der derzeitige Fokus auf Oralsex widerspiegelt, dass der Mann die Kunst und das Wissen verloren hat, wie man in der Vagina der Frau einfach nur „präsent" ist. Er weiß, was Erregung ist und wie man in der Vagina der Frau ejakuliert, aber einfach mit liebevoller Präsenz drin zu sein, ist eine Sprache, die er erst noch erlernen muss.** *Und genauso muss die Frau herausfinden, wie sie empfänglich und entspannt sein kann, damit der Mann in ihrem Garten erblühen kann.* **Der Fokus auf die Klitoris beschränkt eindeutig den sexuellen Horizont des Mannes, und natürlich erst recht den der Frau.** *Dem Penis in der Vagina wird so wenig Bedeutung beigemessen, und das Ergebnis ist, dass sowohl Männer als auch Frauen ihre wahre Natur nicht kennen. Es ist ein Segen für Dein Leben, dass Du so mit der Intelligenz Deines Körpers in Kontakt bist. Vielen Dank!*

Herzlich, Diana

4. Ich denke an Intimität und es kommt viel Wut und Ekel hoch

Der erste Teil dieser E-Mail könnte auch im 3. Kapitel über Emotionale Aspekte abgedruckt sein, aber wegen des Bezugs auf die E-Mail, die dann folgt (5.), erscheint sie in diesem Kapitel.

Liebe Diana,

im Augenblick liegt unsere Liebe auf Eis, und ich würde Dich gern um Rat fragen. In den letzten Wochen habe ich mich total zurückgezogen. Ich brauche und habe kein Verlangen nach Intimität. Das Gute war, dass ich damit experimentiert habe, nach innen zu lauschen. Was nährt mich in jedem Moment wirklich? Weil ich ein Meister darin bin, mich selbst zu manipulieren und den verschiedensten Konzepten zu folgen (auch dem Konzept, jeden Tag Liebe zu machen, auch wenn ich es vielleicht eigentlich brauche, ein paar Stunden allein zu sein). Aber jetzt sind ein paar Wochen vergangen und ich sehe, dass da eine kollektive Wut auf Männer in mir ist. **Ich brauche nur an Intimität zu denken und ganz viel Wut und Ekel kommen hoch. Egal, was ich gegen diesen Widerstand tue, es fühlt sich an, als würde ich mich selbst manipulieren.** Soll ich warten, bis ich mich dazu hingezogen fühle, dass wir uns wieder treffen? Aber heute habe ich das Gefühl, dass sich da nichts in diese Richtung bewegen will. Es fühlt sich wie ein totaler Stillstand an. Vielleicht siehst Du andere Möglichkeiten und könntest mir einen Rat geben, wie wir uns wieder einander annähern könnten.

Herzlich, Christine

Liebe Christine,

*die Rage, die in Dir hochkommt, ist sehr echt, und die meisten Frauen haben diese tiefsitzenden Gefühle der Rage gegen Männer in sich. **Der Ursprung dieser Rage liegt im Sex. Es kann an der individuellen Vergangenheit der Frau ebenso liegen wie an der kollektiven sexuellen Unterdrückung, die Frauen seit Urzeiten erlebt haben.** Also ist die Tatsache, dass diese Rage an die Oberfläche kommt, grundsätzlich sehr gesund, denn es handelt sich um eine Schicht, die in Deinem Körper und Deiner Psyche gespeichert war und die jetzt hochkommt, um ausgereinigt zu werden. Diese Kraft durch Dich hindurchkommen zu lassen, wird Dich stärker machen und Integration bedeuten.*

Am wichtigsten ist es, zu erkennen, dass die Wut nicht gegen Deinen Partner persönlich gerichtet ist, sondern gegen das männliche Geschlecht als solches. *Ein hübsches Mädchen wird schon in jungen Jahren anzügliche Blicke bekommen und sexu-*

elle Schwingungen von Männern wahrnehmen, und häufig wer-
den ihre Grenzen auf tragische Weise überschritten, was tiefe
Narben in ihrer Psyche hinterlässt. Daher haben Frauen allen
Grund, bis ins Erwachsenenalter Rage anzusammeln.

Am besten gehst Du damit um, indem Du der Rage erlaubst,
aus Dir herauszukommen. Schaffe Raum dafür und gib der Wut
Gelegenheit, sich in aller Intensität auszudrücken. Am besten
tust Du das, wenn Du allein bist und Dein Partner nicht in der
Nähe ist. Schließ die Tür hinter Dir, knie Dich aufs Bett und
schlag auf einen Haufen von Kissen ein, ohne Dir selbst dabei
wehzutun. Benutze Deine Stimme, um gleichzeitig zu schreien,
wenn das in Deiner Umgebung möglich ist. Tu das eine halbe
Stunde oder länger, Du wirst Dich erst warmlaufen müssen, um
richtig in Rage zu kommen. Vielleicht möchtest Du das mit Hilfe
einer Therapeutin tun, die körperorientiert arbeitet. Deinen
Körper täglich zu bewegen wird auch erheblich dazu beitragen,
diese angestauten Emotionen abzubauen. Sobald die Schicht
alter Emotionen (unausgedrückte Gefühle) sich aus Deinem
System herausbewegt hat, wirst Du Dich ganz anders fühlen,
Dich nach Intimität sehnen und es wird Dir leicht fallen, Liebe
zu empfinden.
Herzlich, Diana

5. Unterschiedliche Bedürfnisse hinsichtlich Erregung

Liebe Diana,

danke Dir, für Deine Antwort, sie hat mir geholfen das zu verstehen und zu akzeptieren, was da bei uns los ist. Mein Partner
war für eine Woche unterwegs und so hatte ich viel Zeit für
mich. Als er am Sonntag zurückkam, spürte ich plötzlich sehr
viel Liebe für ihn. Aller Ärger war vergessen und mein Herz weit
offen. Dummerweise enden diese schönen Begegnungen

immer darin, dass er mich stimulieren will. Wenn ich da mitmache, dann merke ich, wie ich mich verschließe und diese Liebesverbindung zwischen unseren Herzen verliere. Nach dem Orgasmus fühle ich mich miserabel. Er will das Stimulieren nicht aufgeben. Er möchte mit der Stimulation experimentieren und dabei die Herzverbindung halten. Aber für mich ist das kontraproduktiv. Wir haben einfach verschiedene Sichtweisen und ich weiß nicht, wie ich diese unter einen Hut bringen kann. Es kann ja auch keine Lösung sein, wenn er seine Sehnsucht nach Erregung unterdrückt.

Im Moment scheinen sich seine und meine Bedürfnisse in unterschiedliche Richtungen zu bewegen, und ich möchte Euch gerne um Rat fragen: Mein Wunsch nach Berührung und Stimulation der Klitoris ist in den letzten Monaten ziemlich geschwunden. Mein Partner wünscht sich aber sehr, dass ich seinen Penis streichle (ebenso findet er es frustrierend, mich nicht stimulieren zu dürfen). Ich aber spüre keinen Impuls, habe eher das Gefühl, das Streicheln der Genitalien ist so erregungsfixiert und bringt mich aus der Liebesenergie. Er hat das Gefühl, ich ignoriere seinen Penis, außer wenn wir miteinander schlafen. **Ich muss zugeben, dass ich dem Penis gegenüber sehr ambivalent bin. Wahrscheinlich aufgrund von früheren negativen Erfahrungen. Mir kommen schnell aggressive Assoziationen hoch und ich fühle mich ablehnend. Wenn wir allerdings miteinander schlafen, ist es anders. Dann kann ich mich ganz auf die Energie fokussieren und mich öffnen.** Wie ist das mit Liebkosungen der Genitalien? Ratet Ihr davon ab?

Herzlich, Christine

Liebe Christine,

es gibt da keine Regeln, und alles ist möglich, wenn es mit Bewusstheit geschieht. Es geht immer darum, „wie" man etwas tut und nicht „was" man tut. Wenn man etwas mit Bewusstheit tut, wird es naturgemäß durch diese Bewusstheit transformiert. Ihr müsst damit experimentieren, einen altbekannten Akt auf neue Weise zu tun. Sex, so wie wir ihn gewohnt sind, basiert auf Erregung; daher ist es leicht, auf dieser Ebene der Sensation zu bleiben, denn es ist angenehm. Einige Menschen werden süchtig nach der Intensität der Erregung, und deswegen ist es nicht immer leicht, davon Abstand zu nehmen. Gleichzeitig ist ein zentraler Punkt, sich zu entspannen statt diese Erregungsspitzen zu haben, und was das angeht, kann man viel Selbsterfahrung und -erforschung betreiben. Das führt zu enormer Transformation und persönlichem Wachstum. Ich schlage vor, dass Du Deinem Gefühl vertraust, dass Du genitale Stimulation, wie sie zum traditionellen Oralsex gehört, nicht möchtest. Es geht nicht darum, dass Oralsex verkehrt ist, sondern mehr darum, dass er in die Richtung führt, die darauf abzielt, Energie zu entladen. Es bringt auch eine Störung der Herz- und Liebesverbindung mit sich, wie Du bereits festgestellt hast. Dies ist eine Einsicht, die Dein Leben verändern kann. Gleichzeitig ist es schön, dass Ihr Euch an den Genitalien berührt, statt diesen Kontakt zu vermeiden – vorsichtig und mit Respekt, ohne zu stimulieren oder Erregung auszulösen. *Zu lernen, wie man mit Bewusstheit, Wärme und Präsenz berühren kann, unterscheidet sich von Stimulation. Bewusste liebevolle Berührung kann dem/der Empfänger/in helfen, seine/ihre Aufmerksamkeit mehr auf die Innenseite der Genitalien zu bringen und kann Empfänglichkeit und Empfindsamkeit fördern.* Es ist für einen Mann wunderbar, wenn eine Frau seinen Penis hält oder liebkost. Es stärkt ihn, wenn sein Penis wertgeschätzt und geliebt wird. Es geht also darum, den Penis mit Liebe zum Leben zu erwecken, statt ihn mit dem Gedanken an Erektion oder Höhepunkt zu erregen.

Viele Frauen teilen Deine Ambivalenz, wenn es darum geht, den Penis zu berühren, aber das wird sich ändern, wenn Du Wege findest, ihn voller Liebe zu berühren, unabhängig von Stimulation und Erektion. Was bei Frauen oft eine Ambivalenz hervorruft, ist die Befürchtung, dass der Mann, wenn sie den Penis berührt, eine Erektion bekommt und sofort Sex haben will. Und Frauen sind häufig nicht auf diese Art von Instant-Sex vorbereitet. Manchmal ja, aber im Allgemeinen brauchen sie Zeit, um warm zu werden und sich zu öffnen.

Ich schlage vor, dass Du anfängst, den Penis auf einfache, unschuldige Weise zu berühren und ihn darin unterstützt, von der Konditionierung Abstand zu bekommen, dass Berührung das Gleiche ist wie Stimulation und Erregung. Ebenso muss der Mann lernen, die Brüste der Frau liebevoll zu berühren, ohne sie zu erregen. Und seine Hand sanft über den Schamhügel zu legen und Liebe zu senden, ohne dass er die Klitoris direkt stimuliert. Die Richtlinie ist, dass die Berührung die Energie des anderen ausdehnen und ihm helfen sollte, sich zu öffnen, sich selbst von innen her mehr zu fühlen. **Erregung und Heftigkeit machen extrovertierter, und die Aufmerksamkeit geht nach außen, während sensitive, liebevolle Berührung introvertierter macht und uns auf der Reise tiefer ins Innere des Körpers hinein unterstützt.**

Ich kann verstehen, dass Du Deinen Partner nicht bitten willst, irgendetwas zu verändern, aber es betrifft Deinen Körper, wenn Ihr Liebe macht. Und es ist weise, dessen Intelligenz und Deine Beobachtungen zu achten. Ich bin sicher, dass Dein Partner alles, was von Herz zu Herz, von Mensch zu Mensch, mitgeteilt wird, hören und akzeptieren wird. Sprich von Dir und teil Deine Gefühle mit, aber pass auf, dass Du sie nicht mit Deinen Emotionen vermischst und ihm Vorwürfe machst, ihn beschuldigst und Dinge sagst, die ihn verletzen. Es ist besser, liebevoll zu sein und ihn zu ermuntern und auch, Mitgefühl für ihn zu haben, denn der Mann muss sich von seinem spannungsgeladenen Programm verabschieden. In diesem Sinne muss die Frau mit

dem Mann zusammenarbeiten und darf sich nicht von ihm ent-
fremden. Sei sanft in allem, was Du sagst.

Wenn jemand an persönlichem Wachstum, Sex und Liebe inter-
essiert ist, dann besteht der Weg darin, den Sex langsam von
Erregung und Höhepunkten hin zu einer entspannten, liebe-
vollen Erfahrung zu verwandeln. Man muss viel Zeit darauf ver-
wenden, Liebe zu machen, und letztendlich ist es eine spirituel-
le Suche und Reise, die Dein Leben auf vielerlei Weise ver-
bessern und inspirieren wird.

Herzlich, Diana

6. Der Erektion nachhelfen

Liebe Diana,

nachdem ich von dem Workshop mit Dir nach Hause gekommen
war, gingen mir sehr viele Gedanken durch den Kopf. Wenn Du
fliegen lernst (ich bin Gleitschirm-Lehrerin), beginnst Du an
einem kleinen Übungshang. Am Ende des ersten Tages lernen
die begabten Schüler, vielleicht ein wenig zu fliegen: ungefähr
ein paar Sekunden. Am nächsten Tag bekommen, wenn wir
Glück haben, alle eine Kostprobe vom Fliegen und werden
hungrig nach mehr. Tage mit Erfolgen und Misserfolgen werden
folgen. Am fünften Tag erleben wir, falls das Wetter gut ist,
einen richtigen Flug, das ist ein echter Höhepunkt. Wow, sich
wie ein Vogel fühlen – von oben auf alles herabschauen. Ich flie-
ge seit 19 Jahren. Nicht ein Flug ist wie der andere gewesen: In
den hohen Bergen von Pakistan und in den Wüsten Namibias
und zu Hause in Deutschland. Jetzt weiß ich, dass Fliegen für
mich ein Weg zu meinem Herzen ist. Je länger ich dabei bin,
desto mehr kann und will ich darüber lernen. Ich glaube, dass
es für mich sehr ähnlich sein wird zu lernen, auf neue Art und
Weise Liebe zu machen. Wie kann ich Dir für all Deine Energie,

Deinen Enthusiasmus, Deine Geduld und Deine Liebe danken? Ich habe auch noch eine Frage. Wenn wir eine weiche Penetration mit unerigiertem Penis machen, passiert nichts. Sollte ich anfangen, meine Hüften von einer Seite zur anderen zu bewegen, oder sollte mein Partner sich vor- und zurückbewegen? Wir stellen fest, dass es leicht geschieht, dass wir in alte, konditionierte Muster zurückfallen, wenn nichts geschieht – und das ist natürlich dumm. Bitte, hast Du einen Rat, wie wir dem Penis helfen können, in der Vagina zu wachsen?

Herzlich, Denise

Liebe Denise,

so wie Du den Prozess des Fliegenlernens beschreibst, geht es auch mit dem Liebemachen – danke für den schönen Vergleich. Es ist normal und zu erwarten, dass nichts passiert, wenn man die weiche Penetration mit einem nicht-erigierten Penis übt. Wie beim Fliegen muss man erst seine Flügel finden. Man muss erst mit simplen, inneren Empfindungen beginnen und akzeptieren, was da ist, präsent sein und bewusst eine liebevolle Umgebung schaffen. Durch diese Qualitäten erhält der Penis die Fähigkeit, spontan zu erigieren und zu wachsen. Aber man sollte diese Art der Erektion auf keinen Fall erwarten. Es ist in der Tat so, dass der Penis diese Art von Erektion nur hat, wenn man nicht daran denkt! Wenn Du daran denkst, dann hast Du ein Ziel und bist in der Zukunft. Und die Folge davon ist, dass Du nicht in der Gegenwart präsent bist. Eine Erektion in der Vagina geschieht am ehesten dann, wenn Du völlig im Augenblick aufgehst und Dich selbst tief von innen heraus spürst. Sei mit Deiner Aufmerksamkeit bei Deiner Vagina und mach das Gewebe empfänglich. Stelle gleichzeitig, und das ist oberstes Gebot, eine Verbindung zu Deinen Brüsten her und verschmelze mit ihnen. Das verbindet Dich mit dem weiblichen Pol, in dem die Energie aufsteigt, und es bringt Dich in stärkere Polarität

*zum männlichen Pol. **Diese innere Verbindung wird den Penis
ganz sicher ermutigen und helfen, ihn wie eine Schlange nach
oben in eine Erektion zu ziehen.** Die Polarität des Mannes wird
dadurch verstärkt, dass er mehr und mehr in seinem Penis präsent ist und sich auf sein Perineum konzentriert. Kleine Bewegungen, wie Du sie vorschlägst, sind ganz in Ordnung, wenn es
Euch hilft, Euch gegenseitig zu spüren oder die Erektion unterstützt, aber entspannt Euch dann wieder und lasst die Energie
sich in Eurem Körper ausbreiten. Und dann bewegt Euch wieder, wenn Ihr wollt, und dann entspannt Euch wieder. Alles, was
man mit Bewusstheit tut, wird naturgemäß durch diese
Bewusstheit transformiert.
Alle guten Wünsche für innere und äußere Höhenflüge.
Herzlich, Diana*

7. Sobald es zum Sex kommt, ist es aus

Liebe Diana,

also, ich bin ein Mann und dreißig Jahre alt, guter Gesundheit,
habe eine Menge Energie und liebe das Leben. In meinem
Liebesleben ging es mit verschiedenen Partnerinnen auch ganz
gut, aber seit kurzem ist mir überhaupt nicht nach Sex. Ich habe
seit sechs Monaten eine wirklich nette Freundin und drücke
meine Liebe sehr häufig mit Berührung, Umarmungen und
Kuscheln aus. Aber sobald es zum Sex kommt, ist es aus. Ich
kann eine Erektion bekommen, sie hält allerdings nicht sehr
lange an! Ich bin bei Ärzten gewesen und habe mich medi-
zinisch durchchecken lassen! Mein Testosteronspiegel ist offensichtlich sogar hoch! Ich bin nicht schüchtern und habe auch
nicht das Gefühl, dass Sex etwas Schlechtes ist! Ich spüre, dass
ich das Leben liebe! Und mein Herz hat mehr Mitgefühl denn je
zuvor!

Einerseits fühle ich mich ruhiger, zentrierter und bin in jeder Art von Beziehung mehr für andere da. Andererseits tut mir meine Freundin leid, denn sie möchte natürlich Sex! Auch wenn sie gesagt hat, sie könnte auch ohne, hätte sie natürlich gern Sex! Ich fühle mich geehrt und geliebt und wirklich geschätzt! Ich kann es an ihren Augen sehen! Ich habe ihr vorgeschlagen, sie könnte Sex mit anderen Männern haben, aber daran ist sie nicht interessiert.

Ich würde gern von Dir hören, was los ist, ich bin ein bisschen verwirrt. Bin ich impotent? Ist meine Zeit vorbei?

Herzlich, Adrian

Lieber Adrian,

*an einem bestimmten Punkt im Leben geht es vielen Menschen so, dass Sex, wie wir ihn kennen, seinen Reiz, seinen Charme und seine Anziehung verliert. Dies kann man als Teil einer natürlichen Entwicklung menschlicher Sexualität sehen, Du kannst also beruhigt sein, mit Dir ist ohne Zweifel alles in Ordnung, und Du bist keinesfalls impotent, und Deine Zeit ist auch nicht vorbei! Die Frage ist eher, welches der nächste Schritt ist, aber dazu gibt es leider keine alternative Vision, die uns führen könnte. Und das führt zu Selbstzweifeln, so wie Du sie erlebst. Mir scheint, was Du erlebst, ist eindeutig eine Verbindung mit einer tieferen Ebene von Körperbewusstsein und körperlicher Intelligenz, und dazu möchte ich Dir gratulieren. **Wir brauchen eine richtige Revolution, wenn es darum geht, wie wir über Sex denken und wie wir ihn leben.** In meinen Büchern habe ich sehr viel Informationen, die Türöffner für Dich sein werden, Dir neue sexuelle Horizonte eröffnen können, die Dich inspirieren. Normalerweise sind ziemlich viel Spannungen, Leistungsdenken und Zielorientiertheit Teil von Sex, und die Kunst besteht darin, wie man auf entspannt Sex haben kann, lebendig und dennoch ohne Erregung. Denn dann ist er wirklich*

erfüllend und Dein Interesse wird wieder erwachen. Probiere
also einige Sachen mit Deiner Freundin aus. Sucht Euch etwas
Einfaches aus und setzt die Theorie in die Praxis um. Durch per-
sönliche Erfahrung wirst Du die verborgenen Wohltaten von Sex
kennenlernen, und das wird Dich motivieren.
Herzlich, Diana

8. Schmerzen in den Genitalien, wenn ich keine
Ejakulation habe

Liebe Diana,
   wir fangen langsam an, nach Deinem Buch zu üben. Mich entspannt es sehr, wenn mein Partner in mir drinnen ist und sich
nicht bewegt, ich spüre, wie die Energie sich ausdehnt. Wenn er
anfängt, sich zu bewegen, ziehen sich unsere Körper zusammen und das Energiefeld schrumpft. Wir haben es erst ein paar
Mal versucht, ohne uns zu bewegen, aber wir sind entweder zu
müde oder konnten wegen der Kinder nicht weitermachen, aber
jedes Mal, wenn mein Partner längere Zeit eine Erektion hat
und dann hinterher nicht ejakuliert, hat er hinterher heftige
krampfartige Schmerzen in seinen Genitalien und fühlt sich
sehr frustriert. Da haben wir also gegenteilige Bedürfnisse, und
wir wissen nicht, wie wir weitermachen sollen. Du erwähnst in
Deinem Buch, dass Männer nicht unbedingt ejakulieren müssen, und mein Partner kann sich das nicht vorstellen. Kannst Du
uns bitte einen Rat geben?
Herzlich, Francesca

Liebe Francesca,
   ja, wir sagen, dass Männer nicht ejakulieren müssen, weil es
eine Gewohnheit geworden ist, und es interessante, andere
Möglichkeiten gibt. Aber wie das vor sich geht, ist wichtig.

Normalerweise gibt es zwei Ursachen für diese Schmerzen. Eine davon ist, dass der Sex eher „heiß" war und man sich an der Schwelle zur Ejakulation befindet, und dann wird die Erregung unterdrückt, um die Ejakulation zu vermeiden. Da hat man grundsätzlich Spannung aufgebaut, aber nicht entladen (wie das normalerweise der Fall ist), und das kann hinterher zu einem Druckgefühl und Schmerzen in den Lenden, im Penis, in den Genitalien oder im Unterbauch führen. Deswegen empfehlen wir, die Ejakulation nicht mit dem Willen zu unterdrücken. Wenn ein Mann kurz davor ist, zu ejakulieren, sollte er ejakulieren und nicht gegen den Strom anschwimmen.

Es ist jedoch wichtig zu wissen, dass die Schmerzen auch hinterher auftreten können, selbst wenn der Sex „kühler" gewesen ist, ohne dass sich die Erregung hochgeschraubt hat und dann unterdrückt worden ist. Und das ist verwirrend. In diesem Fall sind die Schmerzen positiv, und man kann sie als „Heilungsschmerzen" betrachten; sie zeigen an, dass alte Spannungen den Körper verlassen, und sie sind Teil der Reinigung und Neubalancierung der Genitalien und des ganzen Systems, die durch bewussten und entspannten Sex geschehen.

In beiden Fällen werden die Schmerzen nach kurzer Zeit vorübergehen, kein Grund zur Sorge, auch wenn es für den Mann körperlich unangenehm ist. Natürlich sei auch gesagt, dass Ihr so schnell wie möglich einen Arzt konsultieren solltet, wenn es etwas gibt, das Euch wirklich beunruhigt. Manchmal wird der Mann in dieser Situation, wenn er Schmerzen hat, masturbieren, um die Anspannung durch Ejakulation loszuwerden. Das ist eine Möglichkeit, aber es bedeutet wiederum Spannung zu benutzen und in einer bereits angespannten Lage noch mehr Spannung hinzuzufügen. Besser wäre es, irgendeine Art bewusster, sanfter körperlicher Bewegung zu machen: Schütteln, Tanzen, Gehen, Yoga oder irgendetwas anderes, das hilft, die Schmerzen aus dem Körper zu bewegen. Schmerzen können *häufig auch unausgedrückte Gefühle widerspiegeln; daher ist es gut, wenn der Mann Gefühle, wie z. B. Trauer oder Unsicherheit, erlauben kann.*

Wie schon erwähnt, wenn der Mann kurz davor ist, zu ejakulieren, ist es wirklich besser, es auch zu tun. Und nicht zu versuchen, es zurückzuhalten, um den sexuellen Austausch zu verlängern, denn das bedeutet Anspannung, die der Mann im Körper ansammelt, was langfristig nicht gesund sind. Wenn also Dein Mann Schmerzen hat, solltet Ihr anhand er der Entspannung/Erregung oder kühl/heiß-Richtlinie prüfen, ob Ihr eher auf der heißen oder auf der kühlen Seite wart. Und so könnt Ihr Euch selbst beobachten und hinterher besser verstehen, woher die Schmerzen kommen: Treten hinterher Schmerzen auf und war der Sex ein bisschen heiß/erregt, dann bedeuten die Schmerzen eine Ansammlung von Anspannung im Körper. Treten die Schmerzen nach kühlem Sex auf, werden damit Spannungen entladen. In diesem Fall bedeutet es, dass die Genitalien sich entspannen und empfindsamer werden.

Generell geht es darum, beim Sex präsenter und kühler zu bleiben, sich von der Lust wegzubewegen hin in Richtung Sensibilität. Ein solcher Wechsel braucht Zeit und dauert eine Weile. *Daher ist es normal, dass Dein Partner sich nicht vorstellen kann, wie Sex ohne Ejakulation aussehen würde. Das Wichtigste ist, die Dauer des Liebesaktes zu verlängern und nicht gleich auf die Ejakulation zuzustreben. Die kann für zwei oder drei Stunden später aufgehoben werden. Und wenn er sich am Ende dafür entscheidet zu ejakulieren, kann er es langsamer und entspannter tun. Das allein wird seine Erfahrung wesentlich angenehmer machen. Macht einfach weiter Liebe und experimentiert damit, und Eure Experimente werden Euren Fokus und Eure Orientierung mit der Zeit verändern. Ihr werdet anfangen, Sex mit anderen Augen zu sehen. Ejakulation an sich ist in Ordnung, es ist nur so, dass der Orgasmus der Fokus beim*

Sex geworden ist, und in der Regel der Grund dafür, warum wir Sex haben. Wenn wir den Fokus und die Gründe, Sex zu haben, verändern, wird sich unsere Sichtweise über Ejakulation ebenfalls verändern.

Es gibt also keine Regel, die besagt, dass der Mann nicht ejakulieren sollte. Wir hinterfragen nur die Gewohnheit, jedes Mal zu ejakulieren. *Wie würde Sex aussehen (und wie würde es sich hinterher anfühlen), wenn die Energie bewahrt würde, statt wieder der Gewohnheit zu folgen, sie zu entladen? Es ist eine einfache Frage, und durch Selbstbefragung wird es möglich, andere Reiche und Dimensionen von Sex zu entdecken.*

Herzlich, Diana

9. G-Punkt und weibliche Ejakulation

Liebe Diana,

mein Partner und ich haben vor ein paar Wochen angefangen, Dein Buch zu lesen. Auch wenn ich vom Verstand her einige Dinge, von denen Du sprichst, vorher nicht gekannt hatte, wusste mein Körper sofort beim Lesen, worum es ging, und ich erinnerte mich an das, was ich „immer" schon gewusst habe. Für mich und meinen Partner ist es eine wunderbare Erfahrung, und wir empfehlen Dein Buch in der Tat allen unseren Freunden, egal, ob sie in einer Beziehung leben oder nicht. Ich bin neugierig, was eine Frage angeht: Du erwähnst den „G-Punkt" überhaupt nicht, und nur einmal im Vorbeigehen erwähnst Du die weibliche Ejakulation und das „Amrita", das dabei ausgestoßen wird. Andere tantrische Schulen betonen diesen Punkt sehr. Kannst Du dazu bitte mehr sagen?

Herzlich, Gabriella

Liebe Gabriella,

*es berührt mich sehr, von Deinen positiven Erfahrungen mit Deinem Partner zu hören, und es ist wunderbar, dass Du Deine Essenz sofort wiedererkannt hast. Meiner Ansicht nach ist der G-Punkt in eine riesige Tapisserie von Körpergewebe eingewoben, die über magnetische Sensitivität verfügt und innere Verbindungen, Energieströme und -bewegungen verstärkt. Man braucht nicht einen bestimmten Punkt hervorzuheben, dessen Stimulation dann zum Ziel wird und ebenso wenig die weibliche Ejakulation zum Ziel zu erklären. **Wenn durch die Position natürlicherweise ein Kontakt entsteht oder die Ejakulation ohne Anstrengung geschieht, dann ist es gut. Wenn keines von beiden von selbst passiert, dann ist das genauso gut. Mein ganzer Ansatz dreht sich in der Tat darum, von Zielen in der Zukunft wegzukommen und sich der Gegenwart zuzuwenden, mit Deinem Körper im Hier und Jetzt zu verschmelzen. Wenn man auf dieser Ebene wirklich verbunden ist, können alle möglichen mysteriösen Dinge geschehen.** Aber als Resultat oder als Nebenprodukt unserer Präsenz, Empfänglichkeit, Entspannung und unseres Bewusstseins.*

Es ist möglich, dass andere Tantraschulen sich auf diese „technischen" Aspekte konzentrieren, weil sie Sex weiterhin von einem konventionellen Punkt aus angehen, bei dem Sex Ziele hat, die ein bestimmtes Handeln voraussetzen, um dorthin zu gelangen.

***Bei meinem Ansatz geht es allein darum, vom Tun zum Nicht-Tun zu gelangen, und das ist die Grundlage.** Dieser Forschungsansatz ermöglicht den Zugang zu einem riesigen inneren Universum aus Zellen, das himmlisch ist. Ein weiterer guter Grund dafür, sich nicht auf den G-Punkt zu fokussieren, ist, dass die tiefsten orgasmischen Erfahrungen für die Frau aus der Tiefe ihrer Vagina kommen (und nicht vom Anfang der Vagina, wo der G-Punkt sich befindet) und/oder der Verbindung* *zu ihren Brüsten und ihrem Herzen, wenn sie mit ihrem positiven Pol verschmilzt. Warum sollten wir uns also so sehr dafür interessieren, den G-Punkt zu finden oder zu versuchen, eine Flüssigkeit zu produzieren? Das macht mir keinen Sinn.*

*Vor kurzem habe ich einen Mann getroffen, der mir erzählte, dass er zwei aufeinander folgende Beziehungen hatte, in denen er Sex sehr tief erforscht hat. Die erste Frau hat nicht ejakuliert und der zweiten fiel es leicht. Zuerst dachte er, es müsse daran liegen, dass die erste Frau nicht wirklich in der Tiefe offen, sondern irgendwo blockiert war. Aber nach einigen Jahren mit der zweiten Frau sah er, dass der Austausch mit ihr ihn energetisch nicht so tief berührte oder beflügelte, auch wenn sie regelmäßig ejakulierte, wie mit der ersten Frau. Das weist darauf hin, dass es nicht wirklich darauf ankommt, ob die Frau den G-Punkt spürt oder ob sie ejakuliert. Er sagte, die erste Frau habe ein sehr offenes und einladendes Herz gehabt und er empfand, dass das den qualitativen Unterschied ihrer sexuellen Begegnungen ausgemacht habe. **Meines Erachtens werden Frauen mit der Fokussierung auf den G-Punkt neue Ziele gesteckt, die sie von ihrer Essenz ablenken, und es hat keinen wirklichen Wert, ihnen nachzulaufen.** Ich hoffe, meine Ausführungen können zu einem besseren Verständnis beitragen.*

Herzlich, Diana

10. Techniken, um die Energie aufzubauen

Liebe Diana,

ich habe mit großem Vergnügen Dein Buch *Zeit für Weiblichkeit* gelesen, und es macht absolut Sinn. Ich würde mich allerdings über ein paar kurze nähere Erläuterungen freuen. Behauptest Du, dass es wenig Möglichkeit gibt, die Energie aufzubauen? Ich meine, gibt es Umstände, unter denen Du pumpende, wiegende

Bewegungen oder Atemtechniken, wie es sie in anderen tantrischen Ansätzen gibt, empfehlen oder erlauben würdest?

Du erwähnst „wilden" Sex. Ist der ohne Desensibilisierung und Kontraktion möglich? Es würde mir viel bedeuten, wenn Du meine Fragen beantwortest. Ich danke Dir für Deine Zeit und Aufmerksamkeit, ich bin froh, Dich gefunden zu haben.

Im Namen des Planeten danke ich Dir für alles, was Du tust.

Herzlich, Barry

Lieber Barry,

*danke für Deine E-Mail und Deine interessanten Fragen. Es ist wunderbar zu hören, dass für dich als Mann mein Buch für Frauen interessant ist. Die eigentliche Frage ist immer die der Bewusstheit. Alles, was man bewusst oder durch Bewusstheit tut, wird durch die Bewusstheit selbst transformiert. Es gibt eine mysteriöse Alchemie, durch die wir unseren Zustand verändern können. Bewusstheit ist eine Macht, eine Kraft. **Tantra lehnt nichts ab, sondern transformiert alles. Und die Transformation geschieht durch Bewusstheit**. In diesem Sinne ist Tantra nicht ein Regel-Set, das festlegt, was man darf und was nicht, sondern es ist eine Einladung, das zu tun, was Du genießt, aber es mit größerer Bewusstheit zu tun. Und diese Bewusstheit ist es, auf die es ankommt. Für mich geht es nicht darum, was ich tue, sondern wie ich es tue. Meine eigene Reise hat mich weg von Zielen und Erwartungen geführt, eine Reise vom Tun zum Sein, die Intelligenz des Körpers hier und jetzt entdecken. Und nach meiner Vorstellung würden pumpende Bewegungen etc. ein Tun darstellen, mit einem Ziel vor Augen. Selbstverständlich kann man all diese Techniken manchmal benutzen, um die Verbindung zum Körper zu intensivieren, aber man sollte stets darauf achten, sie mit Bewusstheit zu tun. Es besteht bei allem, das sagen wir immer und immer wieder, die Tendenz, mechanisch zu werden und sich anzuspannen. Daher* *solltest Du darauf dein Augenmerk legen. Jede Technik beruht darauf, sich anzustrengen, aber irgendwann kommst du an den Punkt, zu entspannen und präsenter in Deinem Körper sein, einfach nur sein. Und dann siehst du, was mit den subtilen Energien in Deinem Körper passiert. Die Existenz hat uns das innere Design der Polarität mitgegeben; es ist immer da, aber wir haben keinen Zugang dazu, wenn wir damit beschäftigt sind, etwas zu tun, eine Technik zu lernen.*

Was die Wildheit angeht, müsste sie neu definiert werden. Was wir beim Sex als „wild" kennen, ist gewöhnlich ziemlich unbewusst, wird von Lust bestimmt, ist angespannt und mechanisch. *In diesem Sinne ist die Erfahrung desensibilisierend, denn es besteht die Tendenz, auf tiefer Ebene zu kontrahieren, und es gibt keinen Raum für Expansion.* **Wie ich es verstehe und erlebe, sind Lust und Leidenschaft zwei unterschiedliche Zustände. Lust hat eine Richtung, eine Steigerung, einen Höhepunkt. Leidenschaft andererseits ist reine Präsenz und führt nirgendwo hin, ist entspannt, mit offenen Sinnen – nichts wird erzwungen.** *Wahre „Wildheit" besteht darin, eins mit der Natur zu sein, äußerst sensibel und bewusst, sich dem Moment durch den Körper zu öffnen. Wildheit hat kein Muster, die Körper fließen spontan und bilden erstaunliche Strukturen.*

Die Kunst besteht also darin, alles, was wir tun, mit Bewusstheit zu tun, und Sex unter dieser Voraussetzung zu erforschen. Generell geht es darum, so verstehe ich es, unsere ererbte Konditionierung, die von Erregung und Orgasmus bestimmt ist, in einen Stil zu transformieren, bei dem wir uns im Hier und Jetzt verankern, kein Ziel vor Augen, und so die Voraussetzung für innere Ekstase schaffen.

Herzlich, Diana

11. Negative Folgen des Gipfelorgasmus ausgleichen

Liebe Diana,

vielen Dank für Deine Antwort (siehe vorherige E-Mail) Ja, okay, alles ist möglich, wenn wir bewusst sind, und zu entdecken, wie wir präsent sein können, wird an sich helfen, unseren konditionierten Drang zum Orgasmus zu überwinden. Ich habe eine letzte Frage. Ich nehme an, dass viele Studenten, die beginnen, tantrischen Sex zu haben, neben der tantrischen Art, Liebe zu machen, eine Zeit lang immer noch auch herkömmlichen Sex haben werden. Wenn ich sofort nach dem konventionellen Sex, den Penis in der Vagina lasse, voller Bewusstheit, verhindert das die negativen Folgen von Sex mit Gipfelorgasmus? Hat jemand beobachten können, ob es einige der Folgen von herkömmlichem Sex – wie Energieverlust, Emotionalität etc. – mildert, wenn die Genitalien gleich anschließend zusammenkommen und man bewusst ist? Oder bei Paaren, die, in Deinen Worten, ein paar Sekunden zu lange der Begierde folgen, während sie versuchen, bewusst zu sein, und die dann zu einem Höhepunkt hingerissen werden: helfen Entspannung, Einstöpseln und größere Bewusstheit dann an diesem Punkt, nach einem Orgasmus, dem Energieverlust und der Emotionalität entgegenzuwirken? Ich denke, diese beiden Fragen sind identisch.

Noch eine letzte Frage. Vor Jahren hatte ich eine Reihe von Kundalini-Erfahrungen, bei denen sich Energie die Wirbelsäule aufwärts bewegte, ohne eine Technik, unerwartet. Haben Du und Deine Studenten ebenfalls solche Erfahrungen? Kann es sein, dass diese Energieschübe und kosmische Bewusstheit einfach dadurch kommen, dass man im Sein ist und sich von seiner inneren Weisheit leiten lässt, ohne besondere, heilige Techniken anzuwenden? Oder sollte man vorher Chakra-Visualisierungen und Energieübungen machen?

Herzlich, Barry

Lieber Barry,

was Deine erste Frage betrifft, ja, es wird helfen, nach einem Orgasmus beieinander zu liegen, denn dann hat man Zeit, zu sich zu kommen und sich auf der Seinsebene zu vereinigen. Und das wird emotionale Reaktionen verhindern, zu denen es kommen kann, wenn Energie entladen worden ist. **Frauen erleben häufig Gefühle wie Verlassenheit, Einsamkeit, Traurigkeit. Männer tendieren dazu, Abstand zu nehmen und sich abzuwenden, sobald sie ihre Energie entladen haben. Sich Zeit zu nehmen, um sich zu vereinen, ist sehr erholsam. Aber die Energie ist so oder so verschwendet.** Und die Gelegenheit zu sehen, was sonst hätte passieren können, ist vorüber.

Zu Deiner zweiten Frage, es können ganz sicher spontane Energiephänomene im Körper auftreten, ohne dass man sich darauf vorbereitet oder eine besondere Technik benutzt. Und es ist wunderbar, dass Du diese Erfahrungen spontan gemacht hast. Visualisierung kann hilfreich sein, ist aber nicht notwendig, wie Du ja festgestellt hast. Sich Licht oder Gold vorzustellen oder ein Strömen kann Energiebewegungen im Innern hervorrufen, aber gleichzeitig rückt die Visualisierung dann in den Fokus der Aufmerksamkeit und es wird eine indirekte Art von inaktivem Tun. Dadurch verliert man das feine, aber entscheidende, Element des nur „Seins". Also hilft einerseits die Visualisierung, andererseits nicht! Du musst damit experimentieren und kannst sie ab und zu einsetzen. Es ist wunderschön, dass Energie unserer Vorstellungskraft folgt, und daher ist sie auch ein machtvolles Werkzeug.

Die Art, Deine Energie zu kultivieren, die ich empfehlen würde, wäre für Dich als Mann, dass Du anfängst, Deine Aufmerksamkeit bewusst auf Dein Perineum zu lenken, den männlichen positiven Pol; also etwas sehr Einfaches. Und im Allgemeinen kannst Du Dein Energieniveau erhöhen, indem Du Übungen machst, die Dir Spaß machen, oder zu guter Musik, die Dich

berührt, tanzt. Finde etwas, das Dir hilft, Deine Aufmerksamkeit
mehr auf die inneren Reiche Deines Körpers zu lenken.
Herzlich, Diana

12. Ich habe noch nie einen Orgasmus gehabt

Liebe Diana,

nachdem ich Dich in einem Workshop getroffen hatte, habe ich jetzt einen neuen Mann in meinem Leben. Ich habe Kontakt zu einem alten Freund aufgenommen, den ich seit sieben Jahren nicht gesehen hatte. Und wir haben uns ineinander verliebt und sind seitdem zusammen. Ich glaube, Du wirst uns irgendwann in einem *Making Love Retreat* sehen. Es ist wunderbar, mit ihm zusammen zu sein, und wir passen sexuell wirklich gut zusammen, auch wenn wir herkömmlicher Sex haben, und nicht so, wie ich es in Deinem Workshop mit meinem vorigen Partner gelernt und erlebt habe. Und trotzdem ist es befriedigend. **Was ich erlebe, ist, dass ich immer noch keinen Orgasmus haben kann oder nicht weiß, wie es sich anfühlt, wenn man einen hat. Damit habe ich mein ganzes Leben gelebt.** Und manchmal macht es mich traurig. Ich denke, es muss wunderbar sein, Orgasmen haben zu können. Dass ich keinen haben kann, bereitet mir schon ein bisschen Stress in der Beziehung mit meinem Partner. Manchmal denkt er, er ist nicht gut genug – obwohl ich offen mit ihm darüber spreche. Manchmal gebe ich es auf, einen Orgasmus haben zu wollen. Und trotzdem brennt da diese kleine Flamme – warum nicht ich auch?

Herzlich, Irene

Liebe Irene,

ich freue mich zu hören, dass Du glücklich verliebt bist. Das Thema Orgasmus ist heikel, aber letztendlich kommt es ganz darauf an, wie Du die Sache siehst. Bei gewöhnlichem Sex ist der Orgasmus das Ziel und oft der Grund, Sex zu haben, während es in Tantra keinen Anlass gibt und kein Wert darin gesehen wird, die Energie zu einem Höhepunkt zu bringen. **Das bedeutet also, dass Du im herkömmlichen Sinne ein Problem hast, und im tantrischen Sinne kein Problem.** Es kommt auf Dich an, wie Du damit umgehst! Was ich ohne den geringsten Zweifel sagen kann, ist, dass Du nicht verkehrt bist, weil Du keinen herkömmlichen Orgasmus bekommst. **Du befindest Dich damit in der Gesellschaft von Millionen von Frauen. Normalerweise kommt es zum herkömmlichen Orgasmus durch eine Anhäufung von Spannungen oder Erregung, für die Anstrengung und Fokussierung oder Fantasie notwendig ist.** Selten kommt es zu Orgasmen, ohne dass man etwas dazu tut. Wenn Du es nicht schaffst, einen zu haben, dann würde ich sagen: Gratuliere! Das bedeutet, dass Dein ganzes System und Deine Sinne auf Sensitivität und Entspannung ausgerichtet sind, Dein Körper reagiert nicht auf Spannung und Anstrengung. Statt Dir jetzt Sorgen zu machen (und Dich damit abzulenken), dass Du keinen Orgasmus hast, nutze Deine Bewusstheit und kümmere Dich um Entspannung, Sensibilität, Langsamkeit, Sinnlichkeit und Dein Weitwerden. Entwickle ein Interesse für Deinen inneren Kosmos, die interzellulären Aktivitäten und Freuden, die auf einer sehr feinen Ebene existieren. Hier wirst Du in die Quelle orgiastischer und ekstatischer Erfahrungen eintauchen können. Und in diesem Sinne besteht ein großer Unterschied darin, herkömmliche Orgasmen zu haben und wirklich „orgiastisch zu sein". Was die höheren orgiastischen Erfahrungen betrifft, so sollten sie vorerst nicht jedes Mal kommen, wenn Du Liebe machst, das werden sie auch nicht. Und zweitens, wenn sie vorkommen, wird es eine tiefe, verschmelzende Verbindung zu den Brüsten und zum Herzen geben. **Du wirst Dich daran erinnern, dass die Brüste bei Tantra der Schlüssel dazu sind, die weibli-**

che sexuelle Energie zu erreichen und zu erwecken, und nicht
die Vagina oder die Klitoris. Du kannst also damit beginnen,
Deine Bewusstheit mehr auf Deine Brüste und Brustwarzen zu
lenken, wenn Du Liebe machs – indem Du mit Ihnen ver-
schmilzt, von innen heraus. Du kannst auch vorsichtig Deine
Hände über Deine Brüste legen und sie halten. Als Frau kannst
Du viel dafür tun, um sie mit Bewusstheit und Empfänglichkeit
positiv zu beeinflussen. Und es gibt viel, was Du unabhängig von
Deinem Partner tun kannst. Auch wenn er nichts vom tantri-
schen Ansatz weiß, wird Deine Präsenz und Deine Entspannung
ihn auf unsichtbare und mysteriöse Weise berühren.
Herzlich, Diana

13. Pulsierende, heiße, wunderbare Brüste – mein eigenes Kraftwerk

Liebe Diana,

heute Morgen möchte ich die Erste sein, die Dir schreibt. Ich bin so tief berührt und glücklich! Ich liege auf meinem Bett mit dem Computer auf den Knien. Ich liege hier mit pulsierenden, heißen, wunderbaren Brüsten, und es hört gar nicht wieder auf. Als wenn ich mein eigenes Kraftwerk hätte. Zum ersten Mal fühle ich, was es heißt, eine Frau zu „sein". **Ich verstehe, warum Du immer gesagt hast: Denkt an Eure Brüste; es ist wirklich gut!** Ich stehe vor dem Spiegel und halte meine Brüste, ich „bin". Eine unglaubliche Energie, mir wird heiß, und ich strahle diese Energie nach allen Seiten aus. Ich spüre, dass hier wirklich meine Kreativität sitzt. Ich bin wach und alles, was ich tue, tue ich durch meine Brüste. Es begann in der Gruppe mit Dir, dass ich meine Brüste sowohl als heiß als auch als pulsierend wahrgenommen habe. Und jetzt hält das an! Während der Gruppe habe ich mich entschieden, meinen Partner immer zu

„empfangen", egal, wie ich mich „fühle". Als wir gestern abend wieder nach Hause kamen, war es sehr emotional und ich hatte Angst, dass unsere neue Verabredung nicht stattfinden würde. Aber ich erinnerte mich an mein Versprechen, sprach mit meinem Partner, und dann haben wir uns trotzdem getroffen. Er machte ein paar Übungen, und ich versuchte, meine Polarität zu finden, und dann hatten wir eine kurze tantrische Begegnung. Erst fühlte ich mich unter Zeitdruck, aber ich hielt trotzdem meine Brüste und versuchte, Kontakt zu ihnen herzustellen. **Sogar als mein Partner einschlief, konnte ich bei mir bleiben und fühlte plötzlich, wie meine Brüste pulsierten, und der Penis ist in mir gewachsen. Es war wunderbar.** Als wir uns dann später trennten, habe ich darauf bestanden, dass wir das bewusst tun, und ich habe ihm gesagt, dass ich ihn immer noch spüren konnte, obwohl er nicht mehr in mir drinnen war. Dann stand ich im Flur, und meine Brüste strahlten und pulsierten, und das tun sie immer noch. Ich fühle mich wie verliebt, und vor allem weiß ich jetzt, wer ich bin. So zu sein, fühlt sich völlig anders an. Jetzt, nachdem ich in ein paar Gruppen mit Dir gewesen bin, weiß ich, dass die Verantwortung bei mir liegt und dass ich wirklich nur zu mir selbst kommen muss, in meinen Pol, und alles verändert sich – mein Gefühl für mich und für meinen Partner, für den Tag und generell. **Ich bin mit meinem positiven Pol verbunden und ich schreibe. Ich verstehe, warum es so wichtig ist, die Welt von innen heraus zu sehen. Die sanfte Sicht von innen und gleichzeitig in der Welt sein. Im Moment fühle ich diesen Zustand des Seins, und es verändert wirklich alles.** Ich bin so dankbar und so glücklich, dass ich weitergemacht und nicht aufgegeben habe, auch wenn mir oft danach zumute war, weil ich meinen Weg im Dunkeln nicht finden konnte. Jetzt trage ich es in mir, jetzt weiß ich, wer ich in meiner Seele bin. Die Dunkelheit ist durch das Licht vergangen, genau wie Osho es beschrieben hat. Ich fühle diese neue

Qualität. Und ich bin sicher, es hat auch mit der Entscheidung zu tun, dem Licht zu vertrauen statt der Angst. Ich habe Tränen in den Augen und schicke Dir eine warme Umarmung!
Herzlich, Samantha

Liebe Samantha,

vielen Dank dafür, dass Du von Deiner Erfahrung geschrieben hast, und es ist besonders berührend, weil Du vorher diese Enttäuschungen erlebt hattest und es nicht so einfach war. Was Du beobachtet hast, ist so wesentlich! – Welch große Veränderung stattfindet, wenn man nach Hause, zu sich, kommt und sich weniger Sorgen darüber macht, was der andere tut oder nicht tut. Das ist eine Lektion für uns alle! Ich freue mich so für Dich und bin berührt von der Aufrichtigkeit Deiner Suche nach der Wahrheit. Festzustellen, dass es bei Dir liegt, die Veränderung zu bewirken, ist eine der größten Segnungen.

Ich wünsche Euch beiden alles erdenklich Gute auf Eurem Weg.
Herzlich, Diana

14. Den Penis ein ganz klein wenig zurückziehen

Liebe Diana,

mein Partner hat die Erfahrung heute, als wir uns in einer der Positionen, die tiefe Penetration erlauben (er kniend, ich liegend), von Angesicht zu Angesicht gegenüberlagen, als „lebendig" und die Wahrnehmung als „so sanft" und „so fein" beschrieben. Ich schien heute wenig zu spüren, ich fühlte mich nicht sexuell und spürte auch die prickelnde, glückselige Energie nicht. Ich wurde mir der Spannungen im Kopf und im Körper bewusst und habe dann Deine Methode des „Nach-innen-Gehen-und-Hinsehens" angewandt, um die Spannung zu entspannen. Als ich das tat, wurde ich entspannter, bis sich mein Bewusstseinszustand veränderte. Es war, als würde ich über die Kante des bekannten Universums fallen, einfach in einen sehr entspannten Seinszustand. Schwer zu beschreiben. Sehr offen, sehr entspannt, weg... Aber wahrscheinlich kein non-dualer Zustand ... Ich konnte noch sprechen.

Ich habe hinterher versucht zu verstehen, was nach dieser Veränderung in meinem Bewusstsein passiert ist. Wie Du vorgeschlagen hast, wenn man an irgendeiner Stelle Schmerzen in der Vagina hat, bat ich meinen Partner, seinen Penis nur ein ganz klein wenig zurückzuziehen, weil ich ein komisches Gefühl hatte, dieses Mal wie eine Wimper im Auge. Er tat das, und die Energie auf der linken Seite des Beckenraums hat sich unheimlich ausgedehnt. Das hat mich überrascht, und ich fing herzlich an zu lachen. Er fing auch an zu lachen, weil ich lachte – und das war das Ende unserer körperlichen Vereinigung. Du erwähnst, dass Lachen oder Weinen nichts Ungewöhnliches ist in diesem Prozess. Dann haben wir eine Weile ausgeruht, uns gegenseitig gehalten und geredet, und dann haben wir die seitliche Scherenposition eingenommen. Die gleiche Stelle in meiner Vagina, die sich vorher ausgedehnt hatte, begann jetzt wehzutun, und ich legte meine Hand drauf oder bat ihn, seine Hand draufzulegen. Dann haben wir uns lange Zeit überhaupt nicht bewegt. Er flüsterte: „Mein Penis liebkost dich." Dann war es, als würde sein Penis meinen Körper scannen. Erst war es, als würde er mit einer Lampe über die rechte Seite meines Körpers leuchten, dann über die linke. Ich glaube, es war Energie, was ich spürte, aber ich habe es als „Licht" gesehen. Das Licht strahlte ungehindert und prickelnd durch meinen Körper, außer an der Stelle auf der linken Seite meines Beckens. Da sah es anders aus, mehr wie ein Schatten oder ein Röntgenbild. Ich sagte zu ihm: „Dein Penis liebt mich." Sein Penis schien wirklich sehr weise zu sein.

Herzlich, Sasha

194

15. Rat für unsere tantrische Entdeckungsreise

Liebe Diana,

seit wir auf Eurem Retreat gewesen sind, haben wir viel häufiger Liebe gemacht, was wir uns vorher nicht hätten vorstellen können. Ich würde Dich gern in einer Sache um Rat fragen: Wenn mein Mann bewegungslos in mir ist oder sich (in der Seitenlage) nur sehr sehr wenig bewegt, ist das sehr schön für mich, ich kann mich entspannen und atmen und mich ausdehnen und fühle mich auf einer tieferen Ebene in mir berührt. Für meinen Mann ist es auch ganz nett, aber es langweilt ihn ein bisschen, und manchmal schläft er ein. Daher tendiert er dazu, sich mehr zu bewegen und zieht es vor, auf mir zu liegen. Dann ist es sehr schwer für mich, nicht erregt zu werden, entweder bekomme ich dann einen (runtergefahrenen) Orgasmus oder ich fühle mich besonders um die Klitoris herum aufgeladen (was sich nicht so angenehm anfühlt). Wenn ich das über Orgasmuskontraktionen der Vagina entlade, dauert es hinterher ein bisschen, bis ich meine Sensitivität und das Gefühl, mit meinem Mann verbunden zu sein, wiederfinde (eigentlich fühlt sich dieser kleine Orgasmus so an, als würde man die Möglichkeiten, die die sexuelle Energie bietet, missbrauchen). Gibt es eine Möglichkeit, trotz seiner Bewegungen kühl zu bleiben oder sollte ich ihn bitten, noch kühler zu sein? Oder hast Du irgendeinen anderen Vorschlag?

Dieses Tantrazeug ist wirklich schwierig und gleichzeitig leicht. Es ist ein Prozess, in dem man gegen die Erregung „ankämpft", und gleichzeitig erleben wir Zustände, die wir durch Anstrengung niemals hätten erreichen können. Für mich ist es ein sehr kostbares Geschenk, meinen Mann in so schöner, männlicher, dynamischer Energie zu fühlen (das war bisher zweimal der Fall). Da kommt ein sehr seltenes Gefühl in mir hoch: Ich bewundere ihn zutiefst in diesem „Zustand". Und es fühlt sich

so gut an, das so zu fühlen. Dann wieder ist es die anderen Male umso schlimmer, wenn wir nicht präsent genug sind, wenn Erregung entsteht! Da muss ich mich dann an diese wirklich wunderbaren Momente erinnern, damit ich den Mut bekomme, es wieder zu versuchen.

Euer Retreat war eines der wunderbarsten Geschenke, das ich je in meinem Leben bekommen habe. Ganz herzlichen Dank dafür!

Herzlich, Kathrin

Liebe Kathrin,

wie schön zu hören, dass Ihr in den Monaten seit dem Retreat regelmäßig Liebe gemacht habt. Es kommt vor, dass die Frau glücklich ist über die Einfachheit und die Entspannung und Öffnung genießt, während der Mann nicht viel spürt und den Wunsch nach mehr Bewegung hat, um die Intensität zu steigern. Diese Beürfnisse sind sehr real, denn so hat der Mann gelernt, Sex zu haben. Etwas zu „tun" und die Intensität zu steigern, ist Teil der männlichen Konditionierung beim Sex. Und wenn die Erregung wegfällt, ist es ziemlich normal, nichts zu „fühlen", nicht viel Gefühl zu haben. Und dann kann Langeweile aufkommen. Einerseits muss dieser Aspekt, (die Konditionierung in Sachen Erregung) respektiert, integriert werden. Es ist also gut, wenn Du seine Bewegungen akzeptierst, aber Du kannst um bewusste statt mechanischer Bewegung bitten. Das wird auch die Sensibilität erhöhen, um mehr zu fühlen. Ich würde vorschlagen, dass Du nicht „mitmachst" bei seinen Bewegungen, lass ihn sich bewegen, und Du konzentrierst Dich darauf, Deine Vagina zu entspannen und eine Verbindung zu Deinen Brüsten herzustellen. Auf diese Art und Weise kannst Du kühl bleiben und ihn abkühlen.

Andererseits muss die Konditionierung auch hinterfragt werden, um die Gewohnheiten zu transformieren, damit etwas

Neues entstehen kann. Energetische Offenheit der Frau ist die Basis für einen tieferen Energiefluss und tiefere Liebe zwischen Mann und Frau, daher ist ihre innere Expansion eine Art Priorität. Wenn sich der Körper der Frau öffnet, kann etwas geschehen, wenn ihr Körper verschlossen ist, ist nicht viel möglich. Die Stimulation der Klitoris kann ein Grund dafür sein, dass der Körper, die Vagina der Frau, sich verschließen. Die Vagina wird erregt, aber das ist etwas ganz anderes als Empfänglichkeit. Und ja, **wie Du selbst gemerkt hast, die Vagina verliert ihre Sensitivität, wenn die Klitoris beteiligt ist.** Zu Erregung, zum Orgasmus im herkömmlichen Sinn kommt es in der Regel durch den Aufbau von Spannung, also letztlich einer Form von Kontraktion, nicht Ausdehnung. (Außer wenn man es schafft, sehr bewusst durch Entspannung zum Höhepunkt zu kommen). Es ist vielleicht gut für Dich, zu vermeiden, dass die Klitoris stimuliert wird, und stattdessen bei dem zu bleiben, was Dich öffnet, was Deiner Körperenergie hilft, sich auszudehnen und was Dein Herz berührt. Die Richtlinie ist: „Es geht nicht darum, was Du tust, sondern wie Du es tust". Es gibt also keine Regeln. Alles, was Du mit Bewusstheit tust, wird durch die Bewusstheit selbst transformiert... wenn Du also entscheidest, einen Orgasmus zu haben, dann guck mal, wie entspannt Du dabei sein kannst, leicht, präsent. Dies allein verändert schon Dein Erleben. Wenn Dir danach ist, Dich zu bewegen, dann probiere, Dich so zu strecken, dass das Bindegewebe gedehnt wird, reck Dich wie eine Katze und hilf der Energie, sich durch den Körper zu bewegen. Versucht, etwas Abwechslung in die Positionen zu bringen, die Ihr benutzt, damit Dein Mann wacher bleibt. Ein bisschen zu schlafen ab und zu, während man Liebe macht, ist auch sehr nett und eine Form tiefer Entspannung. Selbst wenn der eine schläft, kann der andere mit seiner eigenen inneren Welt verbunden bleiben. Manchmal kann der starke Drang, die Augen zu schließen, ohne dass man es verhindern kann, ein

Zeichen dafür sein, dass Gefühle an die Oberfläche kommen; es ist also gut für ihn, wenn er darauf achtet. Es ist großartig, wenn ihr jede Woche eine Massage bekommen könnt. Und macht ein paar Übungen, bevor Ihr ins Bett geht oder nehmt eine Dusche, um Euch zu erfrischen. In Eure Energie zu kommen, bevor Ihr Liebe macht, ist eine große Hilfe.

Eine andere Möglichkeit, die hilfreich sein kann, ist, an die genitale Vereinigung nicht als „Sex" zu denken. Denkt stattdessen einfach an Vereinigung, an Meditation, an Entspannung, an die feine Verbindung von Energiefeldern. Wenn wir an die Treffen als „Sex" denken, setzen Vergleiche und Erwartungen ein, was natürlich zu Langeweile führt, weil etwas nicht passiert. Haben wir diese Erwartungen nicht, und wissen wir, worauf wir uns einlassen, ist es viel einfacher zu entspannen und zu akzeptieren was „ist" und im Körper zu „sein". Wenn Ihr beide Euer gedankliches Bild ändert, ist es leichter, diese Art der Vereinigung sich entfalten zu lassen. Und dann nehmt wahr, wie Ihr Euch hinterher fühlt, mit Euch selbst und miteinander. **So gesehen ist das Hinterher immer der Lehrer. Tantrischer Sex ist ganz und gar darauf ausgerichtet, unser Sein und die Quelle der Liebe in uns zu erreichen.**

Herzlich, Diana

Liebe Diana,

gestern Abend war ich wirklich frustriert und traurig. Es war schwierig, die Verabredung, die wir für gestern hatten, einzuhalten, denn mein Mann ist heute und morgen auf Geschäftsreise, und Donnerstag und Freitag habe ich Schulkonferenzen. Also habe ich seine Kleidung gebügelt und ihn wieder um einen Date gebeten. Und er war pünktlich da und überhaupt nicht müde. Sein Penis war schon erigiert, bevor er in mich reinkam. Ich glaube, ich war ein bisschen „emotional" am Nachmittag, ohne zu wissen, warum. Und als wir zusammenkamen, fühlte ich mich sehr offen und sehr sensibel, und es dauerte nur ein paar Minuten, bevor ich „kam", fast ohne jede Stimulation, ich konnte es einfach nicht zurückhalten, und dann fühlte ich einen Abstand zwischen mir und meinem Partner, war traurig, frustriert, konnte ihn nicht mehr fühlen und wünschte, ich wäre kilometerweit entfernt. Welchen Sinn hat das?

Herzlich, Kathrin

Liebe Kathrin,

manchmal wird da einfach Erregung sein, in einem von Euch oder beiden, aber mit der Zeit und wenn Ihr regelmäßiger Liebe macht, wird die oberflächliche Erregung weniger, der Sex wird normaler und natürlicher werden, und es werden keine ungelebten Sehnsüchte/Wünsche damit verbunden sein. Manchmal, wenn das Niveau der Erregung in der Frau sehr hoch ist und sie auf den Höhepunkt zusteuert, werden alte Spannungen durch die Vagina entladen, was leicht dazu führen kann, dass der Mann umgehend ejakuliert.

Diese alten Spannungen in der Frau werden mit der Zeit ebenfalls weniger, besonders mit der anhaltend tiefen Penetration, die wir im Retreat vorgeschlagen haben. **Emotionen können auch Erregung hervorrufen, und wie Du Dir ja bewusst warst, warst Du bereits am Nachmittag ein bisschen emotional. Und dann hattest Du einen Orgasmus und fühltest Dich hinterher distanziert. Das ist sehr interessant, nichts, was Du verurteilen, sondern etwas, das Du beobachten solltest, denn daraus kannst Du lernen, wie diese Dinge auf mehr oder weniger subtile Weise verbunden sind.** *Du bist intelligent, hast gute Einsichten, also halte ein wenig Abstand zu diesen Erfahrungen, sei mehr Beobachter, und denk daran, dass eine gute Portion Humor ein guter Freund sein kann. Ich habe auf die gleiche Art gelernt. Aus Fehlern wird man klug!*

Meinem Gefühl nach bist Du sehr gut im Prozess, Du gehst da

wissenschaftlich heran, lernst durch Üben und benutzt das Hinterher als Deinen Lehrer. Es ist so interessant, die beiden verschiedenen Zustände zu beobachten, und großartig, dass Du sie so deutlich erlebst. Wenn Du diese Erfahrung wieder und wieder machst, wird die Gewohnheit, erregt zu sein, ganz natürlich nachlassen. Oder wenn die Erregung beginnt und Dir danach ist, zum Höhepunkt zu kommen, dann fang an zu untersuchen, wie Du das mit größerer Leichtigkeit, entspannter, mit so wenig Tun wie möglich tun kannst, bleib mehr bei Deinem Sein und wende tantrische Prinzipien an, während Du vielleicht gleichzeitig auf den Orgasmus zusteuerst. Entspannung verbessert in der Tat auch die Erfahrung eines herkömmlichen Orgasmus. Im Grunde befindest Du Dich in einem homöopathischen Prozess der Dekonditionierung, und das dauert Jahre und Du brauchst Geduld, Humor und die Bereitschaft, weitere Schritte in dieser Richtung zu tun. Ich erinnere mich oft an Oshos Worte: Das Leben ist ein Wunder, das gelebt werden muss und nicht ein Problem, das es zu lösen gilt...
Herzlich, Diana

Liebe Diana,

vielen Dank für Deine E-Mail und dafür, dass Du mir zugehört und mich verstanden hast und für Deinen Rat. Du gibst mir Hoffnung und den Mut, weiterzumachen. Deine herzliche Begleitung und Supervision helfen mir sehr! In tiefer Dankbarkeit und mit den besten Wünschen für Dich und Michael.
Herzlich, Kathrin

16. Kann man tantrischen und konventionellen Sex kombinieren

Liebe Diana,

es gibt etwas, das ich Dich schon einige Zeit fragen wollte, weil ich in dieser Hinsicht verwirrt bin. Ich habe jetzt an ein paar Gruppen mit Dir teilgenommen und Du sagst uns ganz klar, dass wir keinen Unterschied zwischen der „alten" und der „neuen" Art machen sollen. Ich habe von einigen Tantralehrern gehört, dass sie Leuten sagen, herkömmlichen und tantrischen Sex zu kombinieren. Damit ist gemeint, dass sie es manchmal auf die eine Art und dann auf die andere Art tun. Welche Auffassung vertrittst Du in dieser Frage?

Herzlich, Laura

Liebe Laura,

danke, dass Du geschrieben hast – das ist eine gute Frage! Hier liegt ein tiefgreifendes Missverständnis vor, das seinen Ursprung in mangelnder Erfahrung hat. Das grundsätzliche Problem ist, dass die Leute zwischen dem einen und dem anderen unterscheiden, obwohl es in Wirklichkeit keine Trennung gibt. Tantra ist keine Technik – nicht etwas, das Du „tust" – sondern eher ein Bewusstwerdungsprozess, bei dem man bewusst Licht auf den Sexakt richtet. In Tantra transformieren wir eine unbewusste in eine bewusste Kraft. Im Grunde brauchen wir also nur anzufangen, bewusst Sex zu haben – das ist alles. Und wir müssen dort anfangen, wo wir uns befinden – beim konditionierten Sex, den wir üblicherweise praktizieren. Du fängst an, Dich zu beobachten: Nicht was Du tust, sondern wie Du es tust. Und nach und nach wird die Sexenergie durch dieses Beobachten in eine meditative Energie transformiert.

Es ist unmöglich, die Konditionierung über Nacht aufzugeben, denn die Muster sind tief in unserer Psyche und unseren Zellen beheimatet. Also wird es in diesem Sinne eine natürliche Zeit des Übergangs geben, von dem, wie Du es in der Vergangenheit getan hast hin zu dem, was Du jetzt erforschst. Mit der Zeit wird eine bewusstere Form die herkömmlichen Muster überwinden. Für mich ist es also keine Frage, es einmal auf herkömmliche Weise zu tun und das nächste Mal tantrisch. Das würde davon ausgehen, dass Tantra eine Technik ist, die man ab und zu anwendet – z.B. liegt zwei Stunden ineinander, ohne Euch zu bewegen. Das ergibt keinen Sinn.

Das Abenteuer besteht darin, mit so viel Bewusstheit in den Sexakt zu gehen wie möglich, und das jedes Mal, wenn Du Liebe machst! Nicht nur manchmal. Herkömmlicher Sex beruht mehr auf Lustgefühlen, und tantrischer Sex mehr auf Sensitivität. Wie kann die Empfindsamkeit wachsen, wenn Du weiterhin den Nervenkitzel suchst? Erregung schwächt die Sensitivität, also wirst Du Dich im Kreise drehen. Morgens bittest Du Deine Genitalien, empfindsam zu sein, und dann bist Du abends auf Lustgewinn aus. Es sollte da keine Trennung geben. Wir sind so konditioniert darauf, heiß und erregt zu sein, dass es auf dieser Reise darum geht, dieses Muster langsam zu verändern, kühler und sensibler zu werden. Nur in einer kühlen, entspannten Umgebung kann sich das tiefere Potenzial von Sex in Form von zeitloser Glückseligkeit und Ekstase manifestieren und erfahrbar werden.

Es ist ein Prozess, in dem Du Dich dekonditionierst – die alten Gewohnheiten und Muster, die den sexuellen Ausdruck beherrschen, lösen sich auf. Bist Du diese Spannungen erst einmal los, dann wirst Du immer auf andere Weise Liebe machen – mit größerer Bewusstheit und Präsenz.

Manchmal werden wir von Teilnehmern in unseren Gruppen gefragt, ob wir beide nicht ab und zu mal heißen Sex haben. Aber diese Frage spiegelt das gleiche Missverständnis wider. Ist man erst einmal bewusst beim Sex, ist es sehr schwierig, unbewusst dabei zu sein! Wie kann man einmal sensibel sein und das nächste Mal unsensibel? Der Sex, den Du in Zukunft haben wirst, wird jedesmal durch diese Bewusstheit transformiert sein. Wenn Du Dich dafür entscheidest, Dich zu bewegen, werden die Bewegungen nicht mechanisch oder zielorientiert sein, sondern entspannt und vorsichtig, jede Bewegung ein reines Vergnügen. Oder wenn Du Dich dafür entscheidest, einen Orgasmus zu haben, wirst Du das auf eine Weise tun, die Deine Körperenergie weit werden lässt, statt sie zu kontrahieren und auf das Gebiet der Genitalien zu beschränken.

Osho sagt es sehr einfach: „Tantra ist die Transformation von Sex in Liebe durch Bewusstheit", und für mich ist das eine großartige Inspiration auf meinem Weg gewesen. Ich hoffe, dies hilft Dir, die verständliche Verwirrung in dieser Frage zu klären.

Herzlich, Diana

5. Kapitel

BESONDERE THEMEN

1. Die Schmerzen in meiner Vagina heilen

Liebe Diana,

als ich die Audiokassetten von Barry Long über das Liebe-machen vor vielleicht zehn Jahren zum ersten Mal hörte, hat das meine Sichtweise von Sex völlig verändert. Er bestätigte alles, was ich bis dahin vage in mir gefühlt hatte. Aber es blie-ben eine Menge praktischer Fragen offen. Ich erlebte immer stärkere körperliche Schmerzen beim Liebemachen, die es letztendlich unmöglich machten, überhaupt Liebe zu machen. Ich bin zu vielen Gynäkologen gegangen und sie haben mir gesagt, ich hätte *fokale Vulvitis* oder *Vaginitis* oder *Vulvodynia*, keiner wusste wirklich, was es war. In den Jahren, die folgten, habe ich alles versucht, um den Zustand in meiner Vagina lang-sam zu heilen, und ganz langsam ist es besser geworden. Aber die Schmerzen waren häufig immer noch da, und ich dachte wirklich, ich sei verrückt und machte mir ernsthaft Sorgen, ob ich jemals wieder Liebe würde machen können. Und dabei war es das, was ich am liebsten tat.

Ich begann eine neue Beziehung, in der Liebemachen am Anfang nicht möglich war. Dann besorgte ich mir Dein Buch *Zeit für Liebe*. Ich habe schon viel über Tantra gelesen und damit experimentiert, aber es hat sich für mich immer nicht ganz natürlich angefühlt. Mit Deinem Buch hatte ich endlich das Gefühl, zu Hause angekommen zu sein. Ich war so glücklich, in Deinem Buch über die weibliche Seite des Liebemachens zu lesen, alles daran hatte einen Widerklang mit meinem inneren Gefühl dazu, worum es beim Liebemachen wirklich geht. Und dann habe ich Dein zweites Buch *Zeit für Weiblichkeit* gelesen, und es enthielt alles, was ich jemals wissen wollte, seit ich jung war. Vielen Dank, dass Du Deine ganze Weisheit mit mir geteilt hast, ich bin so dankbar dafür. Besonders für die Beiträge all der anderen Frauen in dem Buch und auch für Deine Kommentare über Schmerzen. Ich sehe jetzt zum ersten Mal, wie es u.U. mit meinen Schmerzen angefangen hat und wie sich das eventuell wieder umkehren kann. Durch Liebemachen mit einem liebevollen Penis.

Ich hätte nie gedacht, dass der Penis, das Ding, das meine Vagina verletzt hat, es wiedergutmachen kann. Und dann hat mein Partner das Buch auch gelesen, und daraufhin haben wir die Art, wie wir Liebe machen, geändert, und dann war ich offener und konnte seinen Penis empfangen. Und wenn der Schmerz kam, konnten wir anhalten und warten und dann langsam weitermachen. Nach einer Weile war ich wieder offen, und wir konnten mehrmals Liebe machen, ohne dass ich Schmerzen hatte – ich war in Ekstase. Und ich weiß jetzt, dass die Möglichkeit besteht, ganz geheilt zu werden. Die Schmerzen sind noch nicht ganz weg, aber ich fühle jetzt ein Vertrauen in mir, dass ich nie vorher gefühlt habe.

Da mein Partner in einem anderen Land lebt, denke ich, dass ich viel für mich allein daran arbeiten muss und vielleicht brauche ich eine Vaginamassage. In Deinem Buch sprichst Du von Massage der Vagina, Du erwähnst sie mit einem Satz. Könntest Du mir bitte etwas mehr darüber sagen? Was weißt Du noch über Vaginitus, fokale Vulvitus oder Vulvodynia, und kennst Du eine Frau, die davon völlig geheilt worden ist? Ich habe jahrelang nach einer Frau gesucht, die mich inspirieren könnte, weil sie es geschafft hat. Ich habe bisher keine gefunden, aber die Hoffnung noch nicht aufgegeben, und also suche ich weiter. Vielleicht werde ich diese Frau sein.

Herzlich, Zoe

Liebe Zoe,

danke für Deine E-Mail, und ich freue mich zu hören, dass Du und Dein Partner bei der praktischen Umsetzung der Informationen aus meinen Büchern positive und ermutigende Erfahrungen gemacht haben. Die Tatsache, dass Du bereits ein paar Mal schmerzfreien Sex hattest, ist ein gutes Zeichen. Und es zeigt, dass Entspannung und Bewusstheit der richtige Weg sind, den Ihr verfolgen solltet. Diese Art, Liebe zu machen, wird letztendlich Heilung bringen. Und ja, es ist wirklich schön, dass der Penis große Heilungskräfte hat, wenn er bewusst eingesetzt wird. Ich hatte vor ein paar Jahren Kontakt zu einer brasilianischen Organisation, die sich mit diesen weiblichen Themen wie vaginalen Schmerzen beschäftigt hat, und sie haben gute Erfolge erzielt, indem sie die Vorschläge in meinem Buch umgesetzt haben. In meinen Kursen habe ich viele Frauen getroffen, für die schmerzhafte Penetration ein Thema war, und die langsame, bewusste Art, Sex zu haben, ermöglichte schmerzfreie Penetration. Ja, ich erwähne Vaginamassage kurz in meinem Buch. Aber um ehrlich zu sein, wenn es einen liebevollen Mann in Deinem Leben gibt, ist der Penis die bessere Alternative. Es ist nicht so einfach, jemanden zu finden, der diese Art von Massage gut ausführt, und ich habe sie jetzt schon viele Jahre nicht mehr selbst gemacht und sie auch anderen nicht empfohlen. Hauptsächlich, weil die Fingerkuppen im Vergleich zum sehr sensitiven, feinen Gewebe der Vagina sehr rauh sind, und Finger nicht wirklich für diesen Ort oder diese Aufgabe

geschaffen sind. Wohingegen der Peniskopf ein hochsensitiver Magnet mit magnetischer Intelligenz ist, der zu der Vagina spricht. Und daher fühle ich, dass es am besten ist, wenn Du Dich mit dem entspannst, was ist; ich schlage auch vor, dass Du nicht masturbierst (falls Du das tust), weil Du damit auf subtile und weniger subtile Weise zusätzliche Spannungen zu einer bereits im Vorfeld schwierigen und angespannten Situation hinzufügen würdest. Und es wird Dir ganz sicher guttun, auf Deine Brüste zu meditieren, um die Bewusstheit zum weiblichen, positiven Pol zu lenken. Diese Meditation jeden Tag etwa eine halbe Stunde lang zu machen, wird ganz natürlich eine heilende Resonanz in Deiner Vagina haben. Mein Partner und ich haben dafür eine geführte Meditations-CD aufgenommen, die MaLua Lichtmeditation; *die Musik und die Stimme darauf können Dich darin unterstützen, tieferen Kontakt mit Dir herzustellen. Lass mich wissen, wie es Dir weiterhin geht.*
Herzlich, Diana

Liebe Diana,

vielen Dank für Deine Antwort. Sie kam genau zur richtigen Zeit. Zwischen der E-Mail, die ich an Dich geschrieben habe, und Deiner Antwort, habe ich zum ersten Mal eine Webseite über *Vulvodynia* gefunden, auf der einige Frauen über ihre Genesung sprechen. Eine Frau heilte sich mit natürlichen Hormonen und ein paar andere Frauen hatten eine Hyperaktivität in den Nerven der Schamlippen und der Scheidenöffnung, wurden deswegen operiert und sie konnten dann wieder normalen Sex haben. Nachdem ich das gelesen hatte, war ich sehr glücklich, und ich habe mir die Webseite gründlich durchgelesen, und eine ganze Welt öffnete sich. Ich fand dort auch andere Ärzte, die Bücher zu diesem Thema geschrieben haben, von denen ich noch nie etwas gehört hatte. **Aber dann habe ich bald eingesehen, dass mich das alles so verwirrt und stresst, dass meine Scheiden-**

schmerzen wieder schlimmer wurden. Ich habe verstanden, dass meine Gedanken und dadurch mein Körper negativ davon beeinflusst wurden, von all diesen Frauen zu lesen, die Schmerzen hatten. Ich kam in diese schmerzhafte Energie, Ergebnisse haben zu wollen, statt in der Energie zu sein, in der ich mich befand, als ich Dein Buch las – eine Energie voller Schönheit, weiblicher Essenz und Stärke. Das Einzige, was ich tun konnte, war, das Thema zur Seite zu legen und nur die natürlichen Hormone auszuprobieren und eine Form von Kalzium, um die Nervenaktivität zu verbessern. Was mir dunkel bewusst wurde, war, dass fast keine der Frauen, von denen ich gelesen hatte, irgendetwas darüber sagte, wie sie Sex hatten, dass das ein Grund für ihre Schmerzen sein konnte, und dass ein liebevoller Penis heilend sein könnte. Aber ich hatte es irgendwie auch vergessen, in der ganzen Verwirrung, die die Informationen in mir ausgelöst hatten. Als ich Deine Antwort las, hast Du mich direkt zu dieser Antwort in mir geführt – die Wahrheit des Seins, statt den Fokus auf das Tun zu richten. Alles, was Du schreibst, gibt mir das Gefühl, dass das genau das ist, was ich tun möchte, und es fühlt sich so natürlich an. Ich hoffe, ich finde einen netten Mann, der näher dran wohnt, und jemanden, der die Art, Liebe zu machen, wie Du sie lehrst, wirklich kennenlernen will oder sie bereits kennt. Denn ich habe mich entschlossen, mich von meinem amerikanischen Liebhaber zu trennen, auch wenn es wunderbar war, Liebe mit ihm zu machen. Ich träume davon, diese Art des Liebemachens regelmäßiger zu haben und nicht nur ab und zu mal, sodass meine Vagina wirklich heilen kann. In der Zwischenzeit werde ich mir die MaLua-CD bestellen und die Brustmeditation machen, von der ich denke, dass sie mich unterstützen wird. Danke nochmals für Deine liebevollen Worte.

Herzlich, Zoe

Liebe Diana,

die Dinge haben sich wirklich gut entwickelt, seitdem ich Dir das letzte Mal geschrieben habe. **Ich habe aufgehört, all das zu tun, von dem ich dachte, dass ich es tun müsste**: taoistische Energieübungen mit oder ohne Jade-Ei, Zirkulieren der Energie um meinen Körper herum und Masturbieren. **Diese ganzen Sachen haben mich irgendwie ganz schön gestresst. Ich glaube, ich habe sie aus der Angst heraus getan, dass irgendetwas an mir fürchterlich falsch wäre.** Und wenn ich es nicht machen würde, dann würden meine Hormone nicht besser werden, oder mein Blut wäre nicht optimal, sodass meine Vagina überhaupt nicht heilen würde. Es war auch ein Weg, um zu sehen, ob ich endlich zum Beispiel mit meinem Finger oder einem kleinen Schlauch oder Ei in meine Vagina reinkomme, um sie daran zu gewöhnen, dass ein Penis in sie reinkommen würde. Aber das letzte Mal, als ich ohne Schmerzen Geschlechtsverkehr hatte, habe ich verstanden, dass ein liebevoller Penis in der Tat das Beste ist, um meine Vagina zu heilen und dass alle anderen Methoden dem nur in die Quere kamen. So konnte ich mich endlich der Schönheit und Liebe überlassen, statt der Angst. Da ein liebevoller Penis grade nicht in Reichweite ist, muss ich selbst eine liebevolle Atmosphäre in mir schaffen.

Ich habe also getan, was Du mir vorgeschlagen hast, und das war genau das, wovon ich schon immer in meinem Tiefsten Innern dachte, dass es das Beste wäre, aber ich habe mir selbst nicht wirklich vertraut, denn es schien zu einfach zu sein. Ich habe angefangen, mich öfter hinzulegen, besonders, wenn ich Schmerzen habe. Einfach nichts tun und fühlen, entspannen und genießen. Und mit all dem beginnt die Energie aufzusteigen, ich fühle meine Brüste, und ich fühle, was für eine sensible und lebendige Frau ich bin. Das gibt mir so viel Frieden. Lange Zeit habe ich immer von mir gedacht, dass ich keine richtige Frau bin, weil ich keinen Sex ohne Schmerzen haben konnte, ich

fühlte mich völlig unzureichend als Frau, und ich hatte immer dieses Bedürfnis, mit einem Mann Liebe zu machen, um mich als Frau fühlen zu können. Aber jetzt habe ich das Gefühl von weiblicher Schönheit, und ich fühle, dass ich nicht länger von irgendetwas oder einem Mann, der mich penetriert, abhängig bin. Natürlich würde ich gern einen liebenden Penis in mir spüren, aber ich sehe unabhängig davon eine solche Schönheit in mir, und die wird immer für mich vorhanden sein, jederzeit und überall. Das Einzige, was ich ausprobiert habe, war Progesteron-Creme. Das scheint enorm zu helfen. Die Schmerzen sind jetzt nur manchmal noch da, und ich bin guter Hoffnung, dass sie irgendwann ganz verschwunden sein werden. Diese ganze wunderbare Entwicklung lässt mich sogar darüber nachdenken, dass ich diese Schönheit mit anderen Frauen teilen möchte und die werden, nach der ich immer gesucht habe, als ich so verzweifelt war: Eine Frau, die geheilt ist und die andere Frauen dazu inspirieren kann, auch zu heilen.
Herzlich, Zoe

2. Wie wird man schwanger, wenn es selten zur Ejakulation kommt?

Liebe Diana,

vor ein paar Monaten habe ich Deine Bücher gelesen, und mein Mann und ich sind sehr glücklich mit unseren neuen Erfahrungen im Liebemachen. Vielen Dank! Wir möchten beide ein Baby, und deswegen möchte ich Dich fragen, ob es vielleicht eine tantrische Art gibt, Liebe zu machen, wenn ein Kinderwunsch besteht? Wie wird man schwanger, wenn es seltener zur Ejakulation kommt? Kannst Du Bücher zu diesem Thema empfehlen? Danke für Deine Inspiration!
Herzlich, Yvette

Liebe Yvette,

ich freue mich zu hören, dass Ihr durch Eure Experimente beim Liebemachen wertvolle Erfahrungen gemacht habt, und meinen Glückwunsch, – Ihr verdient Anerkennung, denn Ihr seid es, die es umsetzen und nicht nur darüber lesen. Es ist wirklich so, dass man es ausprobieren muss, um die darunterliegende Wahrheit und den Wert zu erkennen.

Was den Kinderwunsch betrifft, kann ich Dir keine Bücher nennen, und ich muss gestehen, dass ich mich da nicht auskenne. Mein Gefühl ist , dass es am wichtigsten ist zu verstehen, dass Empfängnis, so wie sie geschieht, fast immer eher zufällig ist. Ein Paar wünscht sich ein Kind, aber die Einladung ist allgemein und der Moment der Empfängnis (Ejakulation) selten bewusst geplant und durchgeführt. Die meisten Leute werden, wenn Du sie fragst (was ich in Gruppen tue), sagen, dass sie sich subjektiv nicht wirklich von ihren Eltern willkommen und erwünscht gefühlt haben. **Also ist ein großer Schritt, den Ihr tun könnt, sicherzustellen, dass die Empfängnis bewusst und mit sehr viel Liebe und einer klaren Intention geschieht.** Praktisch bedeutet das, herauszufinden, wann Du am fruchtbarsten bist, und dann an den richtigen Tagen eine Empfängnis anzustreben. Schafft eine schöne Umgebung und Atmosphäre für diese Gelegenheit und bereitet auch Eure Körper vor, indem Ihr badet, tanzt oder irgendetwas Körperliches tut, um in Eure körperliche Energie zu kommen.

Und jetzt kommt das Interessante, und das ist etwas, das ich Barry Long habe sagen hören, dass die Ejakulation idealerweise so bald wie möglich nach dem Eindringen in die Vagina stattfinden sollte. Und es wird empfohlen, dass die Frau keinen Orgasmus hat und auch nicht versucht, gleichzeitig einen zu haben. Für den tatsächlichen Prozess der Empfängnis und für die Seele des Wesens, das Ihr einladet, ist es umso besser, je simpler und entspannter der Akt ist. Und das entspricht ganz *sicher nicht dem romantischen Ideal, dass beide gleichzeitig in einem großen Crescendo und Höhepunkt kommen, um die Gelegenheit zu feiern, dass ein Kind eingeladen wird. Nichtsdestotrotz kann ein einfacher, authentischer Akt sehr liebevoll und mit Bewusstheit geschehen, und Ihr könnt Euch und die Umgebung entsprechend vorbereiten – als Teil dieses wundersamen Schaffensprozesses.*

Ich wünsche Euch alles Gute bei der Gründung einer Familie.

Herzlich, Diana

3. Keine Brüste nach Krebsoperation

Liebe Diana,

ich habe gerade Dein Buch entdeckt und beginne, all die Information zu lesen, die darin gegeben wird. Da ich meine Brüste vor einigen Jahren durch Krebs verloren habe, ist es schwierig für mich, mit dieser Information über die Brüste umzugehen. Ich habe so viel Schmerz und Trauer empfunden über den Verlust der Weiblichkeit, dass ich Sex seitdem vermieden habe. Ich bin endlich dabei zu heilen und mich der Liebe wieder zu öffnen, aber ich fühle wirklich, dass mir meine Brüste fehlen. Ich fange gerade erst an, über Tantra zu lernen.

Hast Du einen Rat für mich in meiner Situation?

Herzlich, Wanda

Liebe Wanda,

mein aufrichtiges Beileid zum Verlust Deiner Brüste. Ich schicke Dir ganz viel Liebe und Heilung. Ja, aus tantrischer Sicht sind die Brüste der Ort, von dem die Energie im weiblichen Körper ausgeht. Oberflächlich betrachtet, ist dieser Ansatz für Dich verwirrend, und ich kann nachvollziehen, dass es schwierig für Dich ist, damit umzugehen. Es gibt jedoch etwas, das Du

wissen solltest, und das sehr ermutigend ist: **Die energieauf-
bauende Fähigkeit in den Brüsten ist ein energetisches Phänomen und nicht etwas rein Körperliches.** *Ich habe das zunächst
nicht gewusst, aber ich hatte im Laufe der Jahre mehrere
Frauen in meinen Seminaren, die in einer ähnlichen Situation
waren wie Du, und sie haben alle gesagt, dass sie eine energetische Reaktion ihrer Brüste in der Vagina spüren konnten,
auch wenn die physische Brust nicht mehr da war. In diesem
Sinne sind also Deine Energiezentren intakt und funktionieren
immer noch genauso wie vorher. Bitte lies mein zweites Buch*
Zeit für Weiblichkeit, *in dem dieser Aspekt ausführlicher be-
sprochen wird. Es kann auch sehr viel Heilung für Dich geschehen, wenn Du jeden Tag zwanzig Minuten auf Deinen Brustkorb
und das Herz zu meditieren beginnst, während Du die Hände
auf den Brustkorb legst und in und mit Deinem Herzen verschmilzt. Dies regelmäßig zu tun, wird Deine sexuelle Energie
stärken und Dich wieder mit ihr und Deinen weiblichen Qualitäten in Verbindung bringen. Vielleicht möchtest Du Dir die angeleitete Meditation auf CD besorgen, die mein Partner und ich
dafür gemacht haben.*

*Ich weiß, dass es nichts gibt, was jemals ersetzen könnte, was
Du verloren hast. Aber diese tantrische Information gibt Dir
einen positiven Ausblick, der stärkend und ermächtigend für
dich sein kann.*

Herzlich, Diana

4. Keine Information zum Chakrasystem

Liebe Diana,

ich lese gerade Dein Buch *Zeit für Liebe*, das mich sehr inspiriert. Meine Freundin liest *Zeit für Weiblichkeit* und ist auch
inspiriert davon. Ich habe gehört, dass Du ein Buch für Männer

schreibst, und ich freue mich wirklich darauf, es zu lesen. Wirst Du etwas darüber sagen, den Penis zu heilen? Ich bin jetzt seit etwa achtzehn Monaten dabei, Tantra und Taoismus zu erforschen. Vor ein paar Monaten war ich mit meiner Partnerin zu einem Tantrakurs in Schweden, und es war trotz alter Wunden eine wunderbare, liebevolle und schmerzhafte Erfahrung. Dort habe ich die Information über Deine Bücher bekommen.

Während dieses Kurses haben sie über die unterschiedliche Polarität der sieben Chakren gesprochen. Wenn ich Dein Buch lese, konzentrierst Du Dich auf das erste und das vierte Chakra, erwähnst die Polarität der anderen Chakren aber überhaupt nicht. Oder habe ich etwas übersehen? Während des Kurses, den ich besucht habe, haben sie sich sehr auf das erste Chakra des Mannes und das zweite Chakra der Frau konzentriert.

Ich war wirklich neugierig, mehr über Polaritäten zu lernen und der Teil, der in Deinem Buch beschrieben ist, war hilfreich, aber ich hatte gehofft, in Deinen Büchern mehr Information über das gesamte Chakrasystem zu bekommen. Ich würde gern wissen, warum Du Dich entschieden hast, in Deinen Büchern nichts darüber zu sagen.

Herzlich, Xavier

Lieber Xavier,

ja, das ist richtig, in meinen Büchern gebe ich keine Information über das Chakrasystem, und das mit Absicht. Ich bin persönlich nie in der Lage gewesen, eine Verbindung zu Informationen herzustellen, die ich über Chakren gelesen oder gehört habe – sie haben einfach nicht zu mir gesprochen. Und deswegen waren Informationen über die Chakren für mich nicht notwendig und kein wichtiger Teil meiner sexuellen Erkundungen. Daher widme ich ihnen in meinen Büchern nicht viel Aufmerksamkeit. Ich denke nicht wirklich an meine Chakren, sie sind lebendig und aktiv und machen ihr Ding, egal, ob ich sie kenne oder über sie nachdenke. Manchmal sprechen meine Chakren zu mir, aber das sind subjektive Erfahrungen und mehr das Ergebnis davon, dass ich schon eine Zeit lang auf eine bestimmte Art und Weise Liebe mache. Mein Verständnis von Sex ist mehr das von „magnetischem Fließen", das von den gegensätzlichen Polen im Körper ausgelöst wird; das Sexzentrum ist der eine Pol, und das Herz ist der andere Pol. Deswegen verweise ich lediglich auf diese beiden Chakren. Wie ich bereits gesagt habe, Chakren existieren und funktionieren im Körper unabhängig davon, ob Du sie kennst oder nicht. Du schaffst einfach die Voraussetzungen und Dein Inneres arbeitet auf seine Weise, und Dinge passieren, wenn die Zeit reif ist.

Natürlich habe ich herausgefunden, dass viele bemerkenswerte Dinge in meinen sieben Chakren geschahen, weil ich meine Sexualität dem „magnetischen" Design angepasst hatte. Aber das war eher ein Nebenprodukt meiner Erkundungen, nicht weil ich die Absicht hatte oder weil ich etwas über die Chakren wusste. Mein Fokus beim Unterrichten und Schreiben liegt darauf, die grundlegende Struktur zu erklären und Leute zu ermutigen, Dinge zu erforschen und sich ihrer Pole bewusst zu werden, des magnetischen Felds, und dann zu schauen, was passiert. Zu viel Information kann Lesern zu viel Nahrung für ihr Denken geben, das sich ihnen am Ende in Form von Erwartungen und Zielen in den Weg stellen kann, und dadurch kann man die Verbindung zu wichtigeren Elementen von Tantra verlieren.

Das Buch für Männer wird Zeit für Männlichkeit *heißen und die Heilung und das in Balance bringen des Penis behandeln, was meiner Auffassung nach dadurch geschieht, dass der Mann seine Energie erdet, indem er sich auf das Perineum konzentriert und bewusst und präsent in der Vagina der Frau ist.*

Ich wünsche Dir alles Gute bei Deinen Erkundungen und vertraue darauf, dass meine Bücher wertvoll für dich sein werden,

auch ohne die Informationen über die Chakren, nach denen Du
gesucht hast.
Herzlich, Diana

5. Therapeutischer Effekt von Tantra beim Massieren

Liebe Diana,

ich gebe Massagen und möchte wissen, wie ich Tantra nutzen
kann, um meine Massagen auf therapeutische Weise zu beeinflussen? Es gibt jede Menge tantrischer Massagen, die genitalen Kontakt einschließen, aber daran bin ich nicht interessiert.
Herzlich, Vera

Liebe Vera,

ich würde vorschlagen, dass Du beim Massieren beginnst, tan-
trische Prinzipien zu benutzen, das heißt, entspanne Dich und
sei bewusst, während Du massierst. Ich habe zwanzig Jahre
lang als Massage-Lehrerin gearbeitet, und im Nachhinein habe
ich gesehen, dass Massage in der Tat der Beginn meiner tantri-
schen Reise war, meinen eigenen Körper von innen zu erfor-
schen. Als jemand, der Massage gibt, bist Du in einer sehr guten
Situation, denn Du kannst anfangen, Dir und Deinem Körper auf
neue Art zu begegnen. Du wirst vielleicht meine DVD Zeit für
Berührung über Massage hilfreich finden.
Tantra heißt im Grunde ein nach innen Gehen oder eine Intro-
version, mein Vorschlag wäre also, dass Du Dich und Deinen
Körper zum Zentrum Deiner Selbstbefragung machst und nicht
den anderen, der die Massage bekommt. Ich weiß, das hört sich
merkwürdig an! Du kannst damit beginnen, Dich auf Deine
eigene körperliche Entspannung zu fokussieren. Versuche, jede
Technik und jeden Massagegriff, den Du anwendest, so ent-
*spannt wie möglich auszuführen. **Versuche, Deinen Fokus bei***

Dir zu halten und nicht beim Empfänger. Bleibe präsent in Deinen Händen und fühle, was sich unter ihnen befindet. Atme tief und langsam in Deinen Bauch und entspanne Deinen Beckenboden und Dein Perineum immer wieder. Benutze Dein Körpergewicht statt Muskelkraft, um Tiefe zu erreichen. Das bedeutet, Dein Arm sollte gestreckt sein, nicht am Ellenbogen gebeugt. Wenn der Arm gebeugt ist, geht die Kraft durch die Verlängerung des Ellenbogens, und Du benutzt Deine Muskelkraft, um Druck auf den Körper auszuüben, was die Qualität der Berührung völlig verändert – sie ist ein bisschen erzwungen.

Wenn Du Deinen Unterarm und Deinen Oberarm in eine Linie bringst, dann kannst Du Dein Körpergewicht auf den Klienten lehnen, was eine entspannte Kraft ist, die sich einfach durch den Körper des anderen hindurchbewegt. Das verändert die Qualität der Berührung völlig und macht es dem anderen sehr leicht, die Berührung zu empfangen.

Diese ganzen kleinen Veränderungen in Deinem Fokus werden Dich in Richtung Deiner inneren Welt und zu Deinem Sein führen – und das durch Berührung. Deine Massage wird fließender und flüssiger werden, und Du wirst sie mehr genießen, was ein großer Vorteil ist. Du selbst wirst Dich bereichert und genährt fühlen. Bald wirst Du merken, wie es das „Wie" Deiner Berührung verändert, wenn Du Deinen inneren Fokus veränderst, und was dieses „Wie" zur Erfahrung des anderen beiträgt. Ich habe festgestellt, dass je entspannter ich in meinem Körper war und wenn ich total präsent in meinen Händen war, der andere fähig war, sehr tief in sich selbst einzutauchen. Die Empfangenden haben sich einfach ganz tief entspannen und in sich erholen können, was eine tiefe Heilung und Regeneration bedeutet.

Aus meiner Sicht haben Genitalien oder sexuelle Stimulation nichts mit tantrischer Massage zu tun. Es ist im Grunde nichts Verkehrtes daran, das (bewusst) zu tun, aber generell geht es in

Richtung Erregung, was den anderen an die Peripherie bringt,
weg von seinem Zentrum. **Eine tantrische Massage sollte den**
Empfänger ermutigen, sich im Zentrum seines Körpers zu ent-
spannen und sich dadurch letztlich über seine physischen
Grenzen hinaus auszudehnen, was reine Glückseligkeit ist.
Glückseligkeit ist die Erfahrung, sich eins mit dem Universum
zu fühlen, zu fließen, in völliger Harmonie mit allem, was ist.
Und in diesem Raum geschieht Heilung. Wenn Du meine
Bücher über das Liebemachen liest, wird Dir das vielleicht hel-
fen, eher zu verstehen, was ich unter tantrischen Prinzipien
verstehe. Und dann schau, wie Du sie auf Massage anwenden
kannst. **Tantra interessiert sich dafür, „wie" jemand etwas tut,**
nicht „was" er tut. Und das Wie bedeutet, was immer Du tust,
mit Bewusstheit zu tun. *Diese Qualität wird Deine Berührung*
ganz natürlich verändern und wird zu höheren Erfahrungen
führen. Ich wünsche Dir viele Stunden voller Freude, wenn Du
Tantra durch Massieren erkundest.
Herzlich, Diana

6. Meinen Körper akzeptieren und lieben

Liebe Diana,
soeben habe ich Ihr Buch *Zeit für Liebe* zu Ende gelesen und
wollte, es würde nie enden. Genauso kann ich mir Liebemachen
vorstellen. Vor allem im Alter kann oder ist man ja nicht mehr
einfach „scharf" aufeinander, da muss es etwas mehr geben,
eine andere Ebene – eben Tiefe.

Was ich vermisst habe im Buch... Ich bin bereits vierundfünfzig
Jahre alt und mein Mann hat mich und meine beiden Mädchen
nach achtundzwanzig Ehejahren für ein jüngeres Mädchen verlassen. Ich habe eine schwierige Zeit hinter mir, die Verletzung
musste heilen und die beiden Mädchen wurden in jeder Hinsicht

auch durcheinander geschüttelt, was dann halt auch mich betraf. Jetzt nach eineinhalb Jahren habe ich mich sehr verliebt in einen gleichaltrigen Mann. Ich habe nun aber große Hemmungen, mich nackt zu zeigen und mit ihm ins Bett zu gehen. Sehen Sie, ich bin sehr schlank, meine Brüste sehr sehr klein (Gott sei Dank gibt es Push-ups!), der ganze Körper ist einfach nicht mehr straff, ebenso die Haut! **Gerne hätte ich in Ihrem Buch einen Artikel darüber gelesen, wie man mit dem Alter, den Veränderungen etc., mit einem neuen Partner umgeht. Noch vor zehn Jahren hätte ich wohl weniger Probleme damit gehabt, jetzt bin ich bereits ein bisschen in den Wechseljahren.** Zwar habe ich noch immer die Periode, aber sehr unregelmäßig. Am liebsten würde ich mich im Dunkeln irgendwie durchschummeln! Trotzdem fände ich es wunderschön, Augenkontakt während des Liebemachens zu haben. Mit meinem Partner habe ich noch nicht so direkt darüber gesprochen. Ich glaube, er verspricht sich mehr unter der „Verpackung" und ich würde es nicht ertragen, wenn er dann total enttäuscht wäre! Was raten Sie mir? Gibts vielleicht noch ein anderes Buch von Ihnen, das Sie mir empfehlen können, um meine Ängste abzubauen?

Herzlich, Vera

Liebe Vera,

*es ist wirklich gut zu hören, dass sich Dir jetzt nach all den Herausforderungen, die Du zu meistern hattest, die Möglichkeit bietet, Dich für die Liebe zu öffnen. Das ist ein wahrer Segen und ein Geschenk. **Was Deine Unsicherheit über Deinen Körper betrifft, empfehle ich Dir, dass Du mit Deinem neuen Partner einfach über Deine Ängste sprichst.** Auszudrücken, was Du über Deinen Körper fühlst, wird Dich sehr entspannen. Und es ist anzunehmen, dass es das Herz Deines Partners berühren wird. Er ist wahrscheinlich in einer ähnlichen Situation – und hat vielleicht auch nicht so viel Selbstvertrauen, was seinen*

Körper angeht. Hast Du jemals jemanden getroffen, der mit seiner körperlichen Erscheinung vollauf zufrieden war? Es gibt diese unfaire Anforderung, dass man schön und ewig jung aussehen sollte. Die meisten Frauen haben damit in ihrem Leben zu tun, ihren Körper zu akzeptieren, weil es dieses perfekte Ideal gibt, das uns hypnotisiert und von dem wir bestimmt werden. Deshalb sind Unsicherheit und Zweifel unsere Begleiter, wenn wir älter werden. Wahre Schönheit hat jedoch nichts mit der äußeren Erscheinung und wenig mit dem körperlichen Alterungsprozess zu tun. Wahre Schönheit wohnt in uns und strahlt durch den Körper nach außen, wie das Licht und das Strahlen von Freude und Liebe. Mein Vorschlag ist, dass Du Deinen Fokus von einer objektiven Betrachtungsweise Deines Körpers in eine subjektive veränderst. Das ist die grundlegende Ausrichtung des tantrischen Ansatzes. Aller Reichtum liegt im Innern. Interessiere Dich mehr und mehr für Deinen inneren Körper und Deine Sensitivität auf Zellebene. Dort liegt die Schönheit verborgen. Geh mit Deinem Körper liebevoll um, akzeptiere ihn, respektiere ihn, massiere ihn und behandle ihn wie Deinen allerbesten Freund. Wenn Du anfängst, auf die neue Art Liebe zu machen, wie ich es empfehle, wird Dein Körper auch anfangen, sich zu verändern. Da macht es nichts, dass Du vierundfünfzig bist. Veränderungen sind in jedem Alter möglich, der Körper ist immer bereit, mit dem Bewusstsein zu kooperieren. Das lässt die Brüste größer werden, die Oberschenkel schmaler, im Körper entsteht eine Einheit, Gelassenheit. Deine Bewegungen werden anmutig und spiegeln Selbstliebe und innere Schönheit wider.

Ich wünsche Dir den Mut, Deiner inneren Welt zu vertrauen und dass Du bereit bist, Schritte ins Unbekannte zu unternehmen. Wenn Du das tust, wirst Du mehr Freude und Lebenslust verspüren, was wiederum dazu führen wird, dass Du Dich jünger, positiver und stärker fühlst.

Herzlich, Diana

7. Ich vermisse meine Ekstase

Liebe Diana,

wir waren vor ein paar Jahren bei Euch im *Making Love Retreat*. Wir praktizierten anschließend diese Art, Liebe zu machen, fast ein halbes Jahr lang. Uns beiden hatte das sehr gut gefallen. Seither machen wir es nur noch selten, und wenn, dann spüre ich sehr wenig. Wir machen ca. zwei Mal pro Woche heiße Liebe mit Orgasmus. **Ich bin immer noch sehr versessen auf einen Orgasmus und das macht es für mich schwer mit der kühlen Liebe. Da ich aber auch immer mehr Schwierigkeiten mit dem Orgasmus habe, versuchen wir es ab und zu dann wieder vermehrt mit der kühlen Liebe.** Deine Bücher lese ich immer wieder einmal, um mich von dieser Art, Liebe zu machen inspirieren zu lassen.

Ich habe auch schon mehrere Yoni-Massagen von Frauen bekommen, bin in einer Yoni-Massage-Gruppe und habe immer noch das Gefühl, meine Yoni sei unempfindlich, außer ich errege mich an der Klitoris und bin anschließend heiß. Dann spüre ich gute Empfindungen in meiner Vagina. Mein Partner möchte am liebsten heißen und kühlen Sex, Orgasmus ist ihm nicht so wichtig. Ich weiß im Moment überhaupt nicht mehr, was ich machen soll. **Seit Jahren ist Sex für mich eines der wichtigsten Themen und ich habe fast alles dafür getan. Alles gelesen, Kurse besucht usw. Und doch fließt meine Sexualität nicht so, wie ich es gerne hätte.** Ich habe Stress mit dem Orgasmus, fühle mich unsicher, habe oft wenig sexuelle Lust. Dann lese ich wieder in Deinem Buch über Ekstase. Wo bleibt meine Ekstase? Herzlich, Heather

Liebe Heather,

Ekstase entsteht in einer kühlen Atmosphäre und nicht in einer heißen. Der Weg in Richtung Ekstase geht über Sensitivität, nicht Stimulation. Du sehnst Dich nach etwas, schaffst aber eigentlich nicht die Atmosphäre, die es einladen würde. Die Situation ist, einfach ausgedrückt, dass Du in einer starken sexuellen Konditionierung in Sachen Orgasmus gefangen bist – wie fast jeder. Sex, wie wir ihn kennen, handelt ausschließlich davon, Energie aufzubauen und sie dann zu entladen.

Es gibt einen anderen Stil und eine andere Art, und wir öffnen Euch diese Tür während des Seminars. Aber um etwas zu verändern, muss man sich verpflichten und regelmäßig üben. Und wie Du sagst, Ihr habt nur ein halbes Jahr geübt, und seitdem sehr selten. Was wir grundsätzlich lehren, ist Bewusstheit. Sich bewusst zu werden, wenn man sich auf das Ziel Orgasmus konzentriert, wie der Körper sich dabei anspannt und wie die Sensitivität nachlässt. Wenn Du diese Aspekte wahrnimmst, fängst Du an, Deinen Körper zu entspannen und der Energie stattdessen zu erlauben, sich auszudehnen. Du musst Deine Bewusstheit nutzen, um die Konditionierung/Ziele/Erwartungen zu erkennen und langsam schrittweise anfangen, davon wegzukommen. Es ist ein Prozess und geschieht nicht von heute auf morgen. Du wirst schließlich an einen Punkt kommen, wo Du nicht mehr an Orgasmus denkst, weil es Dich so erfüllt, im Hier und Jetzt zu sein. Wenn Du Dich ohne Orgasmus entspannen kannst, wird das Gewebe Deiner Vagina weich und sensibel werden.

Es ist schwierig, die meiste Zeit heißen Sex zu haben und dann Sensitivität zu erwarten, wenn Du ab und zu coolen Sex hast. *Du bist nicht falsch, die Konditionierung um den normalen Sex herum ist uns ganz einfach mit der Muttermilch eingetrichtert worden, in unser Denken und auch in unsere Zellen. Deine Ekstase liegt unter dieser oberflächlichen Schicht. Du kannst Ekstase nicht verlangen, sie ist auch nichts, das zum Ziel gemacht werden kann. Es geht darum, im Körper durch Präsenz, Bewusstheit und Entspannung eine Atmosphäre zu schaffen. Aber der erste Schritt ist, anzufangen, die Sucht nach heißem*

Sex infrage zu stellen. Wenn Du mehr in Deine weibliche Energie gehst, dann wirst Du feststellen, dass Dein Interesse am Liebemachen wächst. Die Vagina-Massagen, die Du gegeben und bekommen hast, haben ihren Wert, aber wenn Du einen Mann hast, mit dem Du Liebe machen kannst, dann ist das das Beste. Wie Du Dich erinnern wirst, ist der Kopf des Penis ein kraftvoller Katalysator und dazu gemacht, die Vagina auf tiefer Ebene zu heilen.
Herzlich, Diana

Liebe Diana,

den Orgasmus zu vergessen kann ich mir nicht vorstellen. Auch nach heißem Sex sehne ich mich sehr. Das alles hinter mir zu lassen und mich einfach zu entspannen, versetzt mich schon fast wieder in Stress. Im Moment versuche ich, mich mehr zu entspannen und weniger meine Klitoris zu erregen, was mich auch immer Richtung Orgasmus zieht. Und doch kommt irgendwann der Punkt, wo ich unbedingt einen Orgasmus haben muss. Ich kann fast nicht anders. Wir könnten uns dann noch massieren und berühren, aber sobald die Geschlechtsteile einbezogen sind, zieht es mich zum Orgasmus. Es braucht für mich auch Überwindung, einfach nur kühle Liebe zu machen, weil ich dann so wenig spüre. Ich weiß nicht, ob ich die Geduld aufbringen kann, so lange zu üben. Aber ich werde dran bleiben!
Love Heather

8. Tantra – Regeln und Konzepte?

Liebe Diana,

nach einiger Zeit des Übens haben wir festgestellt, dass wir Tantra wie ein neues Konzept mit neuen Regeln übernommen haben, statt präsent und uns dessen bewusst zu sein, was pas-

siert. **Wir fingen an zu denken, es sei notwendig, sexuelle An-ziehung, Erregung, Orgasmus zu vermeiden und alles abzu-kühlen statt Bewusstheit und Spontaneität zu leben.** Auf der anderen Seite, obwohl wir seit mehr als zwanzig Jahren zusam-men sind, fühlen wir immer noch eine starke sexuelle Anzie-hung zwischen uns und sind sehr gern zusammen, um Liebe zu machen. Jetzt haben wir also angefangen, entspannter zusam-men zu sein, ohne Konzepte, und beobachten einfach nur und genießen. Wir machen weiterhin mit offenen Augen Liebe und kommunizieren manchmal darüber, was vor sich geht, strei-cheln die Brüste, vorsichtige Penetration, und wir verbringen viel Zeit in dem meditativen und liebevollen Raum, nachdem wir gekommen sind. Dann fühlen wir uns ruhig und glücklich.
Herzlich, Jacob & Irene

Lieber Jacob und liebe Irene,

*ich danke Euch, dass Ihr geschrieben und darüber berichtet habt, wie es Euch weiter ergangen ist, seit wir uns gesehen haben. Es ist wirklich gut, dass Ihr so eine tiefe Einsicht hattet und jetzt eine entspannte Art gefunden habt, mit Tantra zu sein. Ja, es gibt eine starke Tendenz, Regeln und Konzepte aufzu-stellen, obwohl wir immer betonen, dass man es nicht tun soll-te. Häufig bekommen Leute die Idee, Tantra sei eine Art von Technik, die nur aus Stille und Nicht-Bewegung besteht, aber das stimmt nicht. Tantra ist lebendig, und Ihr werdet feststel-len, dass Bewegung mit Bewusstheit qualitativ anders ist als mechanische Bewegungen. **Tantra ist mehr an Bewusstheit interessiert und daran, Liebe entstehen zu lassen; es ist keine spezielle Technik.** Stille und Nicht-Bewegen sind nur eine Mög-lichkeit, aber keinesfalls die ganze Palette. Es ist gut, das Denken zu beobachten und wie wir es mögen, alles „richtig" zu machen, aber das bringt Anspannung und einen Mangel an Spontaneität mit sich und wird Eure Freude an den Erkundun-*

gen abschwächen. Die sexuelle Energie in eine meditative Kraft
zu transformieren, ist ein organischer, lebendiger Prozess, ein
Prozess, der genossen und gefeiert werden sollte.
Ich wünsche Euch beiden alles erdenklich Gute.
Herzlich, Diana

9. Meine Verlobte hat eine sehr enge Vagina

Liebe Diana,

meine Verlobte und ich haben Dein Buch *Zeit für Weiblichkeit*
gekauft, und es hat uns so sehr geholfen, Sex und Liebe zu verstehen. Ich habe Schwierigkeiten damit, den tantrischen Sex in
mein Leben einzubauen. Wir leben in Brasilien, aber in verschiedenen Staaten, also sehen wir uns nur ein Wochenende im
Monat. Meine Verlobte ist wie eine Jungfrau, ihre Vagina ist sehr
eng und sie sagt, sie kann nicht lange Sex haben. Sie vermeidet
Positionen, die viel Druck auf ihre Vagina ausüben, und oft verändern wir die Position nicht, sondern behalten beim Sex eine
Position die ganze Zeit bei. Ihre Vagina drückt meinen Penis
kräftig, und weil sie nicht allzu lange Sex haben kann, bleiben
wir bei der traditionellen Art, Sex zu haben. Wenn sie sagt, dass
ihre Zeit gleich „zu Ende" ist, werde ich oder wird sie schneller,
und ich ejakuliere.
Ich hoffe, Du kannst uns einen Rat geben, wie wir diese
Situation verändern können.
Herzlich, Edgar

Lieber Edgar,

danke für Deine E-Mail und dass Du mir über Deine Situation
geschrieben hast. Ja, es ist nicht so leicht, die tantrischen Er-
kundungen voranzutreiben, wenn man getrennt lebt und weit
voneinander entfernt. Andererseits, wenn Ihr Euch seltener

seht, werdet Ihr wahrscheinlich präsenter miteinander sein, bewusster und sensitiver im Umgang. So kann es auch ein Vorteil sein, denn Präsenz und Sensitivität sind tantrische Schlüssel, die einen wichtigen Einfluss auf den sexuellen Austausch haben.

Es ist heutzutage ziemlich weit verbreitet, und vielleicht ist es schon immer so gewesen, dass Frauen Schmerzen während der Penetration haben. Die Gründe dafür sind vielfältig, und ich will das hier nicht näher erläutern. Was wichtiger ist: Es kann geheilt werden und Du solltest die Kapitel über das Heilungspotenzial von Sex lesen. Ich schlage vor, dass Ihr das zusammen macht, sodass Ihr beide wisst, was Ihr tut, und warum Ihr es tut. Es braucht eine aufrichtige und mitfühlende Atmosphäre, um die Heilung von Penis und Vagina zu unterstützen. Es mag eine Weile dauern, bevor sich das Gewebe der Vagina entspannt und erholt, Ihr werdet also beide Geduld brauchen. Und seid Euch auch dessen bewusst, dass manchmal alte, unausgedrückte Gefühle anfangen können, sich aus dem Körper herauszubewegen. Das ist gut so und hat eine heilende Wirkung; erlaubt ihnen, sich auszudrücken, unterdrückt sie nicht. Das Kapitel über Emotionen gibt wertvolle Informationen, wie man mit alten Gefühlen/Emotionen umgehen kann und wie man die Liebe frei vom Einfluss der Vergangenheit hält.

Ich würde auch vorschlagen, dass Ihr eine Zeit lang nicht zum Orgasmus oder zur Ejakulation vorprescht, wenn Ihr das Gefühl habt (oder Deine Frau Dir das sagt), dass sie genug Sex gehabt hat und aufhören möchte. Entspannt Euch stattdessen einfach zusammen und bleib in ihr drinnen, bis Dein Penis sich entspannt und aus ihr herausgleitet. Haltet währenddessen Augenkontakt, atmet in Euren Bauch, seid einfach nur in Eurem Körper, präsent im Augenblick. Ich hoffe, dass meine wenigen Worte Dich ein wenig unterstützen können.

Herzlich, Diana

10. Schwächere Erektion wegen Prostatabeschwerden

Liebe Diana,

wir hatten eine Zeit lang keinen Kontakt mit Dir, und jetzt möchten wir Dir schreiben, wie es uns dieses Jahr ergangen ist. Ende letzten Jahres fühlte ich, dass ich anfing, die Erektion zu verlieren, während wir auf tantrische Weise Liebe machten. Eine Blutuntersuchung ergab einen ziemlich hohen PSA-Wert (Prostata-Tumor Marker). Nach zwei Monaten mit Antibiotika hatten die Ärzte den Verdacht, dass ein Prostata-Tumor bestünde, aber eine Biopsie ergab, dass keine Krebszellen vorhanden waren. Der PSA-Wert ist immer noch hoch, und meine Erektion ist instabil.

Am Anfang dachten wir, dass Tantra vielleicht die Ursache der mangelnden Erektionsfähigkeit ist und dass sich die Prostata zusammenzieht, weil die Ejakulation oft abgebrochen wird. Aber wir haben auch emotionale Probleme damit gehabt, unsere Ängste und Unsicherheiten kamen an die Oberfläche. Iris fühlte sich sehr unsicher, ob ich sie wirklich liebe, und sie stellte sich vor, dass ich vielleicht gern mit anderen Frauen zusammen wäre. Wir hatten eine schwierige Zeit miteinander. Ich war mir auch nicht sicher, was los war, und manchmal habe ich auch gedacht, sie sollte sich etwas sexier anziehen oder so etwas. Momentan wissen wir nicht, ob das mit der Prostata ein Altersproblem ist (ich bin sechzig Jahre alt) oder vielleicht ein physiologisches Problem. Die Ärzte haben lediglich einen Zusammenhang mit Blasensymptomen erwähnt, wenn es um diesen PSA-Wert ging, aber ich habe überhaupt keine Blasenprobleme. Dies ist alles sehr merkwürdig, also wenn Du uns irgendwie helfen kannst, bitte, dann wären wir sehr dankbar, von Dir zu hören!

Herzlich, Mark und Iris

Lieber Mark und liebe Iris,

es tut mir leid zu hören, dass ihr gesundheitliche Probleme hattet, seit wir uns das letzte Mal im Oktober gesehen haben. Die sehr gute Nachricht ist, dass die Biopsie bestätigt hat, dass es sich nicht um Krebs handelt, und die beste Art, jetzt weiter damit umzugehen, ist eine positive Herangehensweise. Schicke Deiner Prostata alle Liebe und alles Licht der Erde.

Mark, wenn ein Mann über sechzig Jahre alt ist und wahrscheinlich seit fünfzig Jahren ein Sexualleben gehabt hat, wovon nur die letzten zweieinhalb Jahre tantrisch waren, ist es unmöglich, dass die Probleme von Tantra kommen können. Nach so vielen Jahren, in denen durch ein hohes Niveau an sexueller Erregung und vielleicht auch durch Masturbation Spannung angesammelt wurde, kommt diesen Jahren eindeutig der größere Anteil am Gesamtbild zu. Wer weiß, vielleicht hat die tantrische Praxis einen Aspekt geheilt, der unter anderen Umständen größere Probleme verursacht hätte?

Wie Du weißt, ist der Prozentsatz an Männern, die Prostatabeschwerden haben, extrem hoch und nimmt zu. Was die Erektion betrifft, ist das ein Thema, auf das wir im Kursus ziemlich ausführlich eingehen. Wir erklären den Unterschied zwischen einer Erektion, die durch Erregung und Stimulation entsteht und einer spontanen Erektion, zu der es in der Vagina kommen kann.

Bei einem Verlust der Erektion raten wir, einen Weg zu finden, das zu akzeptieren, statt zu leugnen. Gib Dir selbst die Chance, die Gefühle zu fühlen, die damit einhergehen, die Erektion zu verlieren. Wenn Du Dich mit diesen Gefühlen entspannst, Tränen zulässt und Frustration oder was auch immer, dann bedeutet das auf Zellebene sehr viel Heilung. Du hast die Werkzeuge, mit der Situation umzugehen, und wir würden Dir vorschlagen, dass Du weiterhin so entspannt wie möglich Liebe machst, wann immer das möglich ist.

Wir sagen den Männern gleich zu Beginn des Grundkurses, dass nichts falsch daran ist, zu ejakulieren, wir stellen lediglich die Gewohnheit in Frage. Und wir sagen klar, dass der Mann seine Ejakulation nicht unterdrücken sollte. Ist er kurz davor zu ejakulieren, sind wir dafür, das zuzulassen und nicht zu erzwingen, dass das Ejakulat im Körper bleibt.

Unser Grundsatz ist, in kühleren Gefilden zu verweilen, wo Ejakulation kein Thema ist, und wenn es irgendwann sein muss, dann steht es Dir frei zu ejakulieren! Dieses ist ein wesentlicher Punkt unserer Herangehensweise an Tantra und deshalb sagen wir es immer wieder. Ejakulation und ein hohes Erregungsniveau zu unterdrücken ist nicht gut für die Prostata, weil Du der bestehenden Spannung noch mehr Spannung hinzufügst.

Licht und Liebe und alle guten Wünsche für Deine Gesundheit, emotional und körperlich, und auch spirituell.

Herzlich, Diana

11. Sexuelle Befriedigung trotz Prostata-Tumor

Liebe Diana, lieber Michael,

Tracy und ich waren bei Eurem *Making Love Retreat* im August. Wir beide denken immer wieder voll Dankbarkeit an das, was Ihr uns bei diesem Seminar und ergänzend durch Eure Bücher mitgegeben habt – und diese Dankbarkeit möchte ich Euch heute einfach zeigen und mitteilen.

Vielleicht erinnert Ihr Euch, dass ich aufgrund einer Prostataentfernung wegen eines Tumors und der angrenzenden Nerven (vor 5 Jahren) keine oder nur eine unvollständige Erektion habe. Und so sind unsere „weichen Vereinigungen" – die wir auf Eure Anregung hin so oft wie möglich – auf jeden Fall täglich – praktizieren, etwas so Wunderbares, Inniges geworden, und sie nähren unsere Liebe bis heute stets aufs Neue.

Allerdings muss ich „gestehen", dass ich an einem Punkt Euren „Anweisungen" öfter nicht folge: cool zu bleiben. Weil es einfach immer „wie im Himmel" für mich ist, die Vagina meiner Liebsten so intensiv zu spüren, dass ich dann gelegentlich doch bis zum Höhepunkt komme, den ich dabei wunderschön ganzkörperlich spüre und erfahre. Auch Tracy genießt es, meine Ekstase zu erleben, für sie ist es ein total inniges und liebevolles Gefühl. Dafür massiere ich sie öfter und mit viel Zeit tantrisch, und wir lieben es beide auch sehr, wenn ich sie mit meiner Zunge verwöhnen kann und sie dabei den Höhepunkt genießt. So gibt es da insgesamt kein Ungleichgewicht...

Natürlich berichten wir immer wieder vielen bekannten Paaren von unseren Erfahrungen mit Euch, empfehlen Eure Bücher und Seminare...

Mit herzlichen Grüßen, auch von Tracy

Ian

Lieber Ian,

*vielen Dank, dass Du uns geschrieben und uns von Deiner Liebe und Freude am Liebemachen berichtet hast. Es ist besonders beeindruckend und ermutigend wegen der Einschränkungen, die Du früher aufgrund Deiner medizinischen Diagnose erfahren hast. Ich gratuliere Euch dazu, dass es Euch möglich ist, täglich Liebe zu machen! **Ich finde, die Häufigkeit ist ein großer Vorteil, wenn man dabei ist, Dinge herauszufinden, und so kann sich die Erfahrung organisch entwickeln. Mir scheint es, als würdet Ihr unseren Rat genau befolgen, wenn Ihr die Intensität genießt. Denn wir bieten Werkzeuge an und keine Regeln.** Wie wir im Seminar immer wieder gesagt haben, geht es nicht darum, was Ihr tut, sondern wie Ihr es tut. Durch Bewusstheit wird Sex in Liebe transformiert. Eure Erfahrung, dass die Liebe zwischen Euch wächst, ist das Resultat dieser Bewusstheit, egal, was Ihr dabei für Vorlieben habt und wie sich*

das für Euch gestaltet. Alles entwickelt sich also ganz wunder-
bar, und ich freue mich für Euch beide.
Herzlich, Diana

12. Deine tantrische Sichtweise ist anders

Liebe Diana,

ich habe gerade angefangen, Deine Bücher in die Praxis umzusetzen, nachdem ich sie vor zwei Tagen bekommen habe, und
ich genieße es, in meine magnetische, feminine Energie einzutauchen und diese Qualität in meinen Alltag einzubringen, so
gut ich das kann – das ist eine Kunst. Ich liebe die Einfachheit
und die Tiefgründigkeit Deiner Übungen.

Die Arbeit, die Du machst, erinnert an die Grundlagen der
Bewegungsarbeit, die ich studiere und unterrichte, und daher
ist es sehr befriedigend für mich, mit Dir als meiner Expertin
und Führerin das, was ich bereits kenne, anzuwenden und auf
die sexuelle Arena zu übertragen. Du bist die Tantralehrerin,
nach der ich zwei Jahrzehnte lang gesucht habe. Ich hatte
glücklicherweise in den letzten zehn Jahren eine wunderbare
Lehrerin in der Bewegungsarbeit, aber ihr Fokus liegt nicht auf
Sex, obwohl sie anerkennt, dass die Arbeit in ihrer Essenz tantrisch ist. Ich bin so dankbar, dass ich Dich gefunden habe. Du
bist die erste Tantra-Autorin/Lehrerin, mit der ich mich in
Einklang fühle. (Obwohl ich Tantra – Eintauchen in die absolute
Liebe von Daniel Odier mochte, aber er lehrt nicht so direkt wie
Du). Dein Fokus auf Entspannung, Nicht-Technik, Geist-Körper
ist so unglaublich effektiv und unmittelbar. Ich bin neugierig, wo
das sogenannte Wurzelschloss und der ganze technische Kram
herkommt, den ich in den meisten Tantrabüchern und bei den
meisten Lehrern finde? Ich weiß, dass es uralte Texte gibt, die
eher technisch geschrieben sind, aber es scheint, als würde es

die Essenz von Tantra eher hemmen – zumindest ist das für mich so. Oder vielleicht bietest Du Deinen Ansatz für diejenigen an, die nicht mit dem „strukturellen" Ansatz in Einklang sind – je mehr Wege, desto besser?

Dein Ansatz ist vielleicht weiblicher und genau wie mit der Bewegungsarbeit, es passt wohl nicht für jeden. Mein Gefühl ist, dass Du, wie meine Bewegungslehrerin, in die universalen, darunterliegenden Prinzipien von Tantra eingetaucht bist und von einer fließenden, weiblichen Perspektive aus lehrst, bei der es Leitprinzipien gibt, die sich aber nicht in Techniken verstricken. Ich nehme an, dass diese uralte Kunst aus einem fließenden, weiblichen Weisheits-Pool stammt, und dass Männer sie, um sie zu verstehen, in Techniken zerlegen, wie Yoga, und alles linearer und strukturierter machen. Ich bin sicher, dass das für Männer vielleicht in einer Hinsicht sehr nützlich gewesen ist! Aber Basis aller Strukturen ist immer noch eine Energie, die wesentlich ist und zu der man Zugang gewinnen muss, um die Essenz von Tantra wirklich zu verstehen. Und es scheint so, als wären Frauen diejenigen, die da zuerst eintauchen und es unterrichten können. Also vielen Dank! Obwohl Du zwei männliche Lehrer erwähnst, die Dich beeinflusst haben! Dann stimmt meine Argumentation wohl doch nicht. Aber trotzdem, auch wenn ich Dich nie persönlich treffen sollte, so habe ich doch wenigstens Deine sehr gut geschriebenen Bücher!

Vielen Dank.

Herzlich, Sharon

Liebe Sharon,

danke für Deine E-Mail, so voller Einsicht und Verständnis der tantrischen Domäne, und es hört sich wirklich so an, als wären Deine Bewegungsarbeit und mein tantrischer Ansatz ein- und dasselbe. Wie Du sagst, es gibt einige universelle Leitprinzipien, die dem zugrunde liegen, zu denen man auf verschiedene Art und Weise Zugang finden kann. Danke auch für Deine Wertschätzung und Ermutigung und dafür, dass Du meine Arbeit so positiv beurteilst. Viel von dem, was es auf dem Gebiet von Neo-Tantra gibt, repräsentiert meiner Meinung nach nicht die Essenz von Tantra. Wie Du sagst, liegt die Betonung auf tantrischen Techniken, aber ich habe mich immer gefragt, ob es dabei ums Tun oder ums Sein geht. Und ich gehe weiterhin in Richtung Sein und benutze den Körper als Brücke zur Gegenwart, und zur zellulären Lebendigkeit und Vitalität. So kommt man zum Sein, die Quelle der Liebe, die wir alle in uns haben.

Für mich repräsentiert diese Essenz den Unterschied zwischen Tantra und den taoistischen sexuellen Praktiken. Tantrische sexuelle Praxis ist Teil von Spiritualität und Meditation und hat ihre Wurzeln in Indien. Demgegenüber fällt die taoistische sexuelle Praxis mehr unter den Aspekt der Gesundheit und Medizin, und ihre Wurzeln liegen in China. Daher ist die Ausrichtung jeweils sehr verschieden. Dass sich Gesundheit und Vitalität durch die tantrische sexuelle Praxis verbessern, ist ein Nebenprodukt; es geschieht ohnehin, es ist nicht der Fokus. Tantra ist mehr an Bewusstheit, Entspannung und Meditation interessiert. Taoistische sexuelle Praxis hat normalerweise genau abgesteckte Ziele, die mithilfe der verschiedenen Techniken erreicht werden sollen, Wege, wie man die Energie durch den Körper bewegt. Also ist die gesamte Basis auf Bemühungen gebaut, und damit auf Anspannung. Und daher wachsen hier von der Wurzel aufwärts in diesen beiden Ausrichtungen ganz unterschiedliche Blumen. Vielleicht führen fortgeschrittene taoistische Praktiken ganz natürlich in die spirituelle Richtung, hin zu Entspannung, Meditation und in den gegenwärtigen Augenblick. Aber für weniger erfahrene Praktizierende gibt es gewöhnlich ein Ergebnis oder Ziel in der Zukunft, das man erreichen will und das die Fähigkeit, im Hier und Jetzt zu sein, die Essenz von Meditation, verhindert.

Die gesamte Orientierung und Basis hat also völlig unterschiedliche Ausgangspunkte, und deswegen verzichte ich auf jede Art von Technik, denn an der Basis gibt es gewöhnlich immer ein Ziel oder ein Tun, und sei es auf noch so subtile Art und Weise. Es geht dabei nicht um Entspannung im Hier und Jetzt oder darum, mit der Intelligenz, die dem Körper innewohnt, einfach nur zu sein. *Glückseligkeit entsteht in einer Atmosphäre von Egolosigkeit, Natürlichkeit und Zeitlosigkeit, also geht es darum, aus dem Weg zu gehen und mit dem zu verschmelzen, was auf der Zellebene einfach nur ist.* Und meiner Erfahrung nach geschehen die taoistischen Energiephänomene von selbst, wenn die Zeit reif dafür ist, ohne Anstrengung oder irgendein Tun, sondern einfach nur durch Präsenz, und vielleicht nur ein paar Mal, als Teil der Evolution und Transformation der sexuellen Energie, wenn diese sich entspannt, ins Gleichgewicht kommt und im System aufsteigt. Dies ist vielleicht die eigentliche Wurzel der taoistischen Techniken. *Menschen hatten auf ganz natürliche Art innere Energiephänomene, wenn sie in einem bestimmten Seinszustand waren, und dann wird dieses Phänomen hinterher genommen, und es wird eine Technik daraus entwickelt, die dann aber in der Zwischenzeit von ihren Wurzeln und ihrer wahren Umgebung abgespalten worden ist.*

Deine Anmerkung über das Weibliche ist interessant. Und Ja, ich habe Anleitung von zwei außergewöhnlichen und kostbaren männlichen Meistern, Osho and Barry Long, erhalten. Ich habe ihre unterschiedlichen Einsichten direkt in die Praxis umgesetzt, habe die Information für einige Jahre durch meinen Körper gefiltert, und dann war ich in der Lage, Dinge aus einer völlig anderen Perspektive zu verstehen. Eins ist mir völlig klar, dass ich einzig und allein wegen dieser beiden außergewöhnlichen Menschen in dieser Domäne gelandet bin. Ich hatte überhaupt kein Ziel, war nur neugierig, was Sex anging und bin zufällig da gelandet, wo ich heute bin. Und das verdanke ich diesen beiden, niemandem sonst. Ich war überrascht, als ich begann, in Europa und anderen Teilen der Welt zu arbeiten, dass Leute sagten, wie „anders" mein Ansatz war. Ich selbst wusste nicht, dass meine Erfahrungen andere waren, als die von Neo-Tantra.

Ich will Dir erzählen, was ich Osho einmal sagen hörte, dass in Wirklichkeit nur eine Frau in der Lage ist, Tantra zu unterrichten. Und in diesem Sinne ist Deine Beobachtung sehr scharf. Es hat lange gedauert, bis ich verstanden habe, warum es so ist, aber mittlerweile verstehe ich es. Die Frau ist der Raum, sie ist das Gefäß, und kann die Umgebung gestalten und alle beeinflussen, die sich durch diese Umgebung bewegen. Für mich war es von Anfang an sehr leicht, eine Atmosphäre zu schaffen, in der sich Menschen entspannen konnten und in ihr Element kamen. Im Januar 1993 unterrichtete ich zum ersten Mal eine kleine Gruppe von Paaren, und war fasziniert, dass „es" sofort funktionierte, vom ersten Tag an. Magisch, einfach durch eine Handvoll Schlüssel, die sich im Laufe einiger Jahre herauskristallisiert hatten. Ich wusste einfach, wie ich vorgehen musste, weil ich „es" unzählige Male in mir selbst erfahren hatte. Ich erinnere mich, dass ein Assistent mich fragte, ob es wirklich das erste Mal war, das ich diese Arbeit tat, weil es so einfach und natürlich schien, als wenn ich es immer schon getan hätte. Barry Long hat, wie Du weißt, revolutionäre Vorträge gehalten, die 'Making Love' hießen. Aber er hat nie den Raum dafür geschaffen, dass Menschen unter seiner Anleitung eine direkte Erfahrung hätten machen können. Ich denke, dass er irgendwie nicht wusste, wie er diese Atmosphäre schaffen sollte. Er hatte ohne jeden Zweifel das Wissen und die Information, wusste aber nicht, wie er es Menschen vermitteln konnte. Ich habe gehört, dass er einmal gesagt hat, dass der Lehrer, um die Teilnehmer Tantra zu lehren, Liebe mit ihnen machen müsste!

Das ist ganz sicher nicht mein Verständnis und nicht mein Ansatz. Für kurze Zeit war ich vor vielen Jahren mit einem ehemaligen Assistenten von ihm liiert. Und er fragte mich immer wieder, wie machst Du das? Er meinte meine einwöchigen Making Love Retreats. *Er sagte, er könne sich nicht vorstellen, wie die praktische Information mit einer Gruppe von Paaren in die Praxis umgesetzt werden könne.*

Es gibt ein Zitat von Osho, der sagt, dass jegliche Meditation für Frauen bei den Brüsten beginnen sollte. Er sagt, dass die meisten Meditationstechniken von Männern stammen und deswegen für Männer passen, aber nicht für Frauen. Er hat eine Meditation ausschließlich für Frauen entwickelt, die beinhaltet, mit den Brüsten zu verschmelzen, denn sie sind der Weg zu höheren orgiastischen Erfahrungen und dem Erwachen der Kundalini-Energie in Frauen.

Danke, dass Du mir die Gelegenheit gegeben hast, dies alles niederzuschreiben. Deine Aufrichtigkeit und Intelligenz haben mich berührt.

Ich wünsche Dir jeden Tag alles Gute.

Herzlich, Diana

13. Entspannung und menstruelle Reinigung

Liebe Diana,

es ist bereits zwei Wochen her, dass wir vom *Making Love Retreat* zurück sind. Bis heute kann ich immer noch die angenehme Entspannung in meinem Körper spüren. Es ist, als wäre ich tiefer in meinen Körper gesunken. Ich fühle mich geborgen, und es ist gemütlich. Ich fühle auch, dass mein Ego das nicht besonders mag, und dieser Teil von mir kann nicht glauben, dass es nur um Entspannung geht und nicht ums Tun oder darum, an tausend Sachen gleichzeitig zu denken. Manchmal fällt es mir schwer, nicht in den Kopf zu gehen und bei meinem Körper und mit tieferen Schichten in mir in Kontakt zu bleiben. Es ist auch wunderbar, größere Nähe, mehr Liebe und gegenseitigen Respekt zu fühlen. Wir nehmen uns die Zeit, unsere Genitalien jeden Tag für kurze Zeit zusammenzubringen, und einmal die Woche treffen wir eine Verabredung, um mit viel Zeit Liebe zu machen. Meistens ist es sehr besonders, und ich bin in meinem Herzen tief berührt. Manchmal ist es auch die Hölle, wenn es nicht so funktioniert, wie wir es gern hätten. Ich fühle, dass eine Menge in mir geschieht. Vor meiner letzten Periode fühlte ich mich total emotional und sehr aufgeblasen, als wenn etwas aus mir herauskommen wollte. Die Blutung war auch sehr dunkel und verklebt, und ich hatte Schmerzen. Ich musste lachen, weil Du gesagt hast, dass solche Dinge wie PMS weniger werden würden, denn für mich war es viel schlimmer als sonst. Aber ich bin sicher, dass es ein Prozess ist, der eben so ablaufen muss.

Auf eine Art ist es ein bisschen beängstigend, dass mir mein Partner näher ist als jemals zuvor. Natürlich ist es fantastisch, aber ich fühle Angst in mir aufkommen, wenn ich daran denke, dass ich ihn verlieren könnte, und das kann Unsicherheit in mir an die Oberfläche bringen. Nichtsdestotrotz würde ich mit dem, was wir in Eurem Kurs begonnen haben, niemals aufhören oder es verändern wollen! Es fühlt sich an wie eine spirituelle Reise, gemeinsam in Liebe und Bewusstheit zu wachsen, und das ist der Weg, den mein Herz gehen will.

Herzlich, Wendy

Liebe Wendy,

danke, dass du uns geschrieben hast, es hat unsere Herzen gewärmt und wir sind dankbar, dass Ihr es zugelassen habt, dass die Lehren Eure Herzen und Eure Seelen berühren. Ein wahrer Segen. Und wunderbar, dass Ihr es schafft, jeden Tag

Liebe zu machen. Was die Verschlimmerung Deiner Symptome vor und während der Menstruation angeht, ist das, so verstehe ich es, Teil des natürlichen Heilungsprozesses. Irgendwie müssen die Dinge ein bisschen schlimmer werden, damit sie besser werden können.

Das Vorhandensein von dunklem und verklebtem Blut weist gewöhnlich darauf hin, dass eine Reinigung und Ausleitung stattfindet, wenn sich die Art, in der man Liebe macht, verändert. Durch Entspannung und Bewusstheit kann Altes, das sich angestaut hat, abfließen – körperlich und emotional. Dunkle Stückchen können vorkommen, aber wenn es Dich auch nur im geringsten beunruhigt, geh bitte zum Arzt. Ich hatte selbst auch so eine Ausreinigung, und viele Frauen haben Ähnliches berichtet. Ich kann Deine Angst verstehen, Deinen Partner möglicherweise zu verlieren und dass das Unsicherheit wecken kann. Vielleicht werden Dich Oshos Worte in Momenten von Unsicherheit unterstützen: „Angst ist Abwesenheit von Liebe."

Immer, wenn Du merkst, dass in Dir Angst hochkommt, dann erinnere Dich daran, dass Liebe die Medizin für Angst ist. Sinke in Deinen Körper hinein, entspanne Dich in Dein Sein, und verbinde Dich mit der Liebesquelle in Dir. Auf diese einfache Art und Weise kannst Du verhindern, dass die Angst die Oberhand gewinnt und die Liebe stört.

Ich wünsche Euch beiden alles Gute.

Herzlich, Diana

14. Tantra ohne Partner

Liebe Diana,

seit mehr als zehn Jahren habe ich mich danach gesehnt, an Deinem *Making Love Retreat* teilzunehmen, aber es ist wegen meines Partners, mit dem ich über zwanzig Jahre lang zusam-

men war, nie dazu gekommen. Und jetzt bin ich in einer neuen Beziehung, und dieser Mann ist auch nicht wirklich offen dafür, an der Gruppe teilzunehmen. Liebemachen ist meine wahre Natur, so ist es meiner inneren Erfahrung nach immer gewesen. Kann ich an einer Gruppe mit Dir teilnehmen, ohne Partner?
Herzlich, Carol

Liebe Carol,

es gibt eine ganze Menge, was Du für Dich als Individuum tun kannst, ohne dass Du deswegen unbedingt an einer Gruppe mit mir teilnehmen müsstest. Ich kann Dir Anregungen geben, aber die langfristige Arbeit musst Du tun. In all meinen Büchern werden viele Vorschläge gemacht und Schlüssel an die Hand gegeben, die Du sofort umsetzen kannst. Tantra beginnt in der Tat bei Dir und Deinem Körper; Du lernst, ihn als Brücke zum Augenblick, zu Entspannung und Bewusstheit zu benutzen. Das kannst Du bei alltäglichen Aktivitäten tun. Die Grundprinzipien gelten nicht nur für Sex, sondern für den Körper allgemein.

Ich schlage vor, dass Du Zeit für Weiblichkeit *liest, in dem es viele Meditationen gibt, um die Weiblichkeit und die Bewusstwerdung der inneren Welt zu stärken. Wenn sich durch Deine eigene Bewusstheit die Atmosphäre um Dich herum und in Dir verändert, kann das einen alchemistischen Effekt auf Deinen Partner haben, denn er wird ebenfalls spüren, dass da eine andere Qualität in der Luft liegt. Das wird ihn auf subtile Art verändern und stärkere Präsenz und größere Bewusstheit schaffen. Insbesondere schlage ich vor, dass Du täglich eine halbe Stunde auf Deine Brüste meditierst, um Dich in Deinem positiven Pol, der die Energie erweckt, zu verankern.*

Im Grunde ist Tantra eine individuelle Arbeit und nicht eine Paar-Arbeit. Das Individuum kommt vor dem Paar, Du kannst also anfangen, auf viele verschiedene Arten an Dir selbst zu arbeiten und beobachten, wie die Intensität Deiner Bewusstheit

*jeden Augenblick transformiert. Vielleicht wird Dein Partner mit
der Zeit seine Meinung ändern. Ich wünsche Dir alles Gute.
Herzlich, Diana*

15. Die Schmerzen und die Scham des sexuellen Missbrauchs heilen

Liebe Diana,

um die tiefgreifenden Erfahrungen zu beschreiben, die ich im *Making Love Retreat* erlebt habe, muss ich ein wenig ausholen... Vor sechs Jahren, im Alter von 17 wurde ich von einem Bekannten zum Sex gezwungen. Ich habe es mehrmals über mich ergehen lassen. Dies war meine erste Erfahrung mit Sex. Ich hatte mich noch nie in meinem Leben so geschämt. Es hat sich von da an irgendwie bei mir eingeschlichen, dass Sex nun mal einfach weh tun würde, dass es normal sei, dass man das Sperma des Mannes im Mund hat und dass mein Körper so wie er ist, nicht in Ordnung ist. Ich hatte nachher lange keine sexuelle Beziehung mehr und fühlte mich in meinem Körper sehr unwohl. Es gab Zeiten, da hasste ich ihn richtig.

Zwei Jahre später lernte ich Tom kennen. Mit ihm ging alles sehr viel langsamer und ich fühlte mich von ihm immer verstanden und aufgehoben. Die Sexualität war für mich trotzdem schwierig. Obwohl Tom mich in all der Zeit niemals zu etwas gedrängt hätte und nie etwas von mir verlangt hat, fühlte ich mich als Frau unter Druck gesetzt. Ich fühlte mich verantwortlich dafür, ob er guten Sex erlebt, ob er einen Orgasmus hat. Es hat mir immer weh getan, ich traute mich aber nicht, etwas zu sagen, da ich es als mein Problem ansah und mich schämte. Ich hatte das Gefühl, ich wäre die einzige, die das mit dem Sex nicht auf die Reihe kriegt. Selten hatte ich lustvolle Gefühle. Und auch dafür schämte ich mich. Seit ich jedoch denken kann, habe ich mir Sex als etwas Wundervolles vorgestellt, etwas, das zwei Menschen verbindet, sie verschmelzen lässt! Etwas, das ganz nahe am Leben ist, an unserer Existenz, unserem Sein. Etwas sehr Spirituelles, Kraftbringendes. Und obwohl ich wusste, dass Tom auch so denkt und ihm die Liebe zwischen uns wichtiger war als der Orgasmus, war ich sehr von all den Dogmen und Erwartungen rund um die Sexualität unterdrückt.

Irgendwann wurde die Sehnsucht nach etwas anderem aber immer stärker. Dieses Gefühl, dass es noch etwas ganz anderes geben muss, war sehr groß... Ich begann mit einer Therapie und habe versucht, die Vergangenheit aufzuarbeiten. Es gab Zeiten, wo ich die Sexualität genießen konnte und auch keine Schmerzen hatte. Trotzdem lag ich danach oft ganz leer neben Tom und fühlte mich ausgenutzt. Von ihm, der mich doch so liebt! So habe ich einiges ausprobiert, blieb aber stets unzufrieden und dieses Thema stellte auch unsere Beziehung immer wieder auf die Probe.

Mit etwa einundzwanzig Jahren habe ich dann das Buch *Zeit für Weiblichkeit* gelesen. Es hat mich tief berührt und mich sehr befreit. Nun wusste ich endlich, wieso mein Körper so reagiert hatte. Und ich sah einen Weg! Tom und ich haben zusammen einiges aus dem Buch ausprobiert und auch sehr schöne Erfahrungen gemacht. Trotzdem hatte ich irgendwann das Gefühl, dass ich die wahre Essenz der Lehre von Diana und Michael erst „live" wirklich begreifen kann. So kam es dann, dass wir das siebentägige *Making Love Retreat* in der Schweiz besuchten.

Vom ersten Tag an fühlte ich mich sehr wohl in meinem Körper. Die täglichen Übungen, Meditationen und das Tanzen taten mir gut. Ich konnte mich auf ganz feine Regungen im Körper einlassen und meine Achtung stieg beträchtlich. Mit großer Freude sah ich jeweils den Meditationen und Übungen entgegen. Es war, als hätte sich mir eine neue Welt aufgetan. Die Welt meines wundervollen Körpers!

Die ersten beiden Nachmittage waren für mich dennoch eine Zerreißprobe. Ich hatte starke Schmerzen am Scheideneingang und war sehr traurig darüber. Ich hatte mir so viel erhofft vom Seminar und kam durch die Schmerzen wieder am Tiefpunkt all meiner schmerzlichen Gefühle und Erfahrungen an. Diana, du hast mir und Tom dann die Selbstmassage des ganzen äußeren Beckens empfohlen. So lag ich also am dritten Nachmittag neben Tom, habe zuerst eine Solarplexusmassage gemacht und dann die empfohlene Selbstmassage. Neben meinem Scheideneingang entdeckte ich einige sehr schmerzhafte Punkte. Ich versuchte, sie auszumassieren. Dabei wurde mir übel, es nahm mir die Luft. Ich versuchte, bei diesem Gefühl zu bleiben, alles rauszulassen. Die ganze Energie stieg in den Kopf. Als Tom und ich nachher die weiche Penetration versuchten, merkte ich, dass sein Penis genau diese Punkte massierte. Das war eine so erlösende Erkenntnis!! Ich habe an diesem Nachmittag sehr oft geweint. Viele Bilder von der Vergewaltigung kamen hoch. Aber ich war so präsent und so achtsam mit meinem Körper, dass ich all das einfach loslassen konnte.

Etwas, das mir in dieser Woche auch sehr geholfen hat, war die Konzentration auf die Brüste. Zwar habe ich schon seit einiger Zeit ab und zu die *MaLua Lichtmeditation* zu Hause gemacht. Doch mir scheint, dass ich erst in diesem Retreat die Wichtigkeit der Brüste richtig erkannt habe. Nach dem ersten Tag, an dem wir mit den Brüsten gearbeitet haben, hatte ich in der Nacht einen Traum. Ich habe ganz deutlich meine Brüste gesehen und ganz viel Liebe für sie empfunden. In dem Traum hatte ich ein Kind und ich stillte es, sah wie die Milch aus meinen Brüsten herauslief. Ganz deutlich kann ich mich noch immer an den Traum erinnern. Von da an empfand ich es als etwas Wundervolles mit meiner Aufmerksamkeit ganz in meinen Brüsten zu sein. Jedes Mal kam schon nach kurzer Zeit eine Antwort von der Vagina. In Form eines Kribbelns, eines Pulsierens oder des

Gefühles, dass ein Tor sich langsam öffnet. An einem Abend im Seminar machten wir die Beckenmassage. Viele Gefühle lösten sich und es fiel mir danach sehr schwer, Tom nahe zu sein. Ich war verwirrt und voller Emotionen. Erst einige Zeit später, beim gemeinsamen Meditieren, erkannte ich, dass es uns noch viel näher gebracht hatte. Ich konnte das Gefühl des sich Öffnens spüren und Tom ganz schmerzfrei in mich hineinlassen. Das war ein überwältigendes Gefühl, das sich nicht in Worte fassen lässt. Es war als würde sein Penis mein Herz berühren!!

Ich weiß nun, dass der Schmerz nicht mein Feind, sondern mein Freund ist. Die Angst davor fällt gänzlich weg, da wir auch einfach zwei Stunden daliegen können und Millimeter für Millimeter den Penis sanft einführen. Die Gefühle, die dabei hochkommen, machen mir keine Angst. Ich freue mich, sie loslassen zu können. Und ich kann diese Vergewaltigung in einem ganz anderen Licht sehen. Ich bin damit versöhnt. Denn dieses Geschenk, das Liebemachen mit einem so anderen Blick zu sehen und zu leben, ist größer als alles, was zuvor passiert ist. Ich glaube, wir beide haben in dieser Woche unsere wahren Qualitäten erkannt. Unsere Beziehung steht an einem ganz anderen Punkt. Das Thema Emotionalität hat auch seinen Teil dazu beigetragen. Oft stand uns diese im Weg. Ich bin nun auch sicher, dass sich dadurch ganz oft meine Genitalien verkrampft haben. Anstelle von Diskussionen, Streitereien und Emotionen sind ganz viel Achtsamkeit und Humor getreten. Das regelmäßige Liebemachen bringt uns einander näher, aber auch – und das ist das Wichtige – ich komme mir selber näher.

Nun sind zwei Wochen vergangen seit dem Seminar. Es war für mich vorher nicht vorstellbar, dass sich in so kurzer Zeit so vieles verändern würde. Ich mache täglich die *MaLua-Meditation*. Aber nicht als Pflichtübung, sondern aus reiner Freude. Ich kann dabei eine Verbindung meiner Brüste bis zu den Zehenspitzen fühlen. Es ist wundervoll!

Tom und ich machen sehr oft Liebe. Die Schmerzen, die ich seit Jahren am Scheideneingang hatte, sind weg. Ganz weg! Es ist für mich wie ein Wunder. Manchmal habe ich noch Schmerzen an anderen Stellen in der Vagina, manchmal sind wir auch nicht ganz so präsent, wie wir es eigentlich wollen. Oft kommen auch Emotionen hoch und ich fühle mich zeitweise sehr traurig. Aber wir beide spüren, dass dieser Weg auch unser Weg ist und es fühlt sich großartig an, ihn zu gehen. **Ich hätte nie gedacht, dass ich einmal so oft mit so viel Freude Sex haben werde – ohne erregt zu sein und (fast) nichts zu erwarten. Einfach im Hier und Jetzt sein und die Liebe spüren. Aber es ist nicht nur die Beziehung zu Tom, in der so viel mehr Liebe auflebt. In mir regt sich so viel Dankbarkeit und Liebe der gesamten Existenz gegenüber.** Seit wir diese Art von Liebe machen, erlebe ich eine Entgiftung im Körper, auf ganz verschiedenen Ebenen. Insbesondere die Zähne, die Haut und der Kopf scheinen durch einen Reinigungsprozess zu gehen. Auch meine innere Welt scheint sich von etwas loslösen zu wollen. Viele Emotionen kommen hoch und ich reagiere überempfindlich auf Geräusche und Berührungen. Das macht es manchmal schwer, entspannt und ohne Erwartungen Liebe zu machen. Toms Geduld und Verständnis helfen mir jedoch sehr durch diese Zeit hindurch.

Was für mich auch sehr zentral ist: Alle Ziele und das ganze Streben nach etwas weit Entferntem, Zukunftspläne etc. sind einfach weg. (Und das obwohl ich ein Mensch bin, der gerne plant...) Zerplatzte Seifenblasen... Täglich erinnere ich mich an das Seminar, das Strahlen und die Worte von Diana und Michael, Oshos Zitate und an mein eigenes inneres Wesen, das langsam erblüht. **Ich habe nicht mehr das Bedürfnis, etwas zu werden, weil ich jetzt weiß, dass ich etwas bin.**

In der Ausbildung zur Hebamme habe ich viele Geschichten miterlebt. Geschichten von Frauen, die nicht Frau sein dürfen. Von traumatisierenden Geburtserlebnissen und zerschundenen

Körpern und Seelen. Es hat mich jedes Mal verletzt, dies zu erfahren. **Kaum eine Frau vertraut in ihren Körper; geschweige denn, liebt ihren Körper. Das** *Making Love Retreat* **hat mir auch im Bezug auf die Geburtshilfe vieles aufgezeigt. Wie viel bewusster und liebevoller könnten doch alle Geburten geschehen, wenn da mehr Bewusstsein, mehr Liebe und Vertrauen für den eigenen Körper wären!** Wie viel sanfter könnten doch die neuen Wesen auf Erden empfangen werden! Ich glaube auch, dass das Wissen über den inneren Magnetstab und die Wichtigkeit der Brüste einen entscheidenden Einfluss auf den Ablauf der Geburt haben könnten. Für mich persönlich kann die Geburt von der Sexualität nicht getrennt werden und deshalb würde ich mich freuen, wenn das uralte Wissen, das Urvertrauen und die Lehre von Diana und Michael ganz vielen Paaren auf ihren Weg mitgegeben werden und sie eines Tages auch in der Geburtshilfe Platz finden wird.

Wie viel friedlicher, wieviel liebevoller und erfüllter wäre doch die Welt mit dieser Art des Liebemachens und des Lebens!

Danke, Diana und Michael.

Herzlich, Judith

Liebe Judith,

vielen Dank dafür, dass Du Dir die Zeit genommen hast, Deine Einsichten und heilenden Erfahrungen in Worte zu fassen. Es ist ein großes Geschenk und wirklich ermutigend für andere zu wissen, wie sexuelle Energie gelebt und als heilende und ermächtigende Kraft genutzt werden kann.

Die besten Wünsche für Euch beide, Ihr seid mutig und besitzt eine gesunde Neugierde.

Herzlich, Diana

16. Zum ersten Mal hat jemand erklärt, was mein Körper braucht

Liebe Diana,

bietet Ihr eigentlich Workshops an, in denen Ihr Leute in Eurer Methode ausbildet (zertifiziert), sodass sie sie ebenfalls unterrichten oder als sexuelle Heiler arbeiten können? Ich bin von *Zeit für Weiblichkeit* begeistert, es spricht mich sehr an. Zum ersten Mal hat jemand erklärt, was mein Körper braucht. Ich würde mich gern in dieser Methode ausbilden lassen und sie anderen nahebringen.

Wir haben einige von den Übungen in Eurem Buch gemacht. Neulich hat mein Partner etwas ausprobiert, während wir Sex hatten, und ich werde bei der Beschreibung kein Blatt vor den Mund nehmen: Er saugte an meiner Brustwarze, während er in mich reinkam und hatte einen Orgasmus. Ich fühlte diesen elektrischen Kreislauf, obwohl ich selbst keinen Orgasmus hatte, während er in mir war, aber etwas Tiefgreifendes hatte sich verändert. Der intime Kreislauf war zart, voller Energie, die aus meinen Brüsten, seinem Mund, seinem Penis, meiner Vagina, meinem Herzen floss, uns beide öffnete bis zu dem Punkt, an dem ich, während er den Orgasmus hatte, sah, wie sich seine Augen nach oben bewegten und er in einen anderen Bewusstseinszustand kam. Dieser Prozess hat uns beide umgehauen. **Das Kreisen der Liebesenergie zwischen den negativen und positiven Polen war fantastisch.** Danke dafür, dass Ihr dies der Welt zugänglich macht und es in mein Leben bringt. Herzlich, Shelley

Liebe Shelley,

es ist wunderbar, von Euren umwälzenden Erfahrungen zu hören, und ich muss lächeln bei dem Bild, dass Dein Partner seine Augen nach oben gerollt hat! Ich verstehe Deinen Wunsch,

Dich in unserer Methode ausbilden zu wollen und sie an andere weiterzugeben. Nein, wir bieten leider keine Trainings in unserer Methode an, in denen man zertifiziert werden könnte. Es ist insofern eine heikle Angelegenheit, da man, um als Lehrer ein neues Verständnis vermitteln zu können, selbst einen Prozess der Selbsterfahrung und der Transformation seiner sexuellen Energie durchlaufen haben muss. **Es geht also nicht nur darum, eine Technik in einem Training weiterzugeben, sondern darum, eine Veränderung im Bewusstsein eines Menschen zu schaffen, was nur gelingen kann, wenn man genug Selbsterfahrung und einige Jahre Praxis in dieser Methode hat.** *Wenn ein Paar zu uns kommt und Interesse daran hat, diese Methode zu unterrichten, nachdem sie an mehreren unserer Workshops teilgenommen haben, und nachdem sie diese Methode einige Jahre praktiziert haben, dann werden wir sie ganz sicher darin unterstützen und sie darauf vorbereiten. Wir bieten jedoch keine derartigen Trainings an. Ich wünsche Dir im Leben und in der Liebe alles Gute; es ist so schön zu hören, dass mein Buch Dich so anspricht. Es ist unglaublich, wieviele Frauen mir mitgeteilt haben, dass sie die Wahrheit bereits wussten, sie aber aufgrund der herrschenden Konventionen nicht beachtet haben!*

Herzlich, Diana

Liebe ist die Begleiterscheinung eines wachsenden
Bewusstseins. Sie ist wie der Duft einer Blume.
Suche sie nicht in den Wurzeln, denn dort ist sie nicht.
Deine Biologie, das sind deine Wurzeln, und Dein
Bewusstsein, das ist deine Blüte.
Je mehr der Lotus des Bewusstseins sich in Dir öffnet,
umso mehr wirst Du überrascht sein,
wirst Du verblüfft sein über eine ungeheure Erfahrung,
die man nur Liebe nennen kann.
Dann bist Du so voller Freude, voll Glückseligkeit,
dass jede Faser deines Wesens vor Ekstase tanzt.
Du bist wie eine Regenwolke,
die sich ausregnen und ergießen will.
Sobald Du von Glückseligkeit überströmst,
taucht ein starkes Bedürfnis in Dir auf, sie zu teilen.
Dieses Teilen ist Liebe.

OSHO

aus: AUTHENTISCH SEIN –
Ein Navigator durch das Auf und Ab des Lebens

TANTRA-SEMINARE MIT

DIANA & MICHAEL RICHARDSON

Die Autorin und ihr Partner,
auch unter den Namen Satya Puja und Raja bekannt,
bieten in Europa siebentägige Kurse an,
das *Making Love Retreat*,
in denen sie Paare anleiten,
die Kunst des Tantra zu erforschen.

Mehr Informationen unter

email: info@livinglove.com

www.love4couples.com

Weitere Bücher von Diana & Michael Richardson

Diana Richardson
ZEIT FÜR LIEBE
Sex, Intimität & Ekstase in Beziehungen
288 S., ISBN 978-3-936360-11-1

Egal ob One-Night-Stands oder langjährige
Beziehungen: Beide leiden an einem
Mangel an Intimität im sexuellen Beisammensein. In einfachen, nachvollziehba-
ren Schritten zeigt uns die Autorin wie man
mit dem Partner eine erfüllte Sexualität
leben kann.

Diana & Michael Richardson
ZEIT FÜR GEFÜHLE
Die Krux mit den Emotionen in der
Partnerschaft
Vorwort Eva-Maria Zurhorst
160 S. · ISBN 978-3-936360-20-0

Die Autoren zeigen wie man Emotionen
erkennt, hinter sich lässt und Raum für
echte Gefühle schafft, um der Liebe eine
Chance zu geben.

www.innenwelt-verlag.de

Diana & Michael Richardson
ZEIT FÜR MÄNNLICHKEIT
Mehr Kompetenz in Sachen Sex und Liebe
220 S. · ISBN 978-3-936360-40-0

In „Zeit für Männlichkeit" wird die männliche Sexualität erforscht: Warum Ejakulation und Orgasmus nicht dasselbe sind, wie man vorzeitige Ejakulation, Erektionsprobleme oder Impotenz überwindet. Und schließlich, wie man den Liebesakt über längere Zeiträume ausdehnen kann. Der Schlüssel dazu ist Entspannung, was erst einmal konträr zur gängigen Praxis der sexuellen Erregung steht, besonders beim Mann.

Diana Richardson
ZEIT FÜR WEIBLICHKEIT
Der tantrische Orgasmus der Frau
272 S. · ISBN 978-3936360-12-7

Alle Frauen sind mit der Fähigkeit geboren, die Ekstase des Orgasmus zu erleben. Allerdings ist für die meisten Frauen der Orgasmus eine ziemlich unberechenbare Angelegenheit. Dies beruht oft auf mangelnder Kenntnis des weiblichen Körpers und des Wesens weiblicher Energie. Wenn die Frau beim Sex ganz in ihre weibliche Seite hineingeht, sind sexuelle Erfüllung und Liebe die natürliche Folge. Der Weg dahin geht über Entspannung – einer ureigenen weiblichen Qualität.

www.innenwelt-verlag.de

Diana & Michael Richardson
MALUA LICHTMEDITATION FÜR
FRAUEN
CD · dt./ engl. · 2 x 30 Min.
ISBN 978-3-936360-39-4

Diana Richardson hat in ihrem Buch „Zeit für Weiblichkeit" ausführlich erläutert, warum die weiblichen Brüste der Schlüssel zum tiefen orgasmischen Erleben einer Frau sind. Das wussten auch schon die alten Tantriker, die ihnen eine Schlüsselfunktion bei der Erweckung der Kundalini-Energie im weiblichen Körper zusprachen. Bei dieser Meditation wird – zum Klang sich ausdehnender, entspannender Musik –, die Frau dazu eingeladen, diese zutiefst weibliche Kraft in sich zu stärken.

www.innenwelt-verlag.de

Diana Richardson
ZEIT FÜR BERÜHRUNG
Massage, Bewusstheit, Entspannung
DVD · ca. 60 Min. · deutsch/ englisch
ISBN 978-3-936360-42-4

Auf dieser DVD zeigt Diana, wie man entspannt und bewusst den Körper eines Menschen berührt. Anschaulich und gut nachvollziehbar zeigt sie, wie man Rücken, Beine, Bauch, Oberkörper, Hals und Nacken mit festen Griffen, fließenden Bewegungen und Ausstreichungen behandelt. Bewusstheit, Entspannung und Rhythmus sind die Schlüssel dazu.

Diana RICHARDSON
MAKING LOVE – live Vortrag
Was sie schon immer über Sex wissen sollten
DVD · ca. 60 Min. · deutsch/ englisch
ISBN 978-3-942502-04-7

Diese DVD ist ein Muss für alle Leser von Diana Richardsons Bücher, um einen visuellen Eindruck über sie und ihre Arbeit zu bekommen. Hier erläutert sie die Grundzüge ihrer Erkenntnis über männliche und weibliche Sexualität und warum Mann und Frau gleichwertig, aber nicht gleich sind. Sie spricht über die Polarität männlicher und weiblichen Energien und warum die mangelnde Kenntnis über unseren Körper, uns daran hindert, tiefer in die Mysterien der Sexualität einzutauchen, umso den Sex als nährende, spirituelle Kraft zu erleben.

www.innenwelt-verlag.de

Osho
AUTHENTISCH SEIN!
Ein Navigator durch
das Auf und Ab des Lebens
304 S. · ISBN 978-3-936360-50-9

In diesem Buch wird der Leser mit den wesentlichen Kernaussagen von Oshos Weisheit bekannt gemacht. Sein breites Verständnis über Glaubenssysteme und die Psychologie der menschlichen Natur und sein ungewöhnlicher Blickwinkel auf das, was „Wahrheit" bedeutet, machen das Lesen zu einem Vergnügen.

Osho
DAS CHAKRA BUCH
Energie und Heilkraft der feinstofflichen Körper
384 S. · ISBN 978-3-936360-67-7

In diesem Buch entfaltet sich Oshos enormes Verständnis über die menschlichen Energie-körper. Es ist wohl das tiefgreifendste und detaillierteste Werk, das in der Welt der Bewusstseinsforschung existiert. Er durch-leuchtet die „natürliche" wie auch die „spiri-tuelle" Dimension jedes Chakras und führt uns in die multidimensionale Welt der Feinstofflichkeit, die wir mit unserem Alltagsbewusstsein nicht wahrnehmen. Jedes Kapitel schafft einen anderen Zugang zu einer großartigen Welt, die unsere eigentliche Essenz ist: Energie und Licht.

www.innenwelt-verlag.de

WWW.INNENWELT-VERLAG.DE